Wie entgeht man der Armuth?

Eine Anweisung

wie man mit Sicherheit zu einem ehrenhaften Wohl-
stande gelangen,

also

sich vor Armuth bewahren und selbst wieder entreißen kann,

von

J. Rust,

Prediger in Mecklenburg.

Der Mensch ist seines Glückes Schmied.
Hilf dir selber, so hilft dir Gott!

Berlin,
Druck und Verlag von G. Reimer.
1843.

Vorwort.

Die Armuth ist eine Krankheit unserer Zeit. Wie eine verheerende Seuche greift sie — in diesen Zeiten des Friedens und bei fruchtbaren Jahren — weiter und weiter um sich.

Der Verfasser der vorliegenden Schrift fühlt sich aufgefordert, auch an seinem Theile beizutragen, daß dem Uebel gewehrt werde, und bietet demnach an, was er zu geben vermag.

Vorzugsweise denen, welche sich vor dem Uebel der Armuth bewahren wollen, wird hier ein Rathgeber und Wegweiser angeboten; es möchten aber auch diejenigen, welche auf Andere zu wirken beabsichtigen oder berufen sind, hier manche Winke finden; doch konnte hierauf bei der Darstellung keine besondere Rücksicht ge=

nommen werden; wer aber nur die hier gegebenen Winke und Weisungen in die Gestalt umsetzen will, welche sie für seinen Zweck haben müßten, wird sich hier mannigfach Raths erholen können.

Zaubermittel, welche ohne weiteres Zuthun des Menschen Reichthum oder wenigstens Brot ins Haus schaffen, kann der Verfasser und würde sie nicht bieten, wenn er es auch könnte. Brot geben kann der Verfasser gleichfalls nicht; aber ein guter Rath ist oft mehr werth als eine Mahlzeit, oft besser als baar Geld. Ja, der Verfasser will nicht einmal im nächsten Sinne des Wortes das Erwerben des Brotes erleichtern, sondern fordert vielmehr, daß der Mensch mit dem Schweiße seines Angesichtes sein Brot erkaufe; aber den Erwerb sichern, gewiß machen, das kann und will der Verfasser und ist überzeugt, daß Niemand, wofern nur überhaupt die äußeren Umstände es noch zulassen, des Zweckes verfehlen werde, wenn er der Weisungen des Verfassers getreulich folgt. Auch der eigentliche Reichthum wird gleichfalls nicht abgezielt; das Büchlein begnügt sich, Anweisung zu geben, wie man einen genügenden, behaglichen, wenn auch mäßigen Wohlstand erwerben könne. Daß indessen bei strenger Anwendung der hier aufgestellten Grundsätze sich auch ein höherer

Wohlstand und wirklicher Reichthum erwerben lasse, versteht sich übrigens wohl von selbst.

Der Verfasser wendet sich an den Menschen selbst, den er vor Armuth bewahren, der Armuth entreißen will, indem er der festen Meinung ist, daß die meiste Armuth selbst verschuldet sei; mögen die Folgen der eigenen Verschuldung erst in so entfernter Weise hervortreten, daß die Schuld selbst sich fast den Blicken verbirgt, oder mag die Selbstverschuldung den Blicken offen da liegen, wenn er andrerseits auch nicht verkennt, daß auch äußere Umstände und Verhältnisse, denen der Mensch nicht mächtig ist, die Armuth entweder allein oder mitwirkend herbeiführen können. Er fordert von den Menschen selbst den guten Willen.

Wolle nur nicht arm sein, so hast du es nicht nöthig, das ist seine Bedingung, das seine Verheißung. Wer, wenn er sein Uebel selbst verschuldet, hinfort nicht anders sein und thun will, dem kann der Verfasser nichts leisten.

Der Verfasser sagt sich aber auch, daß es leichter ist, Entschlüsse zu fassen, als auszuführen; es ist deshalb überall nicht bloß Rath gegeben, sondern auch überall darauf hingearbeitet, daß der Mensch, der nicht arm werden und sein soll, nicht allein den Wohlstand wünsche, sondern auch die Gesinnungen in sich erwecke, belebe, erhalte und stärke, welche ihn sicher zu diesem Ziele leiten und ohne deren Vorhandensein auch ein eifriges Streben erfolglos sein würde, und daß er andrerseits nicht bloß die Armuth und ihre Leiden scheue, sondern auch diejenigen Gewöhnungen, Neigungen, Leidenschaften bekämpfe und ausrotte, welche ihn auf den Weg zur Armuth führen würden, ja führen müßten. Einer Entschuldigung darüber bedürfte es schon aus diesem Grunde nicht; aber auch allein die Ueberzeugung, daß doch Wohlstand und Reichthum an äußerem Gute nichts werth sei, nicht beglücken könne, ohne hinzukommende innere Güter — eben so wenig, wie das Gebäude des äußeren Glückes immer unsicher steht, wenn es im Innern des Menschen keinen Halt hat, — auch schon diese Ueberzeugung würde den Verfasser vermocht haben, gerade so zu sprechen, wie er gethan hat.

Zugleich glaubte der Verfasser noch eine andere Rücksicht nehmen zu dürfen und daher zu müssen. Eine geläuterte, auf allseitiger Erwägung beruhende Ansicht über die Bedeutung der Armuth an sich und über das, was sich zunächst (für den einzelnen Menschen) damit verbindet, so wie über die entfernteren Folgen und endlich über das Verhältniß der Armuth und des Reichthums fehlt gewiß an gar vielen Stellen; eine solche klare Ansicht über diese Dinge schien aber den Hauptzweck dieser Schrift nicht allein fördern zu können, sondern selbst fördern zu müssen. Darüber nicht mit flüchtiger Kürze, sondern mit Ernst und Ausführlichkeit sich auszusprechen, schien dem Verfasser so dringend nothwendig, daß er es nicht unterlassen zu dürfen glaubte. So ist der Theil des Werkes entstanden, welchen wir als „Fragen" bezeichnet haben. Wir wollen jeden Leser bitten, dieselben nicht zu überschlagen, sie nicht als eine entbehrliche Einleitung zu betrachten.

Abgefaßt ist die Schrift, als sei sie ein liebreiches Wort der Belehrung, der Mahnung und Warnung an einen einzelnen jungen Menschen, der als künftiger Handwerker in's Leben eintreten und von Anfang an auf den rechten Weg geleitet, vor Abwegen und Nebenwegen bewahrt werden solle. Hiezu sind zwei Bemerkungen nöthig: erstens nämlich wird auch derjenige sich hier Raths erholen können, welcher bereits seinen Wohlstand sinken und die Armuth nahen sieht; zweitens ebenso auch derjenige, welcher vielleicht höherem Stande angehört. Vor Allen aber, welche — wie verschieden auch die Verhältnisse sein mögen — aus diesem Büchlein den beabsichtigten, gewünschten und möglichen Nutzen schöpfen wollen, fordert der Verfasser, daß sie seinen Rathschlägen folgen, seinen Mahnungen und Warnungen Gehör geben; sonst kann er ihnen, wie gesagt, nichts leisten.

Herrlich wird mein Lohn sein, wenn ich Vielen, recht Vielen durch dieses Büchlein nützlich werdez kann ich aber auch nur Wenigen, ja vielleicht nur einem einzigen Menschen sein Lebensglück dadurch erhöhen, so werde ich Freude an meinem Werke haben. Möge Gottes Segen mit ihm sein!

Der Verfasser.

Widmung an den Leser.

Zunächst widme ich diese Schrift jungen Leuten, welche, indem sie in einen bürgerlichen Beruf übergehen, der gewohnten Aufsicht und Letung entwachsen sind und nur der eigenen Leitung wenigstens theilweise anvertrauet werden. Es tritt da ein Wendepunkt in ihrem Leben ein, so überhaupt in's Besondere in Beziehung auf ihr künftiges äußeres Wohlergehen; daß sie von Anfang die rechte Richtung nehmen und fernerhin in derselben beharren, ist gleich wichtig; daher darf vorausgesetzt werden, daß ihnen ein Rathgeber und Wegweiser auf dem Wege des Lebens willkommen sein werde; es darf aber auch mit Gewißheit erwartet werden, daß sie großen Nutzen aus dieser Schrift schöpfen werden, wenn sie nur von dem Sinne sich wollen erfüllen lassen, welchen das Büchlein ihnen gerne einflößen möchte. Nicht minder widme ich dasselbe jungen Leuten beiderlei Geschlechtes, welche schon im Alter weiter fortgeschritten sind und welche vielleicht schon erkennen, daß es wohl gerathen sei, mit Bedacht auf die Zukunft hinzublicken und sich zu fragen, ob sie nach ihrem eigenen Verhalten sich eine heitere oder eine trübe Zukunft bereiten; ebenso sei das Büchlein Allen gewidmet, welche sich — wenigstens in Absicht auf ihre äußere Wohlfahrt — schon auf unrechtem, zu einem traurigen Ausgange führenden Wege befinden, welche aber zugleich ernstlich entschlossen sind, das Verderben zu vermeiden. Mögen sie Alle die kleine Schrift als eine Gabe der Liebe hinnehmen! Und sollte Keiner der Leser des Verfassers Namen je gehört haben, so will ich ihnen doch versichern, daß ich mit wahrer Liebe zu ihnen Allen geschrieben habe. Mit Freuden habe ich Zeit und Kräfte auf das Büchlein verwandt, die Hoffnung aber, recht vielen Nutzen dadurch zu stiften, war es, welche mich mit Lust und Eifer arbeiten ließ.

Ich hoffe, daß das Buch in recht viele Hände kommen und daß jeder Empfänger es lesen werde, will aber mit dieser Hoffnung einen Rath und Vorschlag an die künftigen Besitzer des Buches verbinden. Leset es nicht bloß einmal durch und leget es damit nicht für immer bei Seite, sondern leset erst das ganze Buch einmal im Zusammenhange durch; dann aber leset es oft theilweise; so daß ihr erstens von Zeit zu Zeit (etwa wöchentlich) eine Lehre oder Warnung oder eine der Fragen und so wieder das ganze Buch, und zweitens dann immer eine bestimmte Frage, Lehre oder Warnung wieder besonders leset, wenn entweder Vorgänge in Eurem eigenen Leben oder Erscheinungen im Leben Anderer eine besondere Veranlassung geben. Eine Schrift dieser Art will viel, will oft gelesen sein! Thuet Ihr es, so werdet Ihr ganz den Nutzen haben, den Ihr davon erwarten könnet und dürfet, den ich für Euch davon hoffe. Um dem Leser zu diesem Zwecke zu Hülfe zu kommen, habe ich ein Inhaltsverzeichniß beigefügt.

Möget denn Ihr, meine Leser, das Büchlein als Gabe der Liebe hinnehmen! Darum bitte ich nochmals. Zugleich aber bitte ich den, der mir Kraft und Lust zur Arbeit verlieh, unsern gütigen Gott, daß er meine Arbeit an Eurem Leben segnen wolle! Euch aber, meine Leser, weise ich hin auf die beiden Sinnsprüche, welche den Geist des ganzen Buches ausdrücken; „der Mensch ist seines Glückes Schmied" und „hilf dir selber, so hilft dir Gott", d. h. will der Mensch selbst nicht, so ist ihm nicht zu helfen; will er aber nur selbst, so wird Gott ihm helfen, — worin aber zugleich liegt, daß auch ohne Gottes Willen, gegen Gottes Willen des Menschen Wille ohnmächtig ist.

Der Verfasser.

Inhaltsverzeichniß.

Erstes Hauptstück.

Fragen.

Zweites Hauptstück.

Lehren.

Erste Hauptlehre.

Zweite Hauptlehre.

Sei bedacht zu erhalten, was du besitzest.

Drittes Hauptstück.

Warnungen.

Erstes Hauptstück.

Fragen.

Einleitung.

Wie entgeht man der Armuth? Diese Frage soll uns das ganze Buch hindurch beschäftigen; ich will dir also, lieber Freund, den Weg zeigen, auf welchem du der Armuth entgehen und einen zufriedenstellenden Wohlstand erringen kannst: eine Reihe von Lehren und einige Warnungen werde ich dir zu diesem Zwecke aufstellen. Befolgst du die Lehren, willst du durch jene Warnungen dich warnen lassen, so wirst du das Ziel sicher erreichen; Gott wird dir dann seinen Segen nicht entziehen. Es scheint mir aber zuträglich, deine Aufmerksamkeit, dein Nachdenken noch zuvor auf eine andere Weise zu beschäftigen. Wie es nämlich so manche falsche Ansichten und Meinungen giebt, so ist es auch in Betreff der Armuth, und es hält sich schon mancher Mensch für arm, der es nicht ist, mancher aber hält sich nicht dafür, denkt nicht an Armuth, obwohl er ihr sichtlich entgegen geht, und die eine Meinung macht den Menschen traurig und unglücklich, da er froh und zufrieden sein könnte, die andere aber läßt den Menschen die Gefahr nicht sehen, welche ihm droht; deshalb wollen wir die Frage abhandeln: was ist Armuth? — Ferner wird von manchen Menschen die Armuth schlechthin als Unglück und sogar als Schande gedacht, und andere wieder denken nicht ernstlich genug daran, wie viel Noth, Druck und Leiden die Armuth mit sich bringe, und daß in gewissen Fällen auch Schande mit der

Armuth verbunden sei; auch darüber will ich dich in der zweiten und dritten Frage zu einer richtigen Ansicht zu führen suchen. Die vierte Frage ist nicht weniger wichtig. Unbedachtsam und leichtsinnig geht mancher Mensch einen Weg, der ihn unausbleiblich zur Armuth führt, und wiederum andere denken an nichts als Geld und Gut, achten nicht auf höhere und edlere Bedürfnisse, versagen sich alle bessere Lebensfreude, scheuen selbst Unrecht und Sünde nicht, um nur Schätze der Erde zu sammeln; beides soll nicht sein, und eben diese vierte Frage wird dich darüber belehren. Endlich werde ich dich zu überzeugen suchen, daß es — im Allgemeinen — für jeden Menschen möglich sei, der Armuth zu entgehen und Wohlstand zu erlangen, wenn er nur will und es recht anfängt; zugleich aber werde ich dich auch auf die Quelle alles Guten hinweisen und dich zugleich zu überzeugen suchen, daß, wie wir eines Theils von Gott Leben, Gesundheit und Kräfte haben, so uns andern Theils Alles am besten gelingt und uns zu wahrem Gedeihen wird, was wir nach Gottes Rath und Willen thun. — So haben wir denn also fünf Fragen vor uns; wir wollen sie ausführlich und gründlich besprechen und die Zeit nicht für verloren achten, welche wir darauf zu wenden haben.

Erste Frage.

Bin ich arm?

Mancher Mensch hält sich für arm, ohne es zu sein, und klagt ohne Ursache; mancher geht der Armuth entgegen, ohne es zu wissen, ohne es zu ahnden, und ist froh und guter Dinge, während er traurig sein oder wenigstens seine gegenwärtige und zukünftige Lage ernstlich bedenken sollte. Es ist daher nöthig, über die Frage: bin ich arm? sich selbst eine gewisse Antwort zu geben. Aber nicht immer läßt sich diese Frage sogleich mit einem bestimmten Ja oder Nein beantworten; sondern es muß zuvor untersucht werden die Lage, in welcher der Mensch ist, die Verhältnisse, unter denen er lebt, was er bedarf oder entbehren kann für sich und die Seinigen, für sein Alter, seinen Stand, seinen Beruf.

Zunächst will ich dich aufmerksam darauf machen, daß man die Wörter reich und arm bald im engeren, bald im weiteren, bald im eigentlichen, bald im uneigentlichen Sinne gebraucht.

Um reich zu sein oder mit Wahrheit reich genannt zu werden, muß man gewiß immer etwas in Vermögen haben, oder etwas an Gut und Geld besitzen; denn wer offenbar gar nichts hat, der wird von keinem Menschen und an keinem Orte für reich gehalten. Doch wird man auch denjenigen noch nicht reich nennen, der überhaupt nur etwas in Vermögen hat, sondern nur denjenigen, welcher viel hat. Bei einem Menschen aber gilt für viel, was bei einem anderen noch für wenig angesehen wird, — je nach Stand und Verhältnissen, und man nennt einen Menschen reich bei einem gewissen Besitze, während ein anderer bei gleichem Besitze arm genannt wird. Arm dagegen ist ein Mensch immer, wenn er gar nichts hat. Doch nicht diesen allein wird man arm nennen, sondern vielfach und zwar mit Grund auch schon diejenigen, welche wirklich noch ein Vermögen besitzen, ja in gewissem Sinne auch schon diejenigen, welche wirklich noch ziemlich viel besitzen. Du siehst hiernach wohl ein, daß wir in unserer Untersuchung noch tiefer gehen müssen. So viel aber wird dir aus dem Gesagten bereits einleuchten, daß es auf die Größe der Habe oder des Besitzes nicht allein ankömmt, daß aber immer Habe und Gut dazu gehört, wenn man will reich genannt werden. Richtiger wäre es also wohl, oder doch leichter verständlich, wenn wir fragten, ob Jemand wohlhabend sei oder nicht; denn in dem Worte wohlhabend spricht sich schon von selbst aus, daß Jemand etwas habe, und zwar, daß er so viel habe, um sich wohl zu fühlen; wer aber irgend ein Vermögen besitzt und sich dabei wohl fühlt, der ist wenigstens nicht arm.

Wir haben es nun bei der Frage: bin ich arm? zu thun mit dem, was entweder wirklich ist, oder was nur auf Ansichten und Begriffen der Welt, oder nur auf Einbildung oder sogar nur auf falschem Scheine beruhet, und müssen sonach unterscheiden: 1) die uneigentliche, 2) die eingebildete, 3) die scheinbare, 4) die wirkliche, eigentliche Armuth.

Armuth im uneigentlichen Sinne. Die Fürsten und Könige haben Land und Leute, nehmen Abgaben von den Unterthanen, besitzen gewöhnlich als besonderes, eigentliches Fürstengut viele Landgüter, große Forsten u. s. w., deren baaren Ertrag sie einnehmen. Da versteht es sich denn von selbst, daß Fürsten und Könige reich sind; wenn man also von Reichthum spricht, denkt man dabei gewöhnlich nicht an Könige oder Fürsten, sondern an andere Leute, welche große Schätze besitzen. Und doch kömmt es vor, daß man Fürsten (d. h. wirkliche Beherrscher von Ländern) reich nennt, da ja auch ein Fürst ein größeres Einkommen haben kann, als ein anderer, welcher übrigens ein etwa gleich großes Land beherrscht. Man erzählt aber auch von einem früheren Spanischen Könige, der bei allem reichen Einkommen doch nicht immer so viel Geld hatte, seinen Leibdienern Löhnung zu geben, so daß diese zuweilen ihre Dienstkleider verkauft haben sollen, um nur Brot kaufen zu können. — Wenn z. B. ein Graf zehn oder zwanzig Landgüter (schuldenfrei) besitzt, so nennt man ihn reich; hat er aber etwa nur ein Gut oder gar keins, vielleicht aber doch ein Vermögen von 5000 Thalern, so wird man ihn arm nennen. Ein Bauer wird schon reich genannt, wenn er z. B. nur 3000 Thaler Vermögen hat; wer würde aber einen Edelmann für reich halten, dessen ganzes Vermögen in 3000 Thalern besteht? Kurz: gehört ein Mensch zu den höheren Ständen, so muß er schon nicht ganz geringe mit Habe und Gut bedacht sein; sonst wird er arm oder doch nicht reich genannt; wenn dagegen ein Mensch in den niederen Ständen nur sein gutes Einkommen oder täglich Brot hat, so heißt man ihn niemals arm; hat er nun noch etwas darüber, so nennt man ihn wohlhabend und sogar reich, mag er auch nicht die Hälfte dessen besitzen, was vielleicht ein Graf, den man doch schon arm nennt. Das ist Reichthum und Armuth nach dem Stande; die Wörter sind aber im uneigentlichen Sinne gebraucht; jedoch ist diese Ansicht ganz allgemein.

Ebenso braucht man das Wort arm in einem weiteren, also uneigentlichen Sinne in folgender Art. Wenn man eine Gesammtheit von Menschen in einem Lande oder Orte kurzweg in reiche und arme abtheilen will, so nennt man reich diejenigen, welche leben und bestehen können, ohne durch Arbeit oder andere Dienste ihren Lebensunterhalt zu erwerben, arm dagegen diejenigen, welche durh Dienste und Arbeit ihr tägliches Brot erwerben. Nach dieser Eintheilung gehören zu den Armen die Tagelöhner, die Handwerker u. s. w., wenn sie übrigens auch ihr gutes Brot haben; an die eigentlich Armen, die völlig Mittellosen, ist dabei kaum gedaht. Diese Eintheilung aber ist nicht genau; denn es bleiben dabei in der Mitte stehen diejenigen, bei denen Arbeit und Verdienst sich nicht so genau nach dem Tage oder dem eigentlichen Bedürfnisse abmessen, z. B. diejenigen, welche durch ein Amt ein mäßiges und sicheres Brot haben.

Wiederum nennt man im uneigentlichen Sinne wohl reich denjenigen, welcher in sich selbst die Mittel hat, es zu werden, der z. B. mit fester Gesundheit, kräftigem, gewandtem Körper, mit Geschicklichkeit und Arbeitslust ausgerüstet ist. Es ist sehr hübsch, daß man so das bloß Mögliche als wirklich, das Zukünftige als schon gegenwärtig bezeichnet, daß man auf diese Weise die Gaben und Kräfte des Menschen den äußeren Erdengütern gleich schätzt. Man kann denn hiernach einen Menschen reich nennen, der eigentlich gar nichts besitzt, als sich allein selbst; aber es geschieht dann natürlich nur im uneigentlichen Sinne.

Ferner nennt man immer reich denjenigen, der das Seinige mit Zufriedenheit und Frohsinn genießt, der sich genügen lässet, mag ihm auch vom Erdengute nur ein kleines Theil beschieden sein. Du kennst wohl das Sprichwort: Zufriedenheit macht reich? Ich kenne Beispiele, welche diesem Worte Wahrheit geben. Es sind mir Menschen vorgekommen, welche bei wenigen zeitlichen Gütern recht froh und heiter waren; sahen sie auch, daß Nachbaren und Bekannte Dieses oder Jenes hatten, was ihnen fehlte, so hielten sie Alles für entbehrlich, was sie nicht hatten, ja wußten kaum, wie sie noch mehr benutzen und sich dessen freuen sollten, dachten auch gar oft daran, daß durch großes Gut und Geld große Sorgen, oft gar große Sünden zu Wege gebracht würden; sahen sie, daß Mitbürger und Freunde dieselben Dinge, welche sie auch hatten, schöner anschafften, so wußten sie: das

Glänzende ist oft nicht so bequem, so handlich, so nutzbar, als das Gewöhnliche; besonders aber pflegten sie sich daran zu erinnern, wie lieb ihnen das eine oder andere Stück sei, weil es geerbt oder geschenkt oder für das erste selbst verdiente Geld angeschafft, oder lange in ihren Händen gewesen war, oder weil die Kinder damit gespielt hatten, und — was weiter dazu beiträgt, daß eine Sache dem Besitzer lieb wird; konnten sie einen Wunsch nicht erfüllt sehen, so sprachen sie: es mag so besser sein; mußten sie Verlust und Trauer, Kummer und Leid erfahren, so trösteten sie sich: die der Herr lieb hat, die züchtiget er, und wenn nun die dunkle Wolke vorübergezogen war, so heiterte sich auch Herz und Gesicht bald wieder auf und sie hatten genug erlangt, wenn ihnen auch etwas entgangen, und genug behalten, wenn ihnen auch etwas verloren war, um zufrieden, froh und glücklich zu sein. Mit einem Paare rechtlicher Bürgersleute, welches diese vortreffliche, aber überhaupt in aller Hinsicht sehr brave Gesinnung hatte, habe ich ein Jahr lang häuslich zusammengelebt und stehe noch jetzt in freundschaftlicher Verbindung mit ihnen; was ich hier gesagt habe, ist also echte, volle Wahrheit; doch kenne ich auch noch andere ihnen ähnliche Leute. Reich nenne ich solche Menschen, nicht, weil sie ihr gutes Brot haben, nicht, weil sie darüber hinaus noch allenfalls einen Noth- und Ehrenschilling haben, sondern reich macht sie ihre Zufriedenheit, ihre Genügsamkeit. Trifft es aber zusammen, daß ein wirklich Reicher diese Sinnesart hat, so pflegt man zu sagen: der Mann ist wahrhaft reich; der verstärkte Ausdruck soll dann bezeichnen, daß er nicht allein großen Besitz habe, sondern sich dessen auch wirklich zu freuen wisse.

Eingebildete Armuth. Dem zufriedenen, genügsamen Menschen steht der ungenügsame und unzufriedene gegenüber. Es ist das ein Mensch, der bei genügendem Einkommen oder Besitze dennoch meint, zu wenig zu haben, und dieser Ansicht zufolge unzufrieden ist. Man rechnet diese eingebildete Armuth aber zur Armuth im uneigentlichen Sinne; denn eines Theils nennt nur dieser eingebildete Arme selbst sich arm, und andern Theils ist er stets unzufrieden, mag er viel oder wenig haben; dagegen haben wir vorhin gesehen, daß bei der Armuth im uneigentlichen

Sinne die allgemeine Meinung die Sache so ansieht, daß aber auch bei beschränkten Glücksumständen ein heiterer, froher Sinn herrschen könne. Die eingebildete Armuth will ich dir durch ein Beispiel beschreiben. Ich kenne einen Mann, welcher von seinem Amte eine solche Einnahme hat, daß er vollkommen seinem Stande gemäß leben kann, ja wohl noch etwas erübrigen könnte, wenn er nur klüger zu wirthschaften und enthaltsamer zu leben verstände: er hat Tag für Tag seinen wohlbesetzten Tisch, und hat Geld zur Kleidung für sich und die Seinigen, ja er braucht sich auch keineswegs alle Vergnügungen zu versagen. Der Mann ist doch wohl nicht arm? — Nein; aber er meint doch, es zu sein, und bricht oft in bittere Klagen aus, daß er nicht so oft, als er es wünscht, die Mittel hat zu solchen Vergnügungen, wie er sie wünscht, daß namentlich Küche und Keller ihm nicht fortwährend die leckersten Speisen, die köstlichsten Getränke darbieten. Die Frau dieses Mannes, die Tochter vornehmer Aeltern, ist vornehm und weichlich erzogen, hat ihre Jugend in Glanz und Fülle verlebt, weiß also gewiß auch, daß es hinsichtlich des Aeußerlichen an manchen Orten freudenreicher hergeht, als in ihrem eigenen Hause, die nun — was meinst du? — mag viel seufzen und klagen, wenn sie dies nicht hat und das nicht hat, wenn sie vielen Vergnügungen entsagen, wenn sie manche anstrengende Arbeit verrichten muß, wenn sie ihren trostlosen Mann neben sich klagen und murren hört? — Nein, sie klagt eigentlich nie; sie spricht es freilich auch wohl aus, daß sie sich in bessere Lage wünsche; denn wirklich fehlt zuweilen wohl etwas, obgleich zur Nothdurft vorhanden ist, wirklich ist es ein schweres Leiden, mit diesem Manne verbunden zu sein; aber sie spricht von ihrer Lage mit ruhiger Fassung, ohne Murren, ohne Klage. Ist denn die Frau reicher als der Mann? — Nein; aber sie ist zufriedener, genügsamer.

Scheinbare Armuth. Mancher Mensch stellt sich der Welt so dar, daß er mehr zu haben, reicher zu sein scheint, als er ist; mancher wieder giebt sich ärmer, als er ist. Einen Mann habe ich gekannt, der immer im besten Wohlstande zu sein schien, endlich aber sich als tief verschuldet anzeigen mußte. Gewöhnlich treiben Menschen, welche größern Reichthum vorspiegeln, als sie besitzen, einen glänzenden Aufwand und schränken sich gewöhnlich auch dann noch nicht ein, wenn das eigene Vermögen hin ist, sondern leben durch Schuldenmachen auf Rechnung anderer Leute, so lange es gehen will; das Ende aber ist, wie es nicht anders sein kann; denn der Krug geht so lange zu Wasser, bis der Henkel bricht. Wie aber, wenn nun der Henkel bricht und gar der ganze Krug zerschellt? Gefährlich ist es immer, reicher scheinen zu wollen, als man ist, — gefährlich; denn es führt gewöhnlich zum Untergange, — aber auch unsittlich; denn es ist immer eine Täuschung, eine Unwahrheit; die Unwahrheit aber wider Gottes Gebot; und zweitens führt es so leicht zum Betruge. Hüte dich daher, einen Wohlstand, einen Reichthum vorzuspiegeln, den du nicht hast, einen Aufwand zu treiben, der deine Mittel übersteigt! Hüte dich auch, arm scheinen zu wollen, wenn du es nicht bist! denn auch das ist Unwahrheit, also etwas Unedles und es knüpft sich leicht noch Unedleres daran. Kennst du wohl Leute, die von nichts mehr als von der schweren Zeit und der Noth schwerer Zeit reden, beständig über Geldmangel klagen, oft seufzen, wie es doch werden solle, — kurz, die sich ganz den Schein geben, als gehe es bei ihnen von einer Noth und Verlegenheit in die andere? Es giebt solcher Leute nicht wenige; siehe aber genauer zu, so wirst du bei einigen finden, daß sie ihre Armuth nur im Munde führen, übrigens aber so gut leben, als es nur ihr Vermögen zuläßt; bei anderen aber wirst du sehen, daß sie dürftig essen und trinken, sich ärmlich kleiden, erbärmlich wohnen; bei einigen wirst du jenes Klagen nur als eine leere Gewohnheit erkennen und dennoch sehen, daß sie gern dienstlich und behülflich sind; die anderen aber wirst du hartherzig finden und inne an ihnen werden, daß sie nicht umsonst klagen; nein, sie wollen damit Alle diejenigen von sich abhalten, welche etwa ihren Beutel in Anspruch nehmen möchten. Laß uns auch hier ein Paar Beispiele vorführen. Als ich in Rostock studirte, ward in dem harten Winter 18$\frac{22}{23}$ eine alte Frau auf ihrem Dachkämmerchen todt gefunden; sie war vermuthlich auf ihrem Strohsack erfroren; denn noch den Tag zuvor war sie ausgegangen. Sie hatte immer ganz dürftig zu sein geschienen und von Gaben wohlgesinnter Leute sich erhalten; als aber nach ihrem so jämmerlich eingetretenen Tode Nachsuchung gehalten ward, fand man an 700 Thaler baares Geld unter ihrem Strohsacke! Wir wollen nicht lachen über diese Geschichte, sondern vielmehr mit Wehmuth daran denken, wie weit des Menschen Kopf und Herz sich verirren kann; denn vernünftige Ueberlegung und klare Einsicht mangelt, wo der Mensch sich ohne Noth und ohne höheren Zweck einer fortwährenden harten Entbehrung aussetzt, und im Herzen steht es ihm nicht recht, wenn er seinen Sinn an Gold und Silber so sehr hingiebt, daß er lieber Hunger und Durst und Kälte erträgt, als sich von dem leidigen Gelde trennt; im Herzen steht es dem nicht recht, der des milden himmlischen Vaters Gaben verscharret, der sich freiwillig in nutzloses und unverdienstliches Elend versetzt, der seufzet und klaget, statt den Namen des Herrn zu preisen; im Herzen steht es dem nicht recht, der durch falschen Schein Mitleid zu erregen sucht, der von der Güte Anderer leben will, wenn er selbst zu leben hat, der, obgleich er ihrer nicht bedarf, die Gaben der Liebe hinwegnimmt und sie denen stiehlt, welche ihrer bedürfen! — Man könnte indessen ein Beispiel, wie das vorhin erzählte, für einzig halten; doch ich weiß ein zweites ähnliches. Bei dem Dorfe Schlutup bei Lübeck hielt sich zu der Zeit, als ich dort öfter reisete, in den vor dem Orte befindlichen Sandhügeln ein Mann auf, welcher die Reisenden um milde Gaben ansprach; im Sommer und Winter, in Hitze und Kälte, in Sturm und Regen fand man diesen Mann vor. Auch dieser Mann sollte zu denen gehören, bei denen es im Kopfe und Herzen zugleich nicht recht steht, indem er, wie gesagt, bettelte und doch, wie man allgemein behauptete, ein ansehnliches Vermögen besaß; — wahrscheinlich durch Bettelei zusammengebracht. Und daß wenigstens sein Herz nicht in bester Verfassung war, legte sich ziemlich deutlich und stark zu Tage; zweimal nämlich bin ich zugegen gewesen, daß man ihm vorhielt, er sei ja gar kein armer Mann; dann strömte sein Mund von den derbsten und gehässigsten Schimpfwörtern über gegen diejenigen, welche ihm Solches nachsagten, – derselbe Mund, welcher eben noch — nach Bettlerart — fromme Worte gesprochen hatte: es ging Loben und Fluchen aus einem Munde. Das soll nicht also sein!

Armuth im eigentlichen Sinne. Die Menschen, von denen wir bisher sprachen, waren nicht arm im eigentlichen Sinne. Wer ist arm im eigentlichen Sinne des Wortes? — Derjenige ist es, der an den ersten und nothwendigsten Bedürfnissen des Lebens Mangel leidet, der nicht nach Bedürfniß Speise und Trank, Kleidung und Obdach hat, nicht im Stande ist, sich diese Dinge mit eigener Kraft zu erwerben. Wer denn diese ersten Bedürfnisse des Lebens durchaus gar nicht aus eigenen Mitteln hat und auch nicht erwerben kann, der ist im strengsten Sinne des Wortes arm. Auch denjenigen aber rechnet man zu den Armen im strengsten Sinne, der zwar einiges, doch nicht alles zum Leben Nothwendige selbst besitzt oder erwerben kann und deshalb für einen Theil seiner unentbehrlichen Bedürfnisse auf die Mildthätigkeit seiner Nebenmenschen angewiesen ist. Nicht mehr im strengsten Sinne, doch aber als arm betrachtet man auch diejenigen, welche zwar mit dem täglichen Erwerbe die täglichen Bedürfnisse decken, doch aber nichts erübrigen, um in Fällen der Noth oder in einer Zeit, wo aus irgend einer Ursache der Erwerb ausbleibt, gegen Verlegenheit und Mangel geschützt zu sein. Es kann bei den Menschen, deren Besitz oder Erwerb nur gerade für die täglichen Bedürfnisse ausreicht, z. B. Krankheit die Ursache des Mangels werden, weil da, so lange die Krankheit dauert, der Erwerb stille steht, die Bedürfnisse aber nicht aufhören; es kann die zunehmende Schwäche des Alters sie in die Lage setzen, auf die Hülfe, die Mildthätigkeit Anderer rechnen zu müssen, weil sie entweder gar nicht mehr zu arbeiten oder nicht volle Arbeit mehr zu leisten vermögen, und deshalb nicht vollen Lohn mehr erhalten; es können Umstände eintreten, daß auch die Arbeit des fleißigen Arbeiters nicht gesucht wird, z. B. bei den Menschen, welche in den großen Werkstätten oder Fabriken beschäftiget werden. In allen diesen Fällen tritt die Noth der wirklichen Armuth sogleich ein, wenn die erwerblose Zeit eintritt und nicht in der besseren

Zeit Einiges erübriget und zurückgelegt ist, um die erwerblose Zeit minder fühlbar zu machen. Endlich rechnet man auch diejenigen zu den Armen, welche zwar noch die ersten Bedürfnisse des Lebens aus eigenen Mitteln befriedigen können, dennoch aber schlechter wohnen, sich dürftiger kleiden und ärmlicher nähren, als es ihre eigentlichen Verhältnisse mit sich bringen; wenigstens sagt man von ihnen: es geht ihnen arm, ihre Umstände sind schlecht. So sagt man z. B. von einem Handwerker, der sich und die Seinigen nicht mehr ganz anständig kleiden, und schon von einem ganz gemeinen Arbeiter, welcher keinen eigentlichen Sonntagsrock mehr hat, dem auch das tägliche Kleid gleichsam in Lumpen vom Leibe hängt, daß es ihnen arm gehe, mag übrigens auch noch nicht Hunger und wirkliche Blöße Statt finden. Du siehest hieraus, daß es in der eigentlichen Armuth noch wieder Abstufungen giebt, je nachdem die Armuth größer oder geringer ist, und wirst erkennen, daß Menschen in den zuletzt genannten Umständen auch fast wieder zu denen gehören, welche man im uneigentlichen Sinne arm nennt, von denen wir vorhin gesprochen haben.

Wenn du nun nochmals die Frage aufnimmst: bin ich arm? so wirst du sie dir schon ohne meine Hülfe beantworten können. Gehörst du der Geburt nach zu den höheren Ständen, und hast dann ein kleines oder gar kein Vermögen, und kannst also nicht leben wie die Uebrigen deines Standes, so bist du in gewissem Sinne, d. h. dem Stande nach, arm. Gehörst du zu den mittleren Ständen und hast nicht ein Einkommen, welches dich vor Noth und Mangel schützt, so bist du arm. Gehörst du zu den niederen Ständen und bist darauf angewiesen, durch der Hände Arbeiten und Schaffen dein Brot zu verdienen, so kann man dich auch arm nennen, insofern du nicht reich bist, jedoch nur im weiteren Sinne des Wortes. Wann aber ein Mensch, der es im eigentlichsten und strengsten Sinne ist, sich arm nennen müsse, darüber ist ihm keine Erklärung nöthig: das erkennt, das fühlt sich gar zu bestimmt. Denn fühlt sich auch der Mensch, welcher sich ohne Grund für arm hält oder dafür ausgiebt, zuweilen wirklich wie ein Armer, so spielt er doch nur mit seinem Gefühle und kann sich in jedem Augenblicke sagen, daß er Spiel treibt, ein albernes, sündliches Spiel!

Im Verfolge unseres Gegenstandes werden wir nun fortan auf die Armuth im eigentlichen und strengeren Sinne unsere Betrachtung richten, jedoch auch die übrigen Arten der Armuth nicht völlig ausschließen bis auf die eingebildete und vorgespiegelte; nur diese eignet sich für unsern Zweck nicht zu irgend einer Berücksichtigung.

Zweite Frage.

Ist Armuth ein Unglück?

Es mag Niemand gern arm sein und ein irgend zart fühlender Mensch vermeidet es, den Armen an seine Armuth zu erinnern, oder, wie man im gemeinen Leben sagt, ihn seine Armuth fühlen zu lassen. Diese doppelte Bemerkung führt uns zu der Frage hin: ist Armuth ein Unglück? Wenn du willst, so laß uns die Sache näher untersuchen.

Ob Armuth ein Unglück sei, läßt sich geradezu weder mit ja noch mit nein beantworten. Es kömmt erstens darauf an, wer der Arme ist und wie er sich in seine Lage schickt; zweitens kömmt es darauf an, zu welchem Stande der Arme gehört und wie weit die Armuth geht; drittens kömmt es darauf an, wie die Armuth entstanden ist und welche Theilnahme der Arme bei anderen Menschen findet. Du siehst also: wir haben wieder eine weitläuftige Untersuchung vor uns; doch je gründlicher wir die Sache untersuchen, desto richtiger wird unsere Einsicht Darum laß dir Muth und Lust nicht vergehen!

In welchem Sinne wir die Wörter Glück und Unglück zu nehmen haben, soll sich bei der Folge der Untersuchung nach und nach ergeben, nur so viel möchte ich jetzt gleich erinnern, daß wir unter Glück nicht bloß den Besitz vieler und großer Erdengüter, unter Unglück nicht bloß den Mangel an denselben verstehen dürfen, denn sonst wäre die Frage von vorn herein beantwortet, und es würde der Reiche glücklich, der Arme unglücklich zu nennen sein.

Es kömmt erstens, sagte ich, darauf an, wer der Arme ist und wie er sich in seine Lage schickt. Wer der Arme ist, darunter verstehen wir, was er als Mensch an sich ist, nicht nach Stand und äußeren Verhältnissen. Wie er sich schickt, darunter wollen wir befassen: wie er seine Lage ansieht, was er dabei denkt und fühlt und was er dem zufolge thut und läßt.

Sehr verschieden sind die Menschen überhaupt, so in ihrem Inneren wie in ihrem Aeußeren. Kein Blatt auf dem Baume, sagt man wohl, ist dem anderen völlig gleich; so ist kein Mensch dem anderen völlig gleich; sondern immer ist einer mehr oder minder anders als der andere. So sind denn die Menschen auch bei der Armuth sehr verschieden; ganz anders zeigt sich der eine als der andere und zwar hat dieses seinen Grund in der Verschiedenheit ihres Inneren. Der Genügsame bedarf wenig, um zufrieden zu sein; der mit einem heiteren, sorgenlosen Gemüthe Begabte erträgt manchen Mangel, manche Entbehrung, ohne sie eigentlich zu fühlen, ohne dadurch in seinem Frohsinne gestört zu werden; er nimmt, was und wie es gerade kömmt, denkt selten an gestern, wenig an morgen und macht ihm einmal der heutige Tag das Herz schwer, so schlägt er sich doch die Sorgen bald wieder aus dem Sinne und sein Gemüth gleicht bald wieder dem wolkenlosen Himmel, welcher eben noch mit Regenwolken überzogen war. Für diese Menschen giebt es denn so leicht kein Unglück; für sie ist Armuth nicht sogleich ein Unglück; sie muß recht weit gehen und lange dauern, ehe sie sich unglücklich fühlen. — Der ernste Mensch empfindet jeden Druck gewöhnlich tief, also auch den der Armuth; aber er hat gewöhnlich auch ein starkes Gemüth und weiß sich über das ungünstige Geschick zu erheben, weiß bei drückendem Geschicke sich doch aufrecht zu erhalten; so lange ihm noch Muth und Kraft nicht gebrochen sind, wird ihm die Armuth, mag er sich auch gedrückt fühlen, nicht als Unglück erscheinen. — Dagegen die Menschen, welche auch an der Fülle noch nicht genug haben, sondern bei denen es überströmen muß, wenn sie sich befriediget fühlen sollen, diejenigen, welche an allen Begegnissen, an jeder Lage des Lebens leichter die unangenehme Seite als die angenehme auffinden, welche selbst am Guten, so lange es nicht tadellos ist, die Mängel stets suchen und stets finden und deshalb daran keine Freude haben, die an jedem geringeren Dinge, an jedem schlimmeren Begegnisse nur die Fehler, nur die Uebel wahrnehmen, — diejenigen, welche nie eine Kraft in sich aufgesucht, geweckt und geübt haben, dem Uebel zu widerstehen und es zu überwinden, welche, wie das schwanke Rohr von jedem Winde bewegt wird, so jedem betrübenden Eindrucke sich hingeben, welche auch den Schlägen des Schicksals nicht einmal auszuweichen suchen, sondern ihm seufzend den Nacken beugen, — diejenigen, welche immer nur schwarz in die Zukunft blicken, die, wenn nur ein Schatten sich über ihr Schicksal wirft, gleich an den Einbruch einer ewigen Nacht glauben und die Hoffnung auf den wiederkehrenden Tag und Sonnenschein in ihrem Herzen nicht aufzurichten vermögen, — alle solche Menschen: die Ungenügsamen, die Schwächlinge, die Grämler und Schwarzsehenden, werden sich unglücklich fühlen, wenn sie arm sind oder es werden. Sie sind aber auch wirklich unglücklich; denn theils empfinden sie in der Armuth und durch dieselbe manches Uebel; theils sind sie nicht im Stande, sich bei der Armuth anders als unglücklich zu fühlen, und unglücklich ist immer der, welcher es zu sein glaubt, wären auch seine Uebel durchaus nur eingebildet. Der Ungenügsame kann sich bei reichlichem Besitze noch nicht zufrieden geben; wie wird er, wenn etwas mangelt, größerer Unzufriedenheit wehren? Und doch hat man in der That die Erscheinung, daß Menschen, welche bei vollem Besitze unzufrieden waren, zufriedener werden bei geschmälerten Gütern. Sie lernen durch die Entbehrung, wie viel sich entbehren läßt; sie lernen, daß nicht Alles zum Leben und zum Glücke nothwendig ist, was die Erde bieten kann und so vielen Menschen wirklich bietet. — Der sorgenvolle, finstere Mensch wird noch mehr verdüstert werden, wenn ihm abgeht, was zu den gewohnten und selbst schwer entbehrlichen Dingen gehört. Der Schwache unterliegt sogleich jedem Uebel. Wie der am Körper Schwache nicht große Lasten trägt, so trägt der am Gemüthe Schwache nicht große Gemüthslasten: was dem Starken kaum eine Beschwerde dünkt, das beugt ihn schon nieder, und was jenem nichts mehr ist, als eine gewöhnliche Bürde, das vermag er nicht zu tragen, zu heben, zu bewegen und es erdrückt ihn, wenn es ihm auferlegt wird. — Aber an Schwäche des Gemüths leiden auch die Anderen, die Ungenügsamen, die Sorgenträger; bei ihnen ist die Schwäche nur mehr versteckt: sie wissen ihr Gemüth nicht zu beherrschen oder in die rechte Fassung zu setzen, haben keine oder doch nicht hinreichende Kraft zum Widerstande gegen sich selbst, daher denn auch nicht zum Widerstande gegen die unangenehmen, lästigen Dinge, welche von außen her andringen. Traurige Folge, wenn der Mensch die Fehler seines Gemüthes nicht zu bessern, die Mängel nicht auszugleichen sucht, sobald er sie nur bemerkt! Die Strafe trifft ihn früher oder später, ja ist eigentlich sogleich mit dem Uebel da, so wie dieses sich nur ansetzt; denn der Ungenügsame findet sich immer verkürzt, der Sorgenvolle immer bedrohet, der Schwächliche immer bedrängt.

Vorhin sagte ich, um zu entscheiden, ob Armuth ein Unglück sei oder nicht, komme es darauf an, wie der Mensch sich in seine Lage schicke. Sich schicken in seine Lage besteht aber in zweierlei: in der innerlichen Haltung und in dem äußerlichen Betragen. Wir haben bisher nur die innerliche Haltung der verschiedenen Menschen betrachtet; laß uns jetzt noch auf das äußerliche Betragen einen Blick werfen und sehen, wie mit durch dasselbe die Armuth mehr oder minder zum Unglück werde. Wer mit heiterem Muthe den Weg des Lebens wandelt, der hat's wenig Acht, ob ihm das Schicksal etwas mehr oder weniger zuwerfe, und so wird denn sein äußeres Betragen wenig verschieden sein, ob er reich oder arm sei; eben so wird denn auch die Begegnung von außen sich nicht eben sehr nach seinem größeren oder geringeren Vermögen abmessen, sollte ihm aber Rohheit einmal unzart begegnen, so wird er auch damit meistens gut und leicht fertig. — Wer mit starker Seele trägt, was ihm Unangenehmes und Lästiges obliegt, wer durch die Armuth sich nicht niederdrücken läßt, der wird entweder seine Armuth ganz verbergen können oder, kann er sie auch nicht verbergen, doch durch seine Haltung bewirken, daß ihm wegen seiner Armuth nichts Unangenehmes und Kränkendes zugefügt wird; denn theils flößt ein solcher Mensch Jedem unwillkürliche Achtung ein; theils giebt er dem Roheren unwillkürlich das Gefühl und die Meinung, daß er unartige, unschickliche Begegnung nicht dulden werde, und so wirkt denn die Furcht bei Roheren, Unedleren, das bei Edleren die Anerkennung des Edlen wirkt: man begegnet ihm schonend, zart, achtungsvoll. Wie sehr wird aber dadurch das Uebel der Armuth gelindert! — Diejenigen Menschen aber, welche sich mit der Armuth so wenig zurecht zu finden und die damit verknüpften Leiden so wenig zu tragen wissen, daß sie sich bald durch ihre äußerliche Erscheinung überhaupt, bald durch Klagen und Jammern als Unglückliche darstellen, die müssen für unglücklich gehalten werden und werden für unglücklich gehalten. Ihnen begegnet nun Jeder, wie es ihm ein edler, zarter oder unedler, schonungsloser Sinn eingiebt, und so ziehen sie sich in Folge ihres Betragens manche und große Unannehmlichkeiten zu, welche nicht unmittelbar aus der Armuth hervorgehen; denn wahr ist: Viele schätzen den Menschen nach seinem Vermögen, d. h. sie schätzen den Menschen nicht allein darnach, was er an sich werth ist, sondern auch seine äußere Lage, seine Verhältnisse, besonders aber Geld und Gut, werden immer zugleich mit gewogen; daher denn ist ihr Betragen anders gegen den Geringen, Unbemittelten, Armen, als gegen den Vornehmen, Wohlhabenden, Reichen; wenn auch dieser sonst nichts an Werth gegen jenen voraus hat. Wir wollen solche Sinnesart nicht loben; aber der, welcher durch sein Betragen veranlaßt, einen solchen Maßstab an ihn zu legen, hat es wenigstens zum Theil selbst verschuldet und also auf eigene Rechnung zu setzen, was ihm dem zufolge Unangenehmes widerfährt. Und wahr ist es andrerseits auch: ein Mensch, welcher Mangel aller Seelenstärke kund giebt oder wenigstens an Seelenstärke nicht besitzt, was man mit Recht von jedem Menschen fordern kann, der kann auch keine Achtung einflößen, der kann höchstens, ist er in schlimmer Lage, Mitleid und die Schonung des Mitleids erwarten.

Frage dich nun selbst, ob es, um bei der Armuth unglücklich zu sein, auf das eigene Betragen des Menschen mit ankomme, so wirst du antworten müssen: es kömmt gar sehr darauf an.

Ob ein armer Mensch unglücklich sei oder nicht, das hängt ferner mit davon ab, zu welchem Stande derselbe gehört und wie weit die Armuth geht. Wir sprachen vorhin davon, daß in Rücksicht höherer Standesverhältnisse ein Mensch für arm angesehen werde, wenn ein Mensch geringeren Standes bei gleichem Besitze für wohlhabend, ja sogar für reich angesehen würde. Kann nun ein Mensch sich unglücklich fühlen, dem noch genug gegeben ist, um gegen Hunger, Durst und Blöße gedeckt zu sein, weil er an Glücksgütern nicht besitzt, was Andere besitzen mögen? Laß uns auch darüber einige Worte sagen. Thorheit scheint es zu sein, in solchem Falle sich nur im geringsten unglücklich zu fühlen, und wenn die Vernunft unter solchen Umständen dem Menschen zuriefe: gieb dich zufrieden, so müßte er, meinen wir vielleicht, bei nur geringer Ueberlegung und bei nur einiger Demuth und Ergebung in das, was Gott schickt, zufrieden, froh, glücklich sein. Du hast allerdings Recht. Dennoch kann ich dir sagen, daß die meisten Menschen, deren Stand und Vermögen nicht im rechten Verhältnisse stehen, sich eben deswegen mehr oder minder unglücklich fühlen. Im strengen Sinne ist es, sage ich, Thorheit, sich deswegen betrüben oder wirklich unglücklich fühlen zu wollen; doch ist es auch nicht so ganz grundlos. Mit der Verschiedenheit der Stände nämlich hat sich zugleich die Meinung gebildet, daß zu den höheren Ständen größere Wohlhabenheit, größerer Reichthum gehöre, — eine Meinung, welche nicht nur bei den höheren Ständen selbst, sondern ganz allgemein herrschend ist. Wie groß aber der Einfluß der Meinung sei, das hast du schon daraus ersehen, daß ein Mensch, der nicht arm ist, sich für arm und somit für unglücklich zu halten vermag. Die Meinung Anderer hat auf die meisten Menschen großen Einfluß: wer für arm gehalten wird, hält sich leicht selbst auch für arm. Wird er sich deshalb auch für unglücklich halten? — Da kömmt es wieder darauf an, welche Seelenstärke er hat und wie er sich in seine Lage zurecht zu finden weiß. Wird er von Anderen für unglücklich gehalten? — Von Manchen, von Manchen nicht. Einer mißt das Glück nach dem Gelde ab, der Andere nicht.

Nun tritt aber noch die Rücksicht darauf ein, wie weit die Armuth geht. Immer wird der Mensch, hat er nicht Alles, was er (mit Vernunft) haben möchte, oder seinen Verhältnissen nach haben sollte, eine gewisse Beengung, einen gewissen Druck fühlen, aber welcher Mensch könnte sagen, daß er für immer oder nur für einen längeren Theil seines Lebens von Uebeln frei sei? wer könnte sich für berechtiget halten, von allen Uebeln frei zu sein? Auch der Glücklichste hat Zeiten, Tage, Stunden, in welchen er der Unvollkommenheit alles Irdischen eingedenk wird! Nun bringt freilich auch die Entbehrung des Einen oder Anderen, wozu der Stand berechtigen mag, diese Erkenntniß, dieses Gefühl mit sich; doch soll man sich deshalb nicht unglücklich dünken. Dehnt sich aber das Mißverhältniß zwischen Stand und Vermögen dahin aus, daß er den Stand nicht mehr aufrecht erhalten, in Verbindungen und Verhältnisse, auf die der Stand anweiset, nicht eintreten oder sie nicht mehr fortsetzen, Ansprüche, welche man zufolge seines Standes an ihn macht, nicht mehr erfüllen kann, dann hat der Mensch eine Menge von Merkmalen, welche ihm anzeigen: du bist arm, ärmer, als deinem Stande gemäß ist, und diese Wahrnehmung wird nimmermehr eine erfreuliche, sondern gewiß eine peinliche sein: im gewissen Maaße ist der Mensch dann allerdings unglücklich. Suche dich nur loszureißen von eigenen Vorurtheilen: du wirst sehen, wie schwer es ist; kämpfe nur mit den Vorurtheilen Anderer: wie viele bittere Erfahrungen wirst du machen! Laß dich nur übersehen, verleugnen, kalt abgewiesen werden von denen, zu denen der Stand dich hinweiset: du wirst fühlen, wie wehe es thut; tritt in Kreise ein, denen du sonst fremd warest, von denen auch dein früherer Stand dich immer noch scheidet, wo man dich vielleicht kalt und mißtrauisch empfängt, vielleicht gar dir roh und übermüthig begegnet: du wirst manchen herben Schmerz in der Brust empfinden. O nein, wer in höherem Stande ein entsprechendes Vermögen entbehrt, der entbehrt etwas Bedeutendes, und je höher Stand und je größer diese Kluft, desto empfindlicher wird diese Entbehrung. Wohl dem, der die Kraft hat, die eigenen Vorurtheile zu besiegen, die widerstrebenden Gefühle zu beherrschen und durch eigene That zu erringen und mit Ehren zu ersetzen, was das Schicksal versagt oder genommen hat! Wohl dem, der seine trüben Gefühle zu lichten und zu erheitern, über die Vorurtheile der Welt sich zu erheben, dem Bedauern den Grund zu entziehen, der kalten Fühllosigkeit eine würdige, feste Haltung entgegen zu setzen weiß! Fällt es aber mit dem, der einst reich und vornehm war, dahin ab, daß er in alten und kranken Tagen die Mildthätigkeit Anderer ansprechen muß, um nicht elend zu verschmachten, so steht auch er freilich immer nicht tiefer, als jeder andere Mensch in gleicher Lage; aber ihm muß der Rückblick nach der vorigen Höhe schmerzlicher sein, muß eine zartere Theilnahme einflößen! Was sagst du dazu, daß vor einigen Jahren in Frankreich eine Frau, welche einst zu den vornehmsten gehörte, die Wittwe eines berühmten Marschalles, in hohem Alter in Dürftigkeit schmachtete und in Krankheit fast aller Pflege entbehrte und endlich in nacktester Armuth starb.

Nicht aber nur bei den höheren, sondern auch bei den niederen Ständen ist eine Abstufung in der Armuth, wie wir schon früher (S. 11) gesehen haben. Ein Mensch niederen Standes hat nicht mehr völlig das, was auch zu *seinem* Stande gehört, sei es, daß er schlechter wohnen oder ärmlicheres Hausgeräth haben oder sich schlechter kleiden oder dürftiger essen müsse; er ist arm; ist er auch unglücklich? — Einzelne Menschen findet man — vielleicht in allen Ständen, besonders aber wohl in den niederen, welche kaum einen Unterschied wissen oder sich wenig daraus machen, ob sie viel oder wenig, mehr oder weniger als Andere haben, ob dann und wann oder ob immer Beschränktheit und Mangel bei ihnen herrsche, und es kann das in ihrer Stumpfheit und Gleichgültigkeit oder in ihrem Leichtsinne, aber auch in besserer Gesinnung (s. S. 6.) seinen Grund haben, aber solche Menschen nicht gerechnet, möchte ich nicht behaupten, daß die Menschen in den niedern Ständen es *nicht* empfinden, ob sie Mangel leiden oder zur Genüge haben; wenn aber das ist, so fühlen sie sich auch mehr oder minder unglücklich, wie sie dann auch nach gewohnter Ansicht der Welt dafür gehalten werden. Denke dir z. B., daß ein Hausvater, von dem ja hauptsächlich das Wohlsein Aller abhängt, auf das Krankenlager geworfen wird und damit der Verdienst aufhört oder auch auf kurze Zeit unterbrochen wird, daß aber damit auch der Mangel vor der Thür steht; ist Armuth da ein Unglück? Nimmt aber nun die Armuth die Gestalt völliger Mittellosigkeit an, hat der Mensch so gut wie gar nichts mehr, was er sein nennen kann, nicht Stuhl, nicht Bett, ja selbst kein Obdach mehr, gehen ihm auch die Kräfte aus, das Nöthige zu erwerben, bedarf er also jedes Mal, daß er sein zerrissenes, vom Leibe fallendes Kleid mit einem heilen, die Blöße deckenden vertauschen, jedes Mal, wenn er sich satt essen, jedes Mal sogar, wenn er sich schlafen legen will, erst der Güte und der Gaben Anderer, wird er in jeder Beziehung, in jedem Augenblicke des Lebens abhängig von dem Willen und der Gunst Anderer, — dann, mein Freund, ist höchste Armuth da, dann aber ist der Mensch auch unglücklich, wenn freilich solche Armuth nicht das einzige, nicht das höchste Unglück ist! Oder sollte der nicht unglücklich sein, dem nichts, gar nichts als Eigenthum gehört, dem auch die nächste Mahlzeit nicht gesichert ist? Derjenige nicht, der auch gar nichts mehr durch sich selbst haben kann, sondern Alles und Alles aus fremder Hand erwarten muß? Derjenige nicht, der auch nicht die Aussicht hat, daß es je mit ihm besser werde auf Erden? — Ja, ich halte ihn für unglücklich, — doch nicht für den unglücklichsten Menschen allein deshalb; denn er hat vielleicht ein gutes Gewissen! er hat vielleicht das Bewußtsein, daß er durch Treue und Fleiß in früherer Zeit, durch ehrbaren, löblichen Wandel, durch das, was er selbst einst an Andern gethan hat, Anspruch auf Theilnahme und Hülfe erwarb! er hat vielleicht das tröstliche Bewußtsein, daß er, der jetzt Mangel hat, wohl vollauf haben würde, wenn er nicht immer so genau auf Recht und Unrecht hätte sehen wollen! er hat vielleicht — und das ist das Beste — Gottesglauben und Gottvertrauen in der Brust, daß, der die Sperlinge nicht vom Dache fallen lässet, auch ihn nicht verkommen lassen werde, und das giebt ihm die frohe Zuversicht, daß ihm, wo eine Hand sich verschließt, eine andere sich öffne, wenn eine Hand sich zurückzieht, eine andere sich freudig für ihn ausstrecke! ihn erhebt und trägt die beseligende Hoffnung, daß einst an dem großen Tage des Lohnes und der Vergeltung ihm die Fülle der Freude werde gegeben werden! Wohl dem Menschen, dem also ist! Wehe dem Menschen, dem es anders ist! Wehe, wenn dem äußeren Uebel die Schuld im Inneren zur Seite steht! — Siehe, mein Freund, so kommen wir auf das Folgende. Wir haben nämlich noch Eins zu erwägen, wenn wir die Frage entscheiden wollen, ob Armuth ein Unglück sei.

Ob Armuth ein Unglück sei, hängt auch drittens noch und zwar hauptsächlich davon ab, wie die Armuth entstanden ist und welche Theilnahme der arm gewordene Mensch bei anderen Menschen findet. Daß wir hier nur von Menschen sprechen, welche einst in besseren Umständen waren, geht schon daraus hervor, daß wir nach dem Ursprunge der Armuth sehen wollen. Daß aber die Theilnahme wächst oder sich mindert, je nachdem bessere oder schlimmere Ursachen zum Grunde liegen, das liegt so sehr in den natürlichen Gefühlen des Menschen, daß es dafür keines Beweises bedarf: auch der edelste Mensch, möchte er auch, wo er für den Armen zu handeln oder ihm zu geben aufgefordert wird, allein auf die Noth und das Elend sehen, kann sich doch eines Gefühles von Wohlgefallen oder Mißfallen an dem Menschen selbst nicht erwehren, wenn er weiß, daß derselbe besser oder schlechter, achtungswerther oder der Achtung weniger werth ist und darnach wird in einem Falle williger, freundlicher, herzlicher gegeben, gethan, gesprochen als in dem anderen. — Sehr verschieden und mannigfaltig sind die Ursachen der Armuth; wir betrachten diejenigen, welche in dem Menschen selbst liegen, wollen aber nur auf die hauptsächlichsten Zeit und Aufmerksamkeit wenden, weil wir sonst zu weit geführt werden möchten.

Verschwendung und unordentlicher Lebenswandel. Wie die Verschwendung schnell in Armuth führt, will ich mit einem Beispiele belegen. Ein Mann, dessen Verhältnisse und Lebensgang mir ziemlich genau bekannt geworden sind, fing mit einem bedeutenden Vermögen an zu wirthschaften, so daß man ihn reich nennen konnte, aber der Reichthum zerfloß sehr bald, denn es ward in aller Art ein übertriebener Aufwand gemacht. Ihm ward Hülfe; er wurde vom Untergange gerettet und aufs Neue in völligen Wohlstand gesetzt; aber die Kunst des Rechnens und Haushaltens war noch nicht gelernt, abermals trat Zerrüttung des Vermögens ein. Zum dritten Male ward dieser Mann aufgerichtet und hergestellt; aber er wollte nicht klug werden und trieb es nach wie vor. Jetzt ließ man ihn sinken, und nun lebte er von den mäßigen Unterstützungen, welche Verwandte ihm reichten, besuchte nun, zu Fuße reisend, alte Freunde, da ihm vorhin kein Fuhrwerk prächtig genug werden konnte, aß und trank, wie ihm gehalten wurde, da er sich früher nur an der üppig besetzten Tafel gefallen hatte. Diesen Mann habe ich nicht selbst gekannt, doch, wie gesagt, seine Verhältnisse und seinen Lebensgang; drei andere Männer aber sind mir persönlich bekannt geworden, welche wie jener mit Reichthum anfingen und mit Armuth endigten, welche wenige Jahre üppig, dann lange Jahre durch dürftig lebten wie jener, und endlich wie jener in Dürftigkeit starben. Von dem einen muß ich noch anführen, daß er früher ein sehr glänzendes Haus hielt; nachdem er aber dadurch sein Vermögen zerrüttet hatte, ward er Gastwirth in einer benachbarten Stadt und bediente als solcher selbst die Herren, welche sein Vermögen mit ihm verpraßt hatten.

Es giebt auch eine Verschwendung im Kleinen, und sie ist gewöhnlich mit unordentlichem Lebenswandel verbunden. Verschwendung im Großen gehört bei den Reichen, Verschwendung im Kleinen und unordentlicher Lebenswandel bei den Leuten mittleren und niederen Standes zu Hause, — ich will sagen: sie findet sich dort, nicht, daß sie nothwendig damit verbunden sei. Der unordentliche Lebenswandel und die ihn begleitende Verschwendung besteht eines Theils in Versäumniß der Berufs- und Nahrungsgeschäfte und verringert also die Einnahme, andern Theils in dem Umhertreiben in Wirthshäusern und an Lustörtern und verursacht also vermehrte Ausgaben und endigt drittens in unreinen Sitten und Lastern, welche mit dem Wohlstande zugleich die Ehre und die Gesundheit zertrümmern. Zweifelst du, daß der den Weg des Verderbens gehe, welcher sich einem unordentlichen Lebenswandel ergiebt? Willst du aber Beispiele, wie der unordentliche Lebenswandel und eine anfangs fast unmerkliche Verschwendung im Leben wirke, wie sie namentlich den Wohlstand zerstören, wie sie den Menschen überhaupt so tief sinken lassen, so lasse es dir nicht von mir mit Worten beschreiben, sondern suche sie dir im Leben selbst: siehe die Trunkenbolde, siehe alle die wilden Menschen an, denen ein wüstes Leben auf die Stirne geschrieben ist, gehe in die Krankenhäuser, in die Armenhäuser, zu den Verbrechern in die Gefängnisse, da findest du die Opfer des unordentlichen Lebenswandels und derjenigen Verschwendung, welche fast so ganz unmerklich der Armuth zuführte!

Unordentliche Wirthschaft. Soll ich dir beschreiben, wie durch unordentliche Wirthschaft (im engeren Sinne) der Wohlstand untergraben und nicht selten Armuth herbeigeführt wird, so möchte ich dich lieber in ein und das andere Haus führen, damit du selbst sähest, was sich in der Kürze kaum beschreiben lässet. In einem Hause wird die Unordnung zunächst an den Kleidern seiner Bewohner sichtbar: die Sonntagskleider werden am Wochentage getragen und vergehen bald, so daß man wieder neue anschaffen muß, um anständig gekleidet zu sein, oder die Werkeltagskleider werden beschmutzt und zerrissen, aber nicht wieder gereiniget und heil gemacht, so daß auch sie nicht gehörig dauern. So folgt Ausgabe auf Ausgabe; Zerrüttung reißt ein, anfangs ist der Riß klein und noch heilbar; bald aber wird er größer und allmälig unheilbar, weil man die Wirthschaft nicht bessert; endlich ist man in Armuth und weiß kaum, wie man hinein gekommen ist. — In einem andern Hause herrscht die Unordnung in Hinsicht auf Haus- und Handwerksgeräthe und in Allem dem, was den Bestand der häuslichen Einrichtung ausmacht. Man hat dieses oder jenes Stück nicht zur Hand, will sich aber die Zeit nicht lassen, es herbei zu holen, oder es zerbricht, zerreißt und vergeht sonst ein Stück, man versäumt aber, es wieder herzustellen oder durch ein neues zu ersetzen, — man braucht nun immer statt des geringeren das bessere, bis auch dieses nicht mehr taugt; auch hier ist der Schade anfangs wenig merklich; aber er ergreift allmälig das ganze Haus und jedes Ding im Hause und zerstört zuletzt Alles und das ganze Haus bis auf den Grund. — Gehe weiter, gehe in Küche und Keller, in die Speisekammer und auf den Vorrathsboden: das Bild der Unordnung überall; aber überall wird dir auch zugleich schon das Bild der Zerstörung entgegentreten; zugleich wirst du überall schon Zeichen sehen, welche den gänzlichen Verfall und Untergang verkündigen. Man weiß oft nicht, wenn man die Umstände weniger genau kennt, wie dieses oder jenes sonst wohlhabende Haus so zurückkommen konnte, da man keinen übertriebenen Aufwand sieht; man wundert sich, wie dieser oder jener fleißige und sonst, wie es scheint, sparsame Mann, doch nicht zu Wohlstande gelangt, doch nicht aus Noth und Verlegenheit herauskömmt: es ist eine, doch unscheinbare Ursache: Unordnung ist der Krebs, welcher den Wohlstand frißt, Unordnung ist es, welche stets hindert, daß das Haus sich aufnehme und gedeihe! Unordnung führt in Armuth; Unordnung läßt nicht wieder herauskommen: die wenigsten Menschen, welche durch Unordnung arm werden, richten sich je wieder auf; die meisten bleiben in Armuth, gewöhnlich in der bittersten.

Unverständige Wirhschaft. Verdirbt unordentliche Wirthschaft den Wohlstand und führt sie zur Armuth, so thut es nicht weniger die unverständige Wirthschaft. Manche Menschen lieben den Wohlstand, scheuen die Armuth, wollen sogar gern reich werden; aber sie wissen es nicht anzufangen. Das sind diejenigen, denen meistens mißlingt, was sie unternehmen, welche selbst meinen, daß das Glück ihnen abhold sei und das Unglück sie verfolge, und von denen auch wohl Andere diese Meinung hegen, weil sie nur auf die Folgen, nicht auf die Ursachen sehen. Das Uebel liegt in dem Verstande oder vielmehr in der mangelhaften Anwendung des Verstandes. Uebrigens hat die unverständige Wirthschaft gar mancherlei Gestalten, doch immer denselben Erfolg: Zerrüttung des Vermögens, Abnahme des Wohlstandes bis zu völliger Armuth. Der Eine fängt Alles zu unrechter Zeit an: wenn es Zeit ist, zu säen, will er noch erst dreschen und wenn die Frucht reif sein sollte, hat er kaum gesäet. Der Andere unternimmt Dinge, welche er entweder nicht versteht oder wozu seine Mittel nicht hinreichen, und er hat Schaden statt Gewinn. Der dritte läßt sich von Schwindlern und Betrügern sein Vermögen ablocken, indem sie ihm abborgen und nicht wieder bezahlen oder auch ihn zu Unternehmungen verleiten, von denen sie ihm glänzende Vortheile versprechen, von denen er aber die gehofften Früchte niemals einerntet. Ueberhaupt fallen Menschen mit einigem Vermögen gar leicht Betrügern in die Hände; denn diese wissen entweder ihrer Eigenliebe und Eitelkeit zu schmeicheln oder ihren Verstand zu blenden und diesen falschen Freunden folgen sie lieber als denen, welche ihnen uneigennützig rathen und sie wohlmeinend warnen. Wer also das Seinige behalten will, der sehe wohl zu, daß er verständig damit wirthschafte und auch nicht von Anderen so oder so darum gebracht werde! Ein Beispiel will ich dir vorlegen, aus dem du sowohl die Folgen unordentlicher als unverständiger Wirthschaft erkennen magst. Ein sehr reicher Gutsbesitzer, welcher zugleich für einen sehr gescheuten Landmann galt, unternahm auf seinen Gütern allerhand Dinge, von denen er sich glänzenden Erfolg versprach, so daß der Ertrag der Güter sehr hoch steigen sollte; aber dieser erwartete Erfolg blieb aus; dagegen waren die großen Ausgaben gemacht, waren weggeworfen, wie man sagt; er unternahm aber außerdem noch Dinge, welche ihm gleichfalls viel eintragen sollten, ihn jedoch nur noch weiter herunterbrachten; endlich war er auch unordentlich in seinen Geldangelegenheiten; die Folge von Allem war, daß er aus Noth und Verlegenheit seine Güter verkaufen mußte und ein verhältnißmäßig sehr geringes Vermögen behielt. So geht es im Großen; ebenso im Kleinen. In der Stadt S. lernte ich einen Mann als Bewohner des Armenhauses kennen, welcher vordem der reichste Bürger in der Stadt gewesen sein sollte; er hatte so ziemlich gerade Alles das gethan, was ich vorhin als Merkmale unverständiger Wirthschaft angezeigt habe.

Trägheit und Geschicklosigkeit als Ursachen der Armuth. Meinst du, daß ein träger und ungeschickter Mensch leichter in Wohlstand oder leichter in Armuth komme? Du wirst über die Antwort nicht zweifelhaft sein, denn wer nichts erwerben mag, erwirbt nichts; da er aber doch stets etwas bedarf, so verringert sich das Seinige und wird endlich ganz aufgezehrt. Wer nicht rührig in der Arbeit ist, nicht früh beginnt und lange anhält, der wird nicht viel schaffen, sondern mehr rückwärts als vorwärts gehen; denn zum Leben gehört viel. Die Erfahrung beweiset zur Genüge, daß dem so ist.

Die Trägen und Ungeschickten können wir aber mit Recht zusammenfassen; denn wer Eins davon ist, ist gewöhnlich auch das Andere. Zwar giebt es allerdings Menschen, welche Geschicklichkeit, wenigstens Fähigkeit genug besitzen; sie sind aber entweder wirklich träge und haben nicht Lust ihre Kunst, wie man sagt, zu Brote zu machen, oder sind zu leichtsinnig, gehen zu gern den Vergnügungen nach oder vertändeln das Leben in allerlei nutz- und fruchtlosen Zerstreuungen und Beschäftigungen; daß solche Menschen zu nichts kommen, sich nie zum Wohlstande emporarbeiten, vom Wohlstande herab gewöhnlich in Armuth sinken, versteht sich von selbst und geht aus der täglichen Erfahrung genügend hervor. Ein träger Mensch aber lernt ja auch selten etwas Rechtes, versteht daher auch eigentlich nichts oder wenigstens nicht hinreichend, was ihm Brot geben könnte: wenn aber das Geschick fehlt und zugleich der Fleiß oder wenn der Fleiß fehlt und zugleich das Geschick, so kann auch das Ergehen nur traurig sein. — Wie ist es aber mit den Menschen, denen es ursprünglich an Geschick fehlt, deren natürliche Anlagen mangelhaft, vielleicht sehr mangelhaft sind? — Solche Menschen haben es allerdings schwerer, Geschicklichkeit zu erlangen; ja bei einzelnen mag diese Mangelhaftigkeit ihrer Anlagen die Ursache ihrer Unlust zur Thätigkeit sein; aber so viel Anlage von Hause aus pflegt doch jeder Mensch zu haben (außer den Blödsinnigen), daß er wenigstens in einer Sache des gewöhnlichen Lebens genügende Geschicklichkeit erlangen und also Brot erwerben kann, nur muß ein Mensch von geringer, beschränkter Begabung keinen Beruf erwählen, wozu eben er nicht tauglich ist. Treuer, ausdauernder Fleiß ist Hauptsache; selbst die mangelhaften Anlagen werden durch Fleiß und ernste Bemühung von einzelnen Menschen so völlig ersetzt, daß sie geschickter und tüchtiger werden als Andere, welche mit herrlichen Gaben ausgerüstet sind, aber nicht den Fleiß und die Ausdauer haben, um es zu wahrer Tüchtigkeit zu bringen. Die Tüchtigkeit aber macht den Meister! Mag nun die Trägheit gehindert haben geschickt zu werden, oder mag angeborenes Ungeschick es unmöglich gemacht haben, in irgend einem Berufe tüchtig zu werden (was ich jedoch nicht leicht glauben werde), und selbst als Ursache der Unlust und Trägheit gelten sollen, so ist das gewiß: Trägheit und Geschicklosigkeit werden gar oft Ursachen der Armuth; aber auch großes Geschick allein ohne den Fleiß vermag nichts und Fleiß ohne Geschicklichkeit vermag wenig; darum bekämpfe die Trägheit, wenn du sie an dir vermerkst, und bemühe dich desto ernster, je mangelhafter deine natürlichen Anlagen sind, daß du geschickt und tüchtig werdest!

Die hauptsächlichsten Ursachen, aus denen der Mensch durch eigene Schuld arm werde, hatten wir uns vorgenommen zu besprechen; die vorstehenden sind es; unmittelbar haben sie zur Folge, daß entweder der vorhandene Wohlstand abnimmt und gewöhnlich in Armuth übergeht oder daß es nie zum Wohlstande kömmt. Ueberdem giebt es allerdings noch manche andere Ursachen, denen Armuth folgt; dieselben wirst du dir näher vorstellen, wenn wir späterhin die Wege beschreiben, welche einestheils zum Wohlstande, anderen Theils zur Armuth führen, — wozu die Lehren und Warnungen im zweiten und dritten Hauptstücke uns Veranlassung bieten werden. Jetzt wollen wir sprechen von der Theilnahme, welche der arm gewordene Mensch bei anderen Menschen findet.

Wir sollen nach einer erhabenen Lehre christlicher Liebe nur dem Elende des Nebenmenschen das Auge zuwenden, nicht den

Ursachen desselben, nicht der eigenen Schuld des Menschen; wir müßten nach dem Ausspruche tiefsinniger Weisheit herzlicheres Mitleid haben mit den Unglücklichen, welche es durch eigene Schuld sind, als mit denjenigen, denen im Unglücke ihre Schuldlosigkeit ein herrlicher Trost ist. Wenn wir fragten: welche Theilnahme sollten Arme finden, welche durch eigene Schuld arm geworden sind, so müßten wir also antworten; die innigste, herzlichste; fragen wir aber: welche Theilnahme finden sie wirklich? so sehen wir freilich, daß auch sie nicht von dem Erbarmen ausgeschlossen sind; wir bemerken aber auch deutlich, daß in das Mitleid sich fast überall ein gewisser Unwille einmischt; denn wenige Menschen vermögen es, den Schuldigen und den Unglücklichen in ihrem Gefühle gegen ihn zu trennen, sondern sie sehen ihn an und behandeln ihn immer zugleich als Schuldigen und als Unglücklichen. Wer denn also durch eigene Schuld in Armuth gesunken ist, gegen den wird Theilnahme nicht ganz so herzlich, so freundlich und zart bewiesen als gegen den unverschuldet Armen; ja es wird ihm oft genug Kälte und Vernachlässigung, Vorwurf und Abweisung begegnen. Am schonendsten begegnet man wohl noch denen, welche aus natürlicher Beschränktheit Stümper geblieben sind, nicht aber sonst in unmittelbarer Weise ihre Armuth verschuldet haben; denn man weiß, was ihnen entgegenstand, und wenn freilich die Menschen gerne richten und verdammen, so entschuldigen sie auf der andern Seite doch auch gern selbst da, wo oft nur geringer Grund zur Entschuldigung vorhanden ist; doch immer, — merke dir das! — ist Armuth einer derjenigen Fehler, den die Menschen am wenigsten entschuldigen!

Sind nun die Menschen, welche mehr oder minder durch eigene Schuld arm geworden sind, unglücklich oder nicht? Frage zuerst: was fühlen sie, wenn sie an die Ursache ihrer Armuth denken? Gern entschuldigt der Mensch sich selbst; doch wem nicht alle Selbsterkenntniß und aller Sinn für Wahrheit abgeht, der wird beim Ueberblicke über den Gang seines Lebens, beim Zusammenhalten des guten Anfanges und des traurigen Endes auch die eigene Schuld nicht verkennen und ihre Wirkungen nicht ableugnen; auch der Leichtsinnige, dessen Begleiterin die Armuth geworden ist, wird nach und nach dem schmerzlichen Gedanken Raum geben müssen: du hast deine Armuth selbst verschuldet! denn die Armuth ist ein Bleigewicht für den Leichtsinn. Auch der stumpfsinnige und rohe Mensch, dessen Sinn durch Laster und äußere Gesunkenheit vielleicht noch stumpfer und roher geworden ist, wird es merken und empfinden, ob man ihm mit Wohlwollen und Herzlichkeit oder mit Kälte und Abneigung begegne, ob ihm gegeben und geholfen werde mit Freudigkeit oder nach vielleicht widerstrebendem Pflichtgefühle, ob man Alles für ihn aufbiete, was man vermag, oder gerade nur das Aeußerste thue, um ihn nicht ganz verkommen zu lassen. Arm, hülfsbedürftig, von dem Wohlwollen Anderer abhängig, der Willkür, der Laune Anderer Preis gegeben zu sein, ohne Achtung, kalt, rücksichtslos behandelt zu werden, wo man früher geehrt umherging und zuvorkommend aufgenommen wurde, — das ist ein Zustand, den man nur unangenehm, drückend, peinlich nennen kann. Halte nun das Alles zusammen und frage dann: ist Armuth unter solchen Umständen ein Unglück? — O mein Freund, es bedarf keines Wortes, um diese Frage zu beantworten! Sie ist von selbst beantwortet.!

Armuth ist allerdings ein Unglück. Sie ist es, weil sie manche Entsagungen, manche Beschwerde, manche bittern Erfahrungen mit sich bringt; sie ist es aber deshalb und dann noch mehr, noch viel mehr, wenn sie durch eigene Schuld herbeigezogen ist. Wäre bloß Jenes, so dürfte man sie kaum ein Unglück nennen; denn bittere Erfahrungen macht man auch im Leben, ohne arm zu sein, Entbehrungen und Beschwerden laden sich überall dem Menschen auf; verbindet sich damit aber das drückende Bewußtsein: dir selbst, dir allein verdankest du das Alles und es ist das Alles nur die Folge deiner selbst verschuldeten Armuth, so ist die Armuth ein Unglück, ein großes schweres Unglück!

Armuth kann aber auch ohne eigene Verschuldung eintreten; sie kann entstehen in Folge einzelner Unglücksfälle, z. B. Krankheit, welche die Kraft zur Arbeit und zum Erwerbe raubt, Feuersbrünste, Ueberschwemmungen, Kriegsnöthe u. dgl.; es kann ein Kaufmann durch Handelsunfälle, ein hochherziger Menschenfreund sogar in Folge seiner wohlthätigen Bestrebungen arm werden. Sollte nun in solchen Fällen die Armuth ohne Weiteres ein Unglück sein? — Gewiß nicht! der Druck der Armuth wird empfunden werden; aber Seelenstärke kann darüber erheben. Seelenstärke muß der Mensch sich erringen und bewahren, um äußere Leiden mit Ergebung und Gleichmuth zu ertragen und unter ihrem Drucke sich durch ein gutes Bewußtsein und durch Hoffnung aufrecht zu erhalten. Hat er das gethan, so wird die Armuth, wie gesagt, kein Unglück für ihn sein. — Die Armuth kann sogar auch eine freiwillige sein. Nicht die Frucht der Schwärmerei, daß Jemand sein Vermögen hingiebt, und nun selbst in Armuth lebt, wollen wir uns denken, sondern den Fall, daß ein Mensch es versäumt, sich ein eigentliches Vermögen zu erwerben, indem er entweder nie darauf ausgeht, sich das Seinige, sondern lieber Anderen, z. B. seinem Dienstherren, das Ihrige zu mehren, oder indem er vom Erwerbe Anderen, Aermeren mittheilt und selbst immer nur behält, was er zu bedürfen glaubt. Wenn nun auch bei einem solchen Menschen eine Zeit der Noth eintritt z. B. durch Krieg oder andere Umstände, wie wird er sich in der Armuth fühlen? — Ich glaube: nicht unglücklich; denn wer, sei er auch ein gemeiner Mann, den hohen Sinn hat, Geld und Gut zu verschmähen, wo er es auf die rechtlichste Weise erwerben kann, wer d e n Sinn hat, sich selbst für Andere zu opfern, der hat auch den hohen Sinn, die Armuth und deren ganzes Gefolge von Leiden zu tragen; er hat einen Schatz, der ihn dennoch reich macht: sein schönes Bewußtsein!

Welche Theilnahme aber finden diese Menschen, diese, die nicht durch Vergehungen und Verkehrtheiten, sondern ohne eigene Verschuldung, ja auf eine so achtbare Weise arm geworden? — Sie werden Theilnahme finden, allgemeine, herzliche Theilnahme! Zwar schützt auch Unschuld nicht immer, und gegen Alle, welche von der Höhe herabgesunken, oder aus besseren Umständen in schlechtere gekommen sind, mögen sie auch noch so unverschuldet sein, pflegen rohe, hartherzige Menschen sich in Hohn und harten Tadel auszulassen, oder sich doch sehr rücksichtslos gegen sie zu bezeigen; aber von so harter und gemeiner Sinnesart sind doch wenige Menschen und sie, die es thun, sind selbst so weniger Achtung werth, daß ihr Urtheil, ihr Beifall oder ihre Schmähung weder Wunden heilen, noch Wunden schlagen kann. Von edleren Menschen dagegen werden ja diejenigen, welche auf vorwurfsfreie Art arm geworden sind, gerade deshalb mit desto mehr Achtung behandelt. Anderen Theils wird auch wohl der beste Mensch, mag auch sein ganzes Leben offen da liegen, verkannt: man sieht Schuld, wo keine ist, oder argwöhnische Gemüther vermuthen geheime Schuld, wo keine offenbare vorliegt; Verkennung schmerzt; aber der Tag folgt auch der längsten Nacht und die Sonne durchbricht endlich auch den dichtesten Nebel: der Verkannte wird endlich erkannt, der Beschuldigte gerechtfertiget, der Geschmähete zu Ehren gebracht und alle Herzen wenden sich ihm zu. Zwar ist die Achtung kein Geld und das Mitleid kein Brot; schlagen aber nur die Herzen dir warm entgegen, so werden auch die Hände sich dir entgegenstrecken! — Wenn nun ein Mensch diese beiden schönen Güter hat: die eigene Achtung oder ein gutes, reines Gewissen und dazu die Liebe und Achtung seiner besseren Nebenmenschen, wird ihn dann die Armuth unglücklich machen? — Den, welcher das Bessere höher zu schätzen weiß als das Geringere, gewiß nicht!

Wir kommen nun dahin, den Stand der Armen im weiteren Sinne zu betrachten, und legen uns nun die Frage vor: ist die Armuth im weiteren Sinne, wonach ein Jeder arm ist, der um das Brot arbeiten muß, ein Unglück?

Wäre das wirklich, wären alle die Menschen unglücklich, welche nicht reich sind, so wäre es ja eine traurige Einrichtung der Welt, daß gerade der größeste Theil der Menschen im Schweiße seines Angesichts sein Brot essen muß! Möchtest du aber wohl denken, daß Gott, als ein weiser Schöpfer und gütiger Vater der Menschen, eine Einrichtung gemacht hätte, die mit Recht getadelt werden könnte? Aber sie sind nicht unglücklich, die Menschen, welche in diesem weiteren Sinne des Wortes arm sind; denn Arbeit ist kein Fluch, sondern ein Segen, kein drückendes Joch, sondern eine Wohlthat. Du kennst es vielleicht noch nicht, was es heißt, arbeitslos, geschäftlos sein und es sein müssen; doch was wirst du denken, wenn ich dir sage, daß in neuester Zeit Strafhäuser für Verbrecher so eingerichtet werden, daß die ärgsten Verbrecher anfangs ganz arbeitslos, ganz unthätig sein müssen und — daß die Verbrecher selbst eben hierin die schwerste Strafe finden und eben hiedurch zuerst und zumeist geneigt werden so zur Arbeit wie zur Besserung überhaupt? Darum suchen auch die Reichen und Vornehmen gewöhnlich irgend eine Arbeit, eine Beschäftigung, und Menschen, welche gar nicht arbeiten, keine ordentliche Beschäftigung treiben mögen, sind selten in den höheren wie in den niederen Ständen. Die Arbeit wird lieb, je mehr wir uns daran gewöhnen: sie unterhält nicht allein und schützt gegen das schreckliche Uebel der Langeweile, sondern sie erheitert auch und ist schon manchem Unglücklichen ein Mittel des Trostes geworden; die Arbeit wird nicht bloß erträglich durch die Gewohnheit, sondern sie wird wahres Bedürfniß! Ich leugne freilich auch nicht, daß in gar vielen Menschen ein Hang zur Trägheit wohnt und daß sie erst an Arbeit gewöhnt werden müssen, um sie ihnen lieb und angenehm zu machen; es ist gewiß, daß dieser Hang zur Trägheit zunimmt, je mehr ihm nachgegeben wird; doch immer behaupte ich wieder: Menschen, welche zu gar keiner nützlichen und anhaltenden Beschäftigung Lust haben, sind selten; entweder gefällt es ihnen nur nicht, gerade das zu thun, was sie thun sollen, oder sie wollen nicht ernst und anstrengend, sondern gleichsam spielend beschäftiget sein. Die aber wirklich ohne eigentliche Beschäftigung Lebenden sieht man immer dem nachjagen, was sie zerstreuen, was sie belustigen, vergnügen, erfreuen soll; doch der Mensch ist kein flatterndes Geschöpf, sondern hat seine zwei Füße; auf denen er ehrbar und fest einhertreten soll; darum, so leicht diese Schmetterlinge unter den Menschen dahin flattern, so wenig finden sie doch je, was sie stets so emsig suchen: Befriedigung. — Und siehst du denn die Menschen des arbeitenden Standes alle unglücklich, unzufrieden, mißmüthig? — Nein, im Gegentheile: in den unteren Ständen trifft man noch am meisten Zufriedenheit und Frohsinn, — gewiß aber nicht weniger als in den höheren Ständen, wenn sie auch dann und wann unter der Last der Arbeit seufzen, wenn sie auch vielleicht einmal beneidend auf die Vornehmen und Reichen blicken, weil sie glauben, getäuscht durch den Schein, daß diese nicht arbeiten, daß diese keine Beschwerden, keine Sorgen, keinen Kummer haben, weil sie nicht wissen, wie oft der äußere Glanz nur wunde, matte, verödete Herzen bedeckt, weil sie nicht ahnden, daß es ein Lachen giebt, beiwelchem das Herz traurig ist, weil sie sich denken, daß von den glänzenden, rauschenden Festen stets wirkliche Freude hergeholt werde. O glaube mir mein junger Freund, und Allen, welche sprechen wie ich: der Reichthum hat Sorgen und das Wohlleben, welches der Reichthum gestattet, ist nicht lauter Freude und hoher Stand bewahrt nicht vor Leiden! Ein jeder Stand hat seinen Frieden, ein jeder Stand hat seine Last, singt der fromme Dichter Gellert. Alles Irdische ist so eingerichtet, daß auch dem Besten irgend ein Mangel anklebt, wie auch jedes Uebel wieder irgend ein Gutes mit sich bringt. Wenn du in der Folge erst selbst im Stande bist und Gelegenheit hast zu beobachten und zu vergleichen, dann denke an meine jetzige Rede und frage, ob ich Recht oder Unrecht habe.

Und warum wolltest du überhaupt den Stand der Armen unglücklich nennen; weil er arbeiten muß? — Ich habe dir schon gesagt, daß Arbeit nicht Plage, sondern Wohlthat sei, und daß auch die Vornehmen arbeiten, oft schwerer arbeiten müssen, als der geringe Mann, — nicht mit den Händen, sondern mit dem Kopfe. Entbehren sie aber irgend etwas Nothwendiges, Unentbehrliches? wer sein genügendes, sicheres Brot hat und es mit eigener Kraft erwirbt, ist der unglücklich? oder wäre etwa sein Auskommen nicht so gesichert als das des Reichen? Denke an das Sprichwort: mit Vielem hält man Haus, mit Wenigem kömmt man aus! Nicht darauf, wie viel wir haben, sagte einst ein deutscher Fürst, sondern darauf, wie wir es verwalten, kömmt es an! — Aber der wenig Vermögende kann doch leichter arm werden, als der Reiche! Wie weißt du denn das? Kann nicht ein Wechsel der Dinge eintreten, dem Keiner zu entrinnen vermag, — ein Wechsel, welcher gerade die Reichen und Vornehmen zuerst ergreift? Als vor etwa funfzig Jahren in Frankreich Aufruhr des Volkes ausbrach und eine allgemeine Umwälzung eintrat, nachdem die Bewegung sich den untersten Ständen mitgetheilt hatte, da waren es die Vornehmen und Reichen, welche am härtesten davon getroffen wurden; wie mancher vornehme Mann verließ den Hof und Heerd, Heimath und Vaterland und ging arm in die Fremde, nichts als das nackte Leben rettend! Freilich treten auch für die Menschen in den mittleren und unteren Ständen Fälle ein, wo sie durch die Gewalt der Ereignisse, z. B. durch Krieg, das Ihrige verlieren oder erwerb- und brotlos werden; aber dann werden auch die Reichen zugleich mit den Armen getroffen und der arbeitende Stand kann selbst schon unter den stürmischen Ereignissen wieder zum Erwerbe kommen; denn ohne Arbeit kann die Welt nicht bestehen; bald werden Arbeiter aller Art wieder gesucht und überdem richtet sich ein Kleiner leichter wieder auf als ein Großer; bleiben dann die Zeiten aber auch noch schwer und drückend, so ist doch der äußersten Noth schon abgeholfen. — In Noth ferner kommen so leicht die Menschen des arbeitenden Standes, wenn Krankheit eintritt oder das Alter mit seiner Schwäche anrückt! Ich will darauf nicht weiter erwidern, sondern dich auf das hinweisen, was in der Wirklichkeit Statt findet. Da wirst du finden, daß ein guter Wirth für die Tage der Noth einen Nothschilling im Rückhalte hat; steht ihm dann einmal der Erwerb auf einige Zeit still, so ist er gleichwohl noch gegen Mangel geborgen; du wirst gleichermaßen finden, daß der erwerbsame und zugleich sparsame Mann in den guten Tagen so viel vor sich bringen kann, daß er in alten Tagen nicht zu darben braucht; nimmt dann im Alter mit der Kraft zugleich der Verdienst ab, so hat er auch im Alter weniger Bedürfnisse, giebt wenigstens für Dinge, welche doch nicht gerade unentbehrlich sind, so viel Geld mehr aus als wohl ehedem und hat auch, wie gesagt, als verständiger Freund des Sparens und Sammelns einen kleinen Schatz gesammelt, der ihn vor äußerster Noth bewahret. So ist es wirklich; so könnte es noch viel mehr sein, wenn in guten Tagen immer bedacht würde, daß böse Tage den guten Tagen folgen können; wer aber will immer Alles darauf gehen lassen, was er nur gerade hat, — freilich für den tritt leicht Noth, Bedrängniß, Angst und Sorge ein! Halte dich nicht für unglücklich, weil du nicht reich bist!

Es kann auch Armuth sogar ein Glück sein, sowohl die Armuth im weiteren Sinne als die Armuth im eigentlichen Sinne. — Viele Aussprüche finden sich schon in der heiligen Schrift, welche von den Gefahren des Reichthums für die Tugend sprechen; erinnere dich nur an den einen, den Christus selbst im Gleichnisse giebt. Er sagt nämlich: der Reichthum und die Sorgen dieser Welt ersticken den Saamen (des Wortes Gottes), daß er nicht aufkommen und Frucht bringen kann. Christus aber kannte gewiß die Menschen und die Dinge. Wie mancher Reiche mag in dem Strudel der Welt das bessere Theil verlieren! Doch wiederum reizet auch die völlige Armuth den Menschen gar leicht zu bösen Thaten und es giebt viele Beispiele, daß Menschen durch die Noth auf den Weg der Sünde geführt sind. Wollen wir deshalb nicht nach Reichthum verlangen, so laß uns doch die Armuth auch meiden und zu Gott beten: Armuth und Reichthum gieb mir nicht, damit ich nicht entweder im Ueberflusse Dein vergesse, oder durch die Noth zum Bösen gereizet werde! Ich will dich aber darauf aufmerksam machen, daß nicht unbedingt Tugend und Sünde von Armuth und Reichthum abhängen; denn unter Reichen und Armen giebt es rechtschaffene, biedere, edle und gottesfürchtige Menschen und Versuchungen treten uns an, wo wir auch wandeln, so daß wir überall wohl zusehen müssen, daß wir nicht fallen! ich erinnere dich aber auch daran, daß, je höher der Baum wächst, desto mehr die Stürme ihn erfassen und daß es demnach für die Menschen auf der Höhe wohl mehrere und stärkere sittliche Gefahren geben mag als für die Menschen des niederen und mittleren Standes. — Wem Gott Reichthum gab, den wollte er gerade so führen, — wem er Armuth gab, den wollte er wiederum so führen; Gott wendet unablässig Alles darauf hin, daß die Menschen den Weg des Heiles finden; der Mensch aber muß erkennen und ergreifen, was Gott ihm zu seinem Glücke bietet. Wenn Gott dich also in einen Stand setzte, wo dir kein Reichthum zufiel, wenn Gott dich vielleicht nie in die Lage kommen lassen wird, Reichthum zu erwerben, so glaube nur, daß es zu deinem Glücke sei und daß eine höhere Weisheit dir den Weg zu deinem Glücke ersehen habe, den du vielleicht nicht gefunden hättest! — Auch sogar selbstverschuldete bittere Armuth kann deß Menschen Glück werden in diesem höheren Sinne. Er ist gestraft worden; er erkennt darin einen Ruf zur Besserung; er geht in sich; er bessert ein vorwurfsvolles Leben, wird ein verständiger, rechtschaffener, guter, tüchtiger, — ein frommer Mensch und findet statt des verlorenen äußeren Glückes das innere, welches ihm sonst verloren war, und nun kehrt ihm auch das äußere Glück vielleicht noch zurück! Wer aber die Wendungen seines Schicksals mißversteht, wer das Geschehene sich nicht zur Warnung dienen läßet, den bitteren Kelch nicht mit ergebenem Gemüthe trinket, wer vielmehr aus der Noth, in welche er sich gestürzt, einen Anlaß zum weiteren Bösen machet, dem ist freilich das letzte Uebel größer als das erste, aber allein durch *seine* Schuld! Endlich kann man dann auch wohl noch sagen, daß die Armuth bei einzelnen Menschen beigetragen habe, die Anlagen ihres Geistes bestimmter und kräftiger zu entwickeln, da sie entweder angewiesen waren, mit eigener Kraft sich den Weg zu Glück und Ehre zu bahnen, oder doch wenigstens von den Zerstreuungen und Störungen ferne gehalten wurden, welche sich so leicht mit dem Reichthum verbinden. Viele Beispiele aus allen Zeiten könnte ich dir nennen, daß arm und niedrig geborene Menschen sich in der Welt hoch empor geschwungen haben. Weit entfernt also, die Armuth schlechthin ein Unglück zu nennen, können wir vielmehr auch sagen, daß sie in *einzelnen* Fällen und in *einzelnen* Beziehungen ein Glück oder die Quelle des Glückes sei, — vorzugsweise des höheren, geistigen Glückes; nehmen wir jedoch das Wort in dem Sinne, wie man es gewöhnlich gebraucht, daß es das äußere Wohlsein oder Wohlergehen bedeutet, womit das innere Gefühl des Wohlseins verbunden ist, so beruhet das Glück mehr oder minder auf dem Besitze und Genusse von Erdengütern; daher werden wir sagen müssen, daß nur für wenige Menschen die Armuth kein Unglück sei, für die meisten aber ein wirkliches Unglück; denn nur wenige wissen sich ganz zu erheben über die Freuden und Leiden, welche mit dem Besitze oder dem Mangel der Erdengüter verbunden sind. Der Mensch auf gewöhnlichem Standpunkte bedarf und wünscht die Güter der Erde; entbehrt er das Genügende, darf er nichts sein nennen, so ist er unglücklich; um aber das menschliche Leben schlechthin glücklich zu nennen, gehört auch mit dazu das Glück, welches an die Gaben der Erde gebunden ist.

Noch einmal fasse ich jetzt zusammen, was diese ganze Untersuchung erzielt hat, um dir den Ueberblick zu erleichtern und deiner Meinung mehr Bestimmtheit zu geben. Hat der Mensch nicht mehr, was unentbehrlich ist, und kann er es aus eigner Macht nicht mehr haben (wenn Gott es überhaupt geben will) und muß er daher von Anderen empfangen, was er bedarf, — hat der Mensch nur in der Hauptsache nicht mehr, was er zu haben, zu gebrauchen, zu genießen gewohnt war und was denn gleichsam mit zu seinem Dasein gehört, — hat er das Seinige, durch eigene Schuld eingebüßt, — kommen von innen heraus aus der eigenen Brust Vorwürfe und begegnet er Vorwürfen, wenn auch vielleicht nur schweigenden, überall und selbst bei denen, welche sich seiner Noth annehmen, da ist der Mensch unglücklich, gewiß sehr unglücklich, desto unglücklicher, je näher diesem ganzen Zustande; je weniger aber dieses Alles vereiniget ist, desto geringer ist das Unglück: wo nichts als die Armuth allein bleibt, keine Vorwürfe, hingegen freundliche, herzliche Theilnahme überall ihm entgegentritt, da hat der Arme zwar auch Leiden, zwar auch Noth, Kummer und Sorge, aber er hat auch Trost; denn er weiß, daß seine Haare auf dem Haupte gezählet sind, und daß kein Sperling vom Dache fällt ohne des Herren Willen, daß sich ihm kein Herz, keine Hand, keine Thür verschließt und er lernt die Menschen lieben um der Liebe willen, welche sie ihm beweisen, lernt Gott danken unter Thränen, lernt sich glücklich fühlen unter

Mangel und Entbehrung. Und je weniger der Mensch seine Armuth selbst verschuldet, desto leichter gewinnt er solchen Trost; hat er durch eigene Schuld sich in Armuth gestürzt, so wird ihm die Schuld auch immer einen Stachel im Herzen erzeugen, der ihm ein dauerndes Wehe bereitet.

Dritte Frage.

Ist Armuth eine Schande?

Kürzer als die zweite Frage können wir diese dritte Frage abhandeln; nur müssen wir hier eine Untersuchung über die Frage, was Ehre und Schande sei, voraufgehen lassen. Diese Untersuchung ist nothwendig; denn die Wörter Ehre und Schande werden oft in sehr unrichtigem Sinne gebraucht, ja in so unrichtigem Sinne, daß für Ehre gelten soll, was Schande ist, und für Schande angesehen wird, was Ehre ist. Säufer z. B., Spieler, Tagediebe, — erröthen sie, wenn sie von ihrem Wesen oder vielmehr Unwesen sprechen? — nein; sie wollen sich dessen rühmen, deshalb sprechen sie davon; Windbeutel und Aufschneider rühmen sich ihrer Lügen; Raufer prahlen mit ihren Siegen als hätten sie das Vaterland gerettet; einem unartigen Menschen auszuweichen, der rohen Grobheit ruhigen Gleichmuth entgegen zu setzen, bei pöbelhaften Schimpfreden den Rücken zuwenden und fortzugehen, als höre man nichts, — würde das wohl überall für ehrenvoll angesehen werden? wenn einzelne Dienstboten fleißig, treu, für das Wohlergehen, den Nutzen, den guten Namen ihrer Herrschaft besorgt sind und wenn andere Dienstboten faullenzen, sobald sich des Herrn Auge abwendet, wenn sie bald diese, bald jene Kleinigkeit entwenden, von des Herrn Sachen sich zu Nutze machen, von der Herrschaft übel reden, die Schwächen und Fehler derselben aufdecken und vergrößern, ihnen allerlei Böses geradezu andichten, — sollten wohl jene besseren Dienstboten in jedem Kreise Anerkennung und Beifall, diese verächtlichen Menschen überall den verdienten Abscheu finden? — ach nein; die besseren werden von den schlechteren verlacht, verspottet werden; diesen aber wird man Beifall geben. Ich weiß, mein junger Freund, daß dein Gefühl edler und richtiger, dein Verstand schärfer und unbefangener, dein Gewissen lauterer und unverdorbener ist: du wirst also anders denken, als jene Menschen. Und wie, sind jene Menschen ihrer Meinung so ganz sicher? sind sie davon so recht fest überzeugt? — denn sollten sie vor alle Welt hintreten und ihre Meinung bekennen, so würden sie verstummen; denn sie wissen, daß sie vor verständigen, rechtlichen, ehrbaren Leuten nicht mit ihrer Meinung bestehen können und sie fühlen im Innern selbst das Unrichtige derselben; deshalb schweigen sie hier; wo sie aber des Beifalles gewiß sind oder wo sie — Schwächeren gegenüber — jede Meinung geltend machen können, im Winkel oder unter Ihresgleichen, da rühmen sie sich mit Dingen, die nicht rühmenswerth sind; sie thun es aber, weil sie wirklich Rühmliches nicht an sich haben und doch gern gerühmt sein wollen, und sie verachten oder schmähen und verspotten das wirklich Rühmliche an Anderen eben nur deshalb, weil es ihnen fehlt.

Wenn du demnach durch die Ansichten und Aeußerungen Anderer über das, was nach ihrer Ansicht und ihren Worten Ehre oder Schande ist, nicht irre geleitet werden willst, so hast du also auf zweierlei zu sehen, ob nämlich erstens das wirklich ihre Meinung sei, was sie sagen, und ob zweitens die allgemeine Meinung gleich sei oder abweiche. Daß Menschen sich bewegen lassen oder sich getrieben fühlen, sich solcher Dinge zu rühmen, die nicht rühmlich sind, und als verächtlich zu bezeichnen, was doch ehrenhaft ist, habe ich dir vorhin schon gesagt; siehst du nun, daß solche Leute an anderen Stellen schweigen oder gar entgegengesetzte Ansichten aussprechen, daß sie an anderen Stellen sich, so viel möglich, von entgegengesetzter Seite zeigen, so merkst du, daß sie im Innern anders fühlen und denken, als sie aussprechen; daraus geht denn von selbst hervor, daß nicht Ehre und Schande sein kann, was sie dafür ausgeben. Manche Leute aber rühmen sich mit voller Ueberzeugung ihrer Eigenschaften und Handlungen und sehen entgegengesetzte Eigenschaften und Handlungen für unrühmlich, für schimpflich an; auch sie treten freilich nicht allenthalben mit ihren Ansichten hervor; aber man könnte es für Bescheidenheit halten, daß sie an anderer Stelle nicht gerühmt sein oder auch anderen Leuten nicht widersprechen wollen; da gehst du denn weiter und hörst dich, wie man sagt, weiter in der Welt um, achtest besonders darauf, was anerkannt rechtliche und verständige Leute denken und sagen; siehest du dann, daß die allgemeine Meinung anders, ja entgegengesetzt urtheilt, so kannst du mit Sicherheit annehmen, daß jene andere Meinung falsch sei. Was die allgemeine Meinung für Ehre und Schande hält, das kannst du mit ziemlicher Sicherheit auch dafür halten. Tief und fest ist dem Menschen das Gefühl und Bewußtsein des Rechtes und Unrechtes eingeprägt; irren einzelne, so können doch nie alle Menschen zugleich irren; wenn man daher sagt, daß auch die allgemeine Meinung irren könne, so ist gewißlich das, was man für allgemeine Meinung ausgiebt, nur Meinung eines kleineren oder größeren Theiles der Menschheit, nicht Meinung aller Menschen, nicht einmal der Mehrzahl unter allen Menschen. Was alle Menschen in Ost und West, in Süd und Nord für gut, für recht, für schön, für schicklich halten, das ist es gewiß.

So demnach auch mit den Begriffen der Wörter Ehre und Schande. Nun wirst du freilich nie gerade das Urtheil aller Menschen erfahren können; aber auch ohne das kannst du zu einer sicheren Meinung kommen; was sich nämlich vor aller Welt frei und öffentlich bewegt und zugleich von den besseren und ehrenwerthen Menschen als ehrenhaft anerkannt wird, das ist ehrenhaft, — was als schändend oder schändlich oder schandbar anerkannt wird, das ist schändend.

Doch du hast gar nicht nöthig, nach dem Urtheile der Welt zu fragen, sondern kannst bei dir ganz allein zur Gewißheit darüber kommen, was Ehre und was Schande sei. Was unsittlich ist, d. h. was wider Gottes ist, was das Gewissen, was unverdorbenes Gefühl und klarer Verstand verwirft, das ist keine Ehre, sondern allemal Schande; was dagegen von Gott und Menschen erlaubt und recht ist, was vom eigenen unverdorbenen Gewissen gut geheißen wird, das ist Ehre, wenigstens keine Schande. Hier sind die Wörter Ehre und Schande im weitesten und zugleich edelsten Sinne genommen; nimm auch du sie stets in diesem Sinne und beurtheile darnach die Handlungen deiner Nebenmenschen! nenne nie ehrenvoll, was nach diesem Begriffe nicht ehrenvoll sein kann! Beurtheile darnach deine eigenen Handlungen und rechne sie dir nie zur Ehre, wenn sie dagegen verstoßen! thust du je, was Gott und dein Gewissen mißbilliget, so glaube, du habest dich geschändet! was nun einmal ehrenhaft oder unehrenhaft ist, das bleibt es, mag die Welt gelinder oder härter darüber urtheilen. Der Betrug z. B. ist unehrenhaft, schändend, weil er das Sittengesetz verletzet; indessen sieht die Welt Manches kaum für Betrug an oder urtheilt doch nicht gar hart darüber, wenn nämlich der Betrug nur nicht so ganz offen in die Augen springt; aber der Werth oder Unwerth einer Handlung bleibt derselbe, mag das Fehlerhäfte, das Unsittliche derselben versteckter sein oder offener zu Tage liegen. Doch ist natürlich eine Abstufung auch hierin; denn je mehr eine Handlung gegen die Gesetze der Sittlichkeit verstößt oder je vollkommner sie denselben entspricht, desto schändlicher oder desto ehrenvoller ist sie. Die unschädlichen Lügen eines Windbeutels z. B., die Aufschneidereien eines Großsprechers sind unsittlich, also unehrenhaft; doch gehören sie nicht gerade zu den groben Unsittlichkeiten; eine Gefälligkeit ohne Eigennutz erzeigen, den Schaden eines Nebenmenschen verhüten u. dgl. sind ehrende Handlungen; einem Feinde aber verzeihen und ihm Böses mit Guten vergelten, seinen Nebenmenschen mit eigener Gefahr und Aufopferung dienen und ähnliche Handlungen haben höheren Werth, heißen edel, werden mit Recht für ehrenvoller gehalten. — Nun ist aber damit der Begriff der Wörter Ehre und Schande allerdings noch nicht ganz erschöpft; nicht allein das Sittliche oder Unsittliche der Handlungen (und der Gesinnungen) macht sie ehrenhaft oder unehrenhaft, sondern auch noch Anderes. Habsucht und Geiz z. B. gelten für unehrenhaft. Der Habsüchtige strebt rastlos nach Vermehrung seines Gutes, gierig greift er nach jedem Vortheile; auch von Freunden und Verwandten nimmt er allenfalls seinen Vortheil wahr; selbst die Worte, welche er spricht, ließe er sich gern bezahlen. In dem Allen ist wirklich noch nichts, was geradezu ein Gebot Gottes verletzt und doch wird die ganze

Welt solche Denk- und Handlungsweise als unehrenhaft verurtheilen. Kömmt nun aber noch hinzu, was gewöhnlich auch der Fall ist, daß der Habsüchtige nicht streng rechtlich ist, daß er jeden Liebesdienst versagt, wo er nicht auf der Stelle oder wenigstens in der Ferne Gewinn und Vortheil sieht, so macht ihm seine Denk- und Handlungsweise gewiß und in Wahrheit Schande. Ebenso mit dem Geizigen. Das Liebste ist ihm sein Geld; er fürchtet besonders Menschen von dreierlei Art: Diebe, Arme und gute Freunde: die Diebe könnten ihn bestehlen, Arme ihn um Wohlthaten bitten, die guten Freunde von ihm borgen wollen. Wirklich verletzt der Geizige unaufhörlich das erste aller göttlichen Gebote, das Gebot der Liebe; denn er übt nie Liebe, liebt Niemanden, auch sich selbst nicht, sondern liebt nur sein Geld; aber nicht allein deshalb hegt man Unwillen gegen ihn, sondern die Niedrigkeit, die Gemeinheit der Sinnesart ist es, weshalb man den Geiz wie die Habsucht als unehrenhaft, schimpflich, schändend betrachtet. Einem Nebenmenschen Gutes erzeigen ohne Eigennutz gilt überall für ehrenhaft; je bereitwilliger aber Einer dazu ist, je mehr Muth dazu gehört, z. B. für einen ungerecht Verurtheilten, für einen Verleumdeten aufzutreten, desto höher schätzt man solche Handlungen. Wer endlich auf vieles Bitten einen wichtigen, vielleicht mühsamen Dienst erweiset, wer sich da, wo es mit aller Bequemlichkeit geschehen kann, für einen ungerecht Behandelten verwendet, der hat dieselbe Handlung gethan wie Jener; aber die Nebenumstände geben den beiden Handlungen ganz verschiedenen Werth. Ist es aber überhaupt das Sittliche, was im Grunde einer Handlung nur Werth geben kann, so ist es auch wiederum nur das höhere Sittliche, was ihr einen höheren Werth geben kann, und allerdings findet höhere, reinere Sittlichkeit da Statt, wo das sittliche Gefühl, welches eine Handlung erfordert, mehr geschärft, verfeinert, mehr gehoben und gestärkt sein muß, um zu der Handlung fähig zu machen.

Wir kommen nun zu der Frage zurück, ob Armuth eine Schande sei. Jetzt wirst du gewiß im Stande sein sie zu entscheiden.

Armuth ist an und für sich keine Schande; denn es ist

nichts Unsittliches darin. Oder was hätte derjenige Unsittliches gethan, der durch Unglücksfälle in Armuth gestürzt oder schon in Armuth geboren ward? hat er sonst nichts verschuldet, was seine Ehre beeinträchtiget, so darf man ihm seine Armuth nicht zur Schande rechnen. Ja, es giebt sogar eine ehrenvolle Armuth! Man versteht darunter eine Armuth, in welche der Mensch sich freiwillig versetzt hat, oder worin er freiwillig verharret, obgleich es ihm möglich war, in besseren Umständen entweder zu bleiben oder sie für sich zu gewinnen. Es müssen dann aber natürlich ehrende Ursachen sein, welche den Menschen zur Armuth bestimmten. Denke dir z. B. den Diener eines Fürsten, welcher in großer Gunst bei seinem Herrn steht; es würde ihm leicht sein, Reichthümer zu erwerben; denn Fürsten pflegen denen gern zu schenken, welche ihre Gunst besitzen; jener Mann aber weiß, daß der Günstling eines Fürsten immer viele Neider hat und daß diese Neider immer gern darauf ausgehen, ihm die Gunst des Herrn zu entziehen; er hat aber zugleich das schöne Bewußtsein, daß er seinen Einfluß auf den Fürsten benutzt, um Gutes zu stiften; um nun sich gegen die Wirkungen des Neides sicher zu stellen, um der Verleumdung jeden Grund zu entziehen, um sich also desto fester in seiner Stellung zu behaupten, verschmäht er die Reichthümer, welche er durch des Fürsten Gunst leicht erlangen könnte. Ein solcher Mann denkt und handelt ehrenwerth; ist er also arm, arm wenigstens in Betracht seines Standes und seiner Verhältnisse, so ist es eine ehrenvolle Armuth. Das eine Beispiel mag hier genügen, um den Ausdruck: ehrenvolle Armuth zu erklären und zu begründen; es können aber noch mannigfache Umstände und Verhältnisse sein, unter denen arm sein ehrenwerther ist als reich sein.

Daß aber Armuth Schande sein oder zur Schande gereichen könne, wirst du leicht einsehen, wenn du hieher ziehest, was ich vorhin (S. 21 bis 27.) über die Ursachen der Armuth gesagt habe. *Sie gereicht nämlich dann zur Schande, wenn der Mensch sie selbst verschuldet oder nur ohne höheren Zweck, ohne eine überwiegende ehrenvolle Ursache sich darin versetzt hat.* Warum gereicht sie in diesem Falle zur Schande? — Es ist erstens nicht recht, die Kräfte seines Geistes und Körpers nicht so weit zu gebrauchen, wie sie jeder Mensch wenigstens gebrauchen soll, nämlich um den Lebensunterhalt zu erwerben oder die Mittel, welche den Lebensunterhalt gaben und sicherten, sich zu erhalten. Die Kräfte des Geistes und Körpers sind Gaben Gottes; sie nicht gebrauchen heißt die Gaben Gottes gering achten und sie der Bestimmung, wozu Gott sie gab, entziehen; das thun ist unsittlich, gereicht also zur Schande. Es ist zweitens nicht recht, die Erdengüter, welche Gott uns gab, zu vergeuden. Die Erdengüter, welche Gott uns giebt, dürfen wir zu unserem Genusse verwenden; aber nur der rechte Genuß giebt Lebensfreude; der unrechte Genuß stört die Lebensfreude. Mit den Gütern, welche Gott uns zu Theil werden lässet, sollen wir Gutes wirken zum Glücke unserer Nebenmenschen; vergeuden wir sie aber in sinnlosem, schwelgerischen Genusse, so verfehlen wir jenen Zweck, unterlassen das uns obliegende Gute, sind strafbar. Unter der Vergeudung verlieren wir die kostbare Lebenszeit und wirken nichts Rechtes; ein schwelgerisches Leben schwächt die Gesundheit und kürzt das Leben ab, schwächt aber zugleich und zerstört endlich die Kräfte des Geistes, welche uns doch gewiß zu höherem Zwecke verliehen sind, als um ein üppiges Leben zu führen; ein schwelgerisches Leben ist aber nur zu gewöhnlich ein sittenloses, lastervolles Leben. Das Alles ist an sich schon tadelnswerth, sündlich; führt es nun obendrein noch zur Armuth, so kann es gewiß nicht ehrenvoll, sondern nur schimpflich, schandbar genannt werden. — Es ist drittens nicht recht, Anderen zur Last zu fallen, eine Bürde des Gemeinwesens zu werden, wenn man es vermeiden kann. Wer aber durch eigene Schuld arm wurde und nun zur Fristung des Lebens der Wohlthaten bedarf, der konnte es vermeiden. Durch eigene Kraft des Lebens Nothdurft zu erringen, durch eigene Tüchtigkeit das vom Schicksal Empfangene zu bewahren, das ist des Menschen würdig; zu nehmen von Anderen als Gabe der Barmherzigkeit, zu empfangen, was man sich selbst geben konnte, ist unwürdig, tief unter der Würde des Menschen. Denen, die nur allein auf die Bruderliebe ihrer Nebenmenschen angewiesen und vielleicht allein durch unglückliche Schicksale in diese Lage gekommen sind, die Gaben der Liebe vorweg zu nehmen, ist unrecht, ist schändlich! Und die Ernährungs- und Pflegeanstalten sind nicht für Faullenzer und schlechte Wirthe gegründet. Freilich lässet man auch sie nicht mitleidlos verkommen, freilich schließet man sie nicht vom Erbarmen aus; aber sie sollen sich wenigstens selbst sagen, daß für sie die Armen- und Altenhäuser nicht gegründet wurden, sondern für die durch's Schicksal Unglücklichen. Ja, dem Gemeindewesen sollen wir uns durch eigene Schuld nicht allein nicht aufbürden, sondern wir sollen selbst thätig sein, selbst etwas leisten für das gemeine Beste. In der Vereinigung, im Gemeinwesen soll dasjenige Gute erstrebt und erreicht werden, was für den einzelnen Menschen allein unerreichbar ist; dazu soll Jeder mitwirken, so viel er Kräfte hat; denn er hat schon das Gute genossen, ehe er etwas leisten konnte (z. B. Sicherheit der Person und des Eigenthums, Unterricht u. s. w.); wer nun sich in eine Lage versetzt, daß er diese Pflichten nicht leisten kann, daß er sogar der Gemeine zur Last fallen muß, der verdient Schande. — Es ist viertens nicht recht, durch eigene Schuld sich in Armuth zu stürzen, weil besonders durch die selbstverschuldete Armuth die Sittlichkeit sehr gefährdet wird. Daß und wie selbstverschuldete Armuth auch dahin führen könne, sich sittlich zu erheben und zu veredlen, haben wir schon erkannt (s. S. 36) und das erkennt gewiß Niemand lieber als ich; daß dies aber nicht in allen Fällen geschehe, ja daß von den Menschen, welche durch eigenes Verschulden in Armuth gerathen, nur wenige sich dadurch zur sittlichen Besserung anregen lassen, die meisten vielmehr innerlich in gleichem Maaße sinken, wie sie äußerlich sinken, das lehrt uns leider die tägliche Erfahrung in vielen traurigen, oft schrecklichen Beispielen. Gewöhnlich ist bei den Menschen, welche ihre Armuth selbst verursachen, eine ungeordnete, mangelhafte, sittliche Verfassung (lies hier nach, was früher über die Ursachen der Armuth gesagt ist); je mehr sie dann äußerlich sinken, desto verworrener und trüber wird es in ihrem Inneren: das Gefühl für Recht und Unrecht, für Ehre und Unehre stumpft sich ab und so gehen sie einer völligen sittlichen Vernichtung entgegen: es bleibt ihnen nur noch der Sinn für das leibliche Bedürfniß; alles Uebrige ist ihrem Geiste entschwunden und verloren! Nicht gedenken will ich derer, welche durch Betrug und allerlei unredlichen, unehrenhaften Erwerb sich wieder aufzuhelfen suchen, — nicht gedenken derer, welche durch Diebstahl und Raub dem äußersten Bedürfnisse abhelfen wollen, — nicht gedenken derer, welche selbst das Leben des Menschen nicht mehr verschonen, — nicht gedenken derer, welche in Schaam und Verzweiflung sich selbst das Leben nehmen! Viele, Viele sind dahin gekommen! Ist der Mensch erst eingetreten in die Bahn der Sünde, so reihet sich — ach so leicht! — Schuld an Schuld, bis er das Maaß erfüllt hat! daß nun da, wo der Mensch allen sittlichen Werth verloren, ja die äußerste Grenze der Sünde erreicht hat, von Ehre nicht mehr die Rede sein könne, das versteht sich ja von selbst. — Unter diesen Bedingungen also ist Armuth Schande. Sie ist es wegen dessen, wodurch sie entsteht; sie ist es zugleich wegen dessen, was damit verbunden ist und wozu sie leitet.

Giebt es aber wohl Menschen, welche den Armen bloß um seiner Armuth willen mißachten, den Reichen um seines Reichthums, den Vermögenden um seines Vermögens willen achten? Laß uns diese Frage nicht näher untersuchen! Zwar ist es ja bekannt genug, daß von gar Vielen dem Menschen desto freundlicher, desto zuvorkommender begegnet wird, je reicher er ist; aber es mag ja nur der Nutzen, der Vortheil, das Vergnügen sein, um dessentwillen dies Alles geschieht, und es ist natürlich, daß ein Mensch, welcher so denkt, gegen Aermere weniger aufmerksam, weniger freundlich und artig ist, und es ist das eine unlöbliche Gesinnung, nicht zu sehen auf den Menschen an sich selbst, mit dem man es zu thun hat, sondern nur zu denken auf Nutzen, Gewinn und Vergnügen; aber ein wahres Achten des Menschen verbindet sich damit ja eben nicht, sondern nur ein äußerliches Bezeigen, welches allerdings den Aeußerungen wirklicher Achtung gleich sein mag. Es giebt aber auch Menschen, welche ungeachtet ihrer Armuth doch zu erwirken wissen, daß man ihnen achtungsvoll begegne, mag auch sonst die Neigung Statt finden, mit Armen rücksichtslos umzugehen. Wir können, was die Achtung der Welt gegen arm gewordene Menschen betrifft, im Ganzen gewiß mit Recht sagen, daß man dem Armen desto rücksichtsvoller, schonender und zarter begegne, je weniger seine Armuth aus Ursachen entstanden ist, welche an sich tadelnswerth wären, daß man aber dem arm Gewordenen desto mehr seine Achtung entzieht, je mehr ihn wegen der Art und Weise, wie er es geworden, gerechte Vorwürfe treffen. Was der Mensch verdient, das findet er gewöhnlich auch! Es ist ja schon ein altes Wort aus apostolischem Munde: was der Mensch säet, das wird er ernten.

Aber eine andere Frage ist: was denken die Armen selbst? halten sie selbst wohl ihre Armuth für eine Schande? — Manche Menschen scheinen sich wenigstens ihrer Armuth zu schämen, wenn sie dieselbe auch auf keine Weise verschuldet haben; ja, es kömmt sogar vor, daß Menschen, die gar nicht arm, aber doch nicht so vermögend sind als Andere, diesen Reicheren gegenüber ihre Lage gleichsam für schimpflich ansehen. Was soll man dazu sagen? — Nicht immer mögen hier ganz irrige Ansichten und tadelnswerthe Gesinnungen zum Grunde liegen; doch aber mag zuweilen ein versteckter Hochmuth, öfter aber die irrige Ansicht, als ob Geld und Gut den Menschen achtbarer, der Mangel desselben ihn weniger achtbar machen, ihr Gefühl beherrschen und ihr Betragen leiten; meistens aber entspringt eben diese Ansicht und daher das verkehrte Gefühl wohl daraus, daß im Allgemeinen der Reichere sich besser geltend machen kann und daher auch mehr gilt (wenn auch nur äußerlich), der Aermere aber gegen ihn zurücktreten muß. Gleichwohl sollte man nicht so urtheilen! — Wie ist es aber mit denen, welche ihre Armuth selbst verschuldet haben? — Sie erkennen zum Theil gewiß ihre Schuld und schämen sich; viele aber sind auch sehr fern davon sich zu schämen, ja nur ihre Schuld zu erkennen. Man trifft manchen unverschämten, frechen Armen! — Diesen gegenüber stehen die sogenannten verschämten Armen. Man versteht darunter diejenigen, welche arm sind, aber es nicht gern erkennen lassen und zwar nicht, weil sie sich selbst der — unverschuldeten — Armuth schämten, sondern weil sie meinen, daß andere Menschen einen Armen geringer achten könnten als einen Nichtarmen, und daher fürchten, daß es für jene unangenehm sein möchte, wenn sie ihnen nahe träten. Eine große, aber übergroße Zartheit der Gesinnung und zugleich ein tadelnswerthes Mißtrauen gegen den Nebenmenschen. Man soll nicht prunken wollen mit seiner Armuth, aber sich derselben auch nicht schämen, es sei denn, daß man sonst Ursache hätte sich zu schämen! Man soll nicht bei jedem Menschen die edelste Gesinnung voraussetzen, aber auch nicht so leicht seinem Nebenmenschen eine Gesinnung absprechen, welche man doch im Allgemeinen in der Menschheit voraussetzen darf! Zu billigen ist aber das Zartgefühl, vom Nebenmenschen nicht gern fordern zu wollen, wozu mehr das göttliche als das menschliche Gesetz verpflichtet, nämlich Wohlthaten; zu billigen ist es auch, wenn der Arme sich roher, kränkender Begegnung, der ja allerdings der Arme oft genug ausgesetzt ist, entziehen will und sich deshalb nur dahin wendet, wohin Noth und zugleich Vertrauen ihn führt, wo ihm Liebe und zarter Sinn zugleich entgegenkömmt! Gehören solche verschämte Arme den höheren Ständen an, so mag auch oft die Rücksicht auf den Stand, zu welcher sie sich verpflichtet glauben, sie veranlassen, ihre Armuth so wenig als möglich offenkundig werden zu lassen, und es ist auch das eine große Zartheit, auch die Vorurtheile Anderer zu schonen, wo ihre Verletzung nichts nützen kann.

Wenn wir nun noch einmal auf die ganze Untersuchung zurückblicken, wodurch wir die Frage: ist Armuth eine Schande? zu beantworten suchten, so haben wir folgende Ergebnisse gefunden. Wir haben die Einsicht gewonnen, daß Armuth an und für sich keine Schande sei, ja daß Armuth sogar ehrenvoll sein könne; wir haben aber zweitens anerkennen müssen, daß Armuth unter Umständen allerdings Schande sei oder Schande mit sich bringe; endlich haben wir das Urtheil schwacher und unverständiger Menschen und das eigene Urtheil der Armen über die Armuth kennen zu lernen gesucht. Hiernach wirst du im Stande sein, ein eigenes Urtheil zu fällen. Schließlich will ich nun nochmals das Wesentliche zusammenfassen: siehe nicht auf die Hauptsache (die Armuth an sich) allein, sondern auch auf die Nebenumstände (die Ursachen der Armuth); halte also die Armuth nicht überall für eine Schande, glaube aber auch nicht, daß in keinem Falle mit der Armuth zugleich Schande verbunden sei!

Vierte Frage.

Soll ich die Armuth scheuen und ihr zu entgehen suchen?

Nahe liegt nun die Frage: soll ich die Armuth scheuen oder gegen Wohlstand und Armuth gleichgültig sein? — Wir wollen auch hier die Sache nicht mit einem bloßen Ja oder Nein abthun (denn sie ist so ganz einfach nicht, wie es scheint), sondern auch hier eine nähere Untersuchung voraufgehen lassen und dann fest zu stellen suchen, was das Rechte sei. Ich möchte nämlich nicht gern, daß du bei dieser wie bei allen übrigen Fragen ohne Weiteres meine Meinung annähmest, sondern wünsche, daß du nach Gründen dir eine eigene Meinung bildetest und darnach deinen Entschluß faßtest.

Wir haben vorhin die Ansicht gewonnen, daß Armuth allerdings ein Unglück und zugleich eine Schande sein und genannt werden könne; auf der andern Seite aber haben wir auch eingesehen, daß auch in der Armuth der Mensch sich noch immer glücklich fühlen und daß Armuth ohne Schande sein, ja zur Ehre gereichen könne. Wo es sich denn darum handelt, das Gute, wie es die höhere Pflicht gebietet, zu unterlassen oder arm zu sein, — wo es sich darum handelt, Schlechtes zu begehen oder arm zu sein, — wo es sich darum handelt, die wahre Ehre, die vor Gott und Menschen gilt, zu verlieren oder arm zu sein, da sei arm! das sei dein fester Vorsatz, dein unumstößliches Gesetz! das ist Gesetz für alle Menschen, von Gott selbst gegeben! Oder wolltest du das Wort nicht achten: was hülfe es dem Menschen, so er die ganze Welt gewönne und nähme doch Schaden an seiner Seele? — Wenn du aber erkennst, daß Trägheit und Saumseligkeit zu nichts kommen lassen, daß unverständiges und unordentliches Haushalten den

Wohlstand zerrütte, daß Schwelgerei und andere Laster auch die reichsten Güter bald verzehren, — wenn du erkennst, daß du bei einem solchen Verhalten nicht zum Wohlstande gelangen, ja der Armuth sicherlich nicht entgehen werdest, — wenn du erkennst, daß Vorwürfe und Unehre sich unfehlbar damit verbinden werden, daß mit der Ehre das Glück und mit dem Glücke die Ehre von dir weichen werde, da fliehe die Armuth wie einen erbitterten mächtigen Feind! Das sei gleichfalls dein fester Vorsatz und dein ungebrochenes Gesetz dein ganzes Leben lang! das ist Gesetz für alle Menschen, von Gott selbst gegeben! Oder willst du lieber das Mitleiden der Menschen ansprechen, als von den eigenen Mitteln leben, die du hast, die du haben könntest? O das Mitleiden ist oft so hart! Willst du lieber, daß Kinder auf den Straßen dir nachrufen: da geht der faule, unnütze Mensch, der lieber betteln als arbeiten mag! seht den Bettler, der sonst so hochmüthig war! — das lieber als arbeiten und ordentlich wirthschaften? Willst du lieber, daß dir in jedem Blicke besserer Menschen Unwille und Vorwurf begegne, daß dein Name überall mit Spott und Verachtung genannt werde, — das lieber als mit Verstand und Umsicht das Deinige zusammenhalten und mehren, das lieber als dem Gelüste nach einem lockeren Lebenswandel widerstehen, das lieber als den Versuchern entfliehen, welche dich zum unordentlichen Leben verleiten und zur Zertrümmerung deines Glückes führen, nachher aber dich mit Spott oder kaltem Bedauern verlassen werden? Willst du lieber thun, was dir obliegt, was sich für dich schickt, was dir erlaubt ist, und lieber lassen, was deinem Stande und Vermögen nicht entspricht, oder willst du lieber dereinst den Mahner und Strafer in der eigenen Brust kennen lernen? Willst du lieber nüchtern, mäßig, ordentlich leben, dabei mit frischer Lust arbeiten, mit Wohlgefallen essen und trinken, ruhig und erquicklich schlafen oder willst du lieber so leben, daß du zur Arbeit unlustig und träge seiest, am Tische vor wohlbereiteten Speisen keine Eßlust habest, die Nacht hindurch dich mit verworrenen, ängstlichen Träumen plagest? Willst du lieber so leben, daß du ein gesundes, immer noch blühendes und kräftiges Alter erreichest, oder willst du — vielleicht schon in jungen Jahren — dich mit allerlei Schwächen und Gebrechen plagen und endlich nach unsäglichen Leiden in ein frühes Grab gehen? Willst du lieber deinen Aeltern Kummer machen, daß sie mit Herzeleid in die Grube fahren, der treuen Gattin Gram bereiten, der ihr das Herz bricht, bittere Thränen in die Augen der Kinder locken oder dich losreißen von den lustigen Gesellen, welche du doch weder liebst noch achtest und die auch dich nicht wahrhaft lieben und achten? willst du lieber den Frieden und die stillen Freuden des Hauses und die mäßigen, aber reinen Genüsse, welche du im trauten Kreise findest, oder lieber die rauschende Lust opfern, welche bald Wehe nachzieht, und den Beifall derer, die das Gute nicht achten, das Schlimme aber mit Beifall lohnen? Willst du jetzt Genüssen entsagen, bei denen doch das Herz leer und unbefriedigt bleibt, der Kopf wüste wird, die Ehre und der gute Name verloren geht oder lieber den Frieden des eigenen Herzens bewahren, daß du ohne Beschämung in dich, frei und froh um dich, ohne Zittern und Zagen aufwärts blicken könnest? Willst du lieber jetzt dein lässiges, unordentliches, unverständiges, wüstes, lasterhaftes Wesen erkennen und bessern, jetzt, da du noch wohlbehalten bleiben, noch leicht umkehren und dich wiederherstellen kannst, oder willst du lieber hernach die unglückseligen Folgen tragen, lebenslang in Druck und Ungemach seufzen, bittere Reue empfinden? Willst du lieber ordentlich und weise deinem Hauswesen vorstehen, Entbehrliches entbehren, Ueberflüssiges verschmähen, alles den Wohlstand Hemmende und Zerstörende ernstlich von dir weisen oder willst du lieber dich sammt den Deinigen einer herben Noth aussetzen, Frau und Kinder dereinst in Dürftigkeit und bitterer Noth zurücklassen und deinem Andenken selbst bei den treuesten Herzen trübe Rückerinnerungen beifügen? O mein theurer Freund, nicht genug glaube ich dich so fragen! o möchtest du jetzt auf alle diese Fragen in's Gesammt und auf jede einzeln so antworten können, daß wir uns beide der Antwort freueten! o möchtest du einst, wenn dein Leben zu Ende und du zur Rechenschaft gehst, auf dein Leben zurückblicken und dann sagen können: ich habe zu jeder Zeit gewollt und gethan, wie ich es vor Gott und Menschen und vor mir selbst verantworten kann!

In dem Bisherigen hatten wir die Armuth vor Augen, welche zwar durch eigene Schuld veranlaßt wird, nicht aber in der Absicht des Menschen liegt, welche als nothwendige Folge von dem Thun und Lassen des Menschen eintritt, ohne daß er sie gewünscht und gewollt hat; die Armuth kann aber auch freiwillig sein, eine Armuth, welche der Mensch voraus gesehen und selbst gewollt hat. Ob nämlich ein Mensch arm sei oder nicht, hängt oft ganz, oft zum Theil von äußeren Umständen, oft von seinem eigenen Willen, Thun und Lassen ab. Die Armuth aber nenne ich nicht eine freiwillige, welche durch irgend ein tadelnswerthes Thun oder Lassen herbeigeführt wird. Da ist der Mensch zwar gleichfalls nicht durch äußere Umstände, welche außer seiner Gewalt lagen, in Armuth gekommen; sondern durch seinen eigenen Willen, welcher sein Thun und Lassen eingab und leitete; aber dieser Wille war nicht auf das Armwerden gerichtet und war nicht eigentlich frei; denn die Sinnlichkeit oder die sinnlichen Leidenschaften beherrschten ihn und beschränkten den Geist in der Freiheit des Wollens. Wenn wir von freiwilliger Armuth sprechen, so meinen wir jetzt wie früher einen Willen, welcher sich nach untadelhaften, ehrenwerthen, edlen Gründen bestimmte. Was soll ich nun rathen: zu solcher freiwilligen Armuth sich nach Umständen zu entschließen oder auf jeden Fall einen Weg zu suchen, welcher an der Armuth vorbei oder aus ihr herausführt, wofern nur keine wirkliche Pflicht damit verletzt wird? doch auch hier will ich lieber gar nicht rathen, sondern deinen Entschluß deinem eigenen Ermessen anheim geben.

Hast du denn nichts außer dir, wovon dein Wille bestimmt und deine Wahl geleitet werden muß, und hängt es also von dir ganz allein ab, ob du nach höherem Wohlstande und selbst nach Reichthum streben wollest oder nicht, so stelle dir folgende Betrachtungen an und laß aus ihnen deinen Entschluß hervorgehen.

1. Hast du die Kraft, den Gefahren, welche der Reichthum und schon ein bedeutender Wohlstand mit sich bringt, siegreichen

Widerstand zu leisten? Mancher Mensch würde, wenn er arm wäre, oder in beschränkten Verhältnissen lebte und darin gleichsam einen Zügel, ein Bindemittel an Recht und Ordnung hätte, ordentlich leben, nützlich wirken, tugendhaft sein; nun aber erlauben ihm die Umstände, seinen Neigungen zu folgen, seine Wünsche jeder Art zu befriedigen; nöthig wäre ihm nun noch die Erkenntniß dessen, was zu seinem eigentlichen und wahren Glücke dient, ein fester Wille, das zu wählen, und die Kraft, das zu thun, was das Beste ist; aber seine Einsicht ist schwach, schwach der Wille, geringe die Kraft — oder der Mensch ergiebt sich verwegenen Sinnes dem lockeren, unordentlichen Leben, an die Gefahr wenig denkend, die Gefahr wenig fürchtend. So tritt er denn in falsche Wege ein; aber gewöhnlich gehen die Menschen fort auf dem einmal betretenen Wege. So auch dieser, von dem wir gerade reden. Anfangs ein lockerer, wird er bald ein ausgelassener, endlich ein wilder, unbändiger Mensch und endet vielleicht einst mit Verbrechen oder, wenn Dieses nicht, in einem Zustande, welcher von allem sittlichen Werthe, von aller wahren Würde, von aller echten Freude völlig entblößt ist. Das sind die Gefahren des Reichthums oder eines Wohlstandes, welcher den Menschen von aller Sorge um das tägliche Brot, von aller ernsten Thätigkeit völlig befreiet, wofern er sie nicht besserer Erkenntniß zufolge aus eignem Antriebe ergreifen will, — Gefahren, welche ich dir mit ganz einfachen Worten anzeige, welche aber oft, ja gewöhnlich stark auf den Menschen andringen. Sehr, sehr viele Menschen unterliegen ihnen; ja die meisten lernen sie erst kennen, wenn sie ihnen schon unterlegen sind. Ueberdem ist es auch nicht ungewöhnlich, daß in stetem Wohlleben sich das Herz des Menschen verhärtet, — eine Gefahr, welche der Reichthum jedoch 'mit der Armuth gemein hat. — Glaubst du dich nun stark und fest genug, solchen Gefahren Trotz zu bieten? — Nun dann gehe hin und siehe, wie weit du es bringen, ob du dir eine freie, sorgenlose Lage erringen kannst, welche nicht allein dir manche Freude gewähren, sondern auch die Möglichkeit schaffen wird, Anderen Freude zu bereiten! Die Kraft deines Verstandes kenne ich; daß du die

Einsicht habest, das Rechte und Beste zu wählen, weiß ich. Ueberhaupt ist nicht leicht ein Mensch so schwach am Geiste, daß er diese Einsicht nicht hätte; hättest du sie aber nicht, so dürftest du ja nur auf Andere blicken und sehen, wie diejenigen es machen, denen es gut geht und die man zugleich als gute, tüchtige Menschen nennt, und ebenso, wie die es machen, denen es durch eigene Schuld schlecht geht. Zwar giebt es allerdings auch Menschen genug, denen rechte Erkenntniß dessen abgeht oder doch abzugehen scheint; sie wollen aber entweder der besseren Einsicht nicht folgen oder ihr Geist, der an sich so schwach nicht war, ist betäubt und entkräftet worden durch das niedrige, sinnliche Treiben, dem sie sich längst ergeben haben, so daß er weder mehr frei blicken, noch sich frei und edel entschließen kann. Du nun hast jetzt hinlängliche Einsicht, zu unterscheiden, was dir gut oder schädlich ist, und nie wird es dir fehlen, das Rechte zu wählen, wenn du nur der besseren Einsicht stets folgest. Dazu also gewöhne dich! Deine Gesinnungen, deinen guten Willen kenne ich gleichfalls; ich weiß: du bist dem Niedrigen, Unwürdigen abhold, weiß, daß du gern ein recht achtbarer Mensch werden möchtest, weiß in's Besondere, daß du nicht reich zu werden wünschest, um dich einem schlaffen Wohlleben hin zu geben, daß du mit Abscheu daran denkest, darum reich werden zu wollen, daß du dann dem Laster und der Sünde dein besseres Selbst opfern möchtest. Es kömmt also allein darauf an, ob du denn auch die Kraft habest, der guten Einsicht den Willen stets zu unterwerfen und den guten Willen stets zur That werden zu lassen. Traue dir nicht zu viel, aber auch nicht zu wenig zu! Wer sich zu viel zutrauet, begiebt sich in Gefahr und kömmt darin um; darum heißt es: wer da steht, sehe wohl zu, daß er nicht falle! Wer sich zu wenig zutrauet, zu ängstlich die Gefahr meidet, der ist auch wieder in steter Gefahr, zu fallen, weil er die Kraft nicht geübt hat, den Gefahren, welche immer drohen und oft wie Diebe in der Nacht herankommen, siegend zu widerstehen, der erfüllt gar oft nicht, was man von ihm zu erwarten und zu fordern berechtiget ist, der bleibt sittlich klein, bleibt auch im äußeren Leben stets auf niedriger Stufe! Merke dir daher folgenden Rath: Gieb wohl Acht, welchen Einfluß erhöhete Glücksumstände auf dich haben, sobald dein Erwerb einen gedeihlichen Fortgang nimmt. Niemand wird plötzlich reich, es sei denn durch zufällige Glücksfälle (Unglücksfälle für die meisten Menschen!); die aber werden nicht durch Arbeit und Schweiß herbeigezogen. Merkst du nun, daß schon bei kleinem Glücke deine Gesinnungen sich in irgend einer Art verschlimmern, dein Betragen, dein Lebenswandel sich zum Nachtheil verändere, dann, mein geliebter Freund, dann arbeite unausgesetzt mit aller Kraft, um den bösen Geist zu dämpfen, dann gieb den Ueberfluß, welchen du erworben hast, den Armen, damit er dich nicht an der Seele verderbe! denn es ist besser, Seele und Seligkeit zu retten als Schätze zu besitzen! kurz: verlange dann ja nicht nach Reichthum, fliehe ihn vielmehr, bis du dich allmälig stärker werden fühlst und hoffen kannst, aller Versuchung zu widerstehen; so oft du aber dasselbe merkst, so oft mußt du diese Tugendübung immer von vornen anfangen! Siehest du dagegen, daß zunehmender Wohlstand keinen nachtheiligen Einfluß auf deine Gesinnung und dein Betragen habe, vielmehr einen guten, kannst du dir mit Wahrheit bezeugen, daß du dadurch nur fleißiger und ordentlicher, zufriedener und genügsamer, bescheidener gegen die Geringen wie gegen den Vornehmen, mildthätiger gegen Leidende und Bedürftige, dankbarer gegen Wohlthäter, vorzüglich gegen den himmlischen Wohlthäter werdest, dann, mein theurer Freund, hast du Recht und sogar Pflicht, einen höheren Wohlstand zu erstreben! doch gieb die Selbstbeobachtung und Selbstprüfung nie auf! denn die Gefahren bleiben immer und kehren immer zurück; denn so lange der Mensch Fleisch und Blut hat, wird er zum Bösen gereizet und gelocket! Wer aber nicht zusiehet, daß er nicht falle, der fällt!

2. Aber eben so wohl als Reichthum und Wohlstand hat auch die Armuth ihre Gefahren. Ich nehme an, daß edle Gründe dich bewegen möchten, in Armuth zu leben. Erhebend ist der Gedanke, alles Irdische dahinter zu lassen und es nur so weit begehren, um nur soweit gebrauchen zu wollen, als gerade zur

Erhaltung des Lebens und der Gesundheit erforderlich ist, und allein nach dem Himmlischen zu trachten; begeisternd ist der Gedanke, sich selbst arm zu machen, um Andere, Aermere von ihrer Noth zu befreien, Waisen zu nähren und zu kleiden, die Thränen der Wittwen zu trocknen, verirrte, gesunkene Menschen zu suchen, zur Tugend zurück zu führen, zur Menschenwürde wieder zu erheben und für diese hohen Zwecke zu opfern, was doch hauptsächlich nur dem vergänglichen Theile unseres Wesens dient; ja, sie sind erhaben diese Gedanken und versprechen, werden sie zur That, reichen Lohn wie im eigenen Bewußtsein so in der Anerkennung und dem Danke der Menschen; aber ihnen folgt auch Schweres, Drückendes, Betrübendes und Beugendes und diese Folgen dauern: so ganz leicht entbehrt sich nicht Alles bis auf das Nothdürftige; so ganz leicht geht es sich nicht an allen Freuden vorüber, welche sich an den Besitz zeitlicher Güter knüpfen, an den Freuden, in denen Andere fröhlich sind, bei denen sie auch unverdorben bleiben, ja durch welche sie sich zur Erfüllung eines ernsten Berufes, zur Ausübung der edelsten Werke ermuntert und gestärkt fühlen; so ganz leicht tragen sich nicht Krankheit und die Beschwerden des Alters ohne bessere Pflege; so ganz leicht erträgt sich nicht das Alleinstehen in der Welt, das Verlassensein von Menschen, besonders im späteren Alter, und es ist doch auch mehr oder minder eine Folge der Armuth, auch dieser freiwilligen, und wenn weder der Beifall des eigenen Gewissens noch die Anerkennung der Welt ausbleiben kann, so werden wir unter solchen Handlungen auch oft mißverstanden, verkannt, verleumdet; und wenn es gelingt, manche sonst verlorene Seele für die Tugend wieder zu gewinnen, so wird wiederum auch an manchen Anderen das Werk der Besserung vergeblich versucht! Darum prüfe sich ein Jeder, wenn er den Entschluß, arm zu sein, fassen will: wer nicht einer sehr starken Seele gewiß ist, der bleibe lieber auf der ebenen Bahn, als daß er die steile wandele und gleite und falle oder doch umwende, wenn er noch nicht am Ziele ist! Leicht stellen sich unter den Erscheinungen des wirklichen Lebens andere Gedanken ein als bei der bloßen geistigen Anschauung: auf so mannigfache Weise greift die Armuth das Gemüth an, daß wohl eine Kunst, wohl eine Festigkeit dazu gehört, jeden Angriff abzuwehren, jeder trüben Ansicht eine hellere, jeder beugenden Betrachtung eine erhebende entgegen zu setzen, um nicht dereinst zu bereuen. Und es ist schon Mancher, welcher der höchsten Tugendhöhe zufliegen wollte, zu gemeiner Sünde und niedrigem Laster herabgesunken. Darum sage ich: auch die Erdengüter haben ihren Werth. Sie sind Gaben Gottes und nicht allein dazu gegeben, daß sie uns beständig nur versuchen und wir uns an ihnen durch Entsagung beständig nur üben sollten; nein, sie sind uns nicht weniger auch zum Besitze und Genusse und zur Freude gegeben und durch weisen und edlen Gebrauch können sie uns Mittel zur Uebung der schönsten Tugenden werden, nicht nur der Reichthum, sondern schon ein kleiner, gut verwalteter und gut angewandter Besitz gewähret die Mittel, unseren Bedürfnissen und den Wünschen eines edlen Herzens zu genügen. Nochmals daher sage ich: prüfe und wäge deine Kräfte und beschließe nichts, wozu deine Kräfte nicht vollkommen ausreichen!

3. Wenn du aber beschließen möchtest nach dem Maaße deiner Kräfte, so frage doch zuvor noch: erlauben es auch meine Verhältnisse? Hast du nicht Aeltern, Geschwister oder andere Verwandte, welche ein Recht haben, auf deine Unterstützung zu rechnen? kannst du ihnen gewähren, was ihnen nöthig ist, wenn du arm bist? darfst du ihnen nur die Annehmlichkeiten, die Erleichterungen entziehen, welche du gewähren könntest, wenn du wohlhabender wärest? Du sagst: ich will für sie arbeiten und erwerben und selbst arm bleiben. — Gut, das thue! nur siehe auch zu, daß das Erworbene gut verwaltet und recht angewandt werde, so hast du nicht allein für Jene, sondern zugleich auch für dich selbst gesorgt! — Wir haben aber Pflichten nicht allein gegen unsere Verwandten, sondern auch gegen die menschliche Gesellschaft überhaupt, in's Besondere gegen die Gemeine, der wir zunächst angehören. So viel verdanken wir dem Verbande der Gesellschaft! Was wären wir ohne gesellschaftliches Leben? wie viele wohlthätige Einrichtungen sind doch nur da eben in Folge des gesellschaftlichen Verbandes, an denen wir Theil genommen,

aus denen wir Nutzen und Freude geschöpft haben! daher haben wir wiederum auch Pflichten gegen die menschliche Gesellschaft, denen wir uns so wenig entziehen dürfen als sonst irgend einer Pflicht. Mit Mitteln in der Hand aber wirkst du ganz anders, als wenn du mittellos daständest! Und wann könntest du sagen: ich habe jetzt abgetragen, was ich schuldig war? Und könntest du das je sagen, so bist du dennoch immer schuldig, der Welt Bestes zu fördern, so lange du noch Kräfte hast! Darum ziehe auch deine Pflichten gegen die menschliche Gesellschaft in Betracht!

4. Es ist noch Eins in Betrachtung zu ziehen. Dem entsagenden Leben und also auch der freiwilligen Armuth darf sich nur derjenige mit ganzem Rechte ergeben, den das Schicksal ohne seinen Willen allein stehen lässet in der Welt oder dem entweder geistige oder körperliche Mängel die Pflicht der Entsagung auflegen; jeder andere Mensch muß Alles das erfüllen, was allgemeine menschliche Bestimmung ist. Sich dieser entziehen, heißt sündigen. Diese allgemeine menschliche Bestimmung verbindet den Menschen, in eheliche Verhältnisse einzutreten; wer aber in ehelichen Verhältnissen lebt, der kann schon den Erdengütern nicht ganz entsagen, nicht in völliger Armuth verbleiben wollen, ohne seinen Pflichten gegen die Seinigen entgegen zu handeln; für ihn ist höchstens die Armuth in beschränktem Sinne erlaubt: zum wenigsten einen gewissen Wohlstand zu erstreben, einen angemessenen, genügenden Wohlstand zu erhalten, ist für ihn Pflicht; doch großem Reichthum nachzujagen, ist nicht Pflicht; großen Reichthum, ansehnlichen Wohlstand theilweise zu edlen Zwecken für Andere zu verwenden, ist erlaubt, wenn er auf sich und die Seinigen, kann zur Pflicht werden, wenn er auf die Nebenmenschen sieht.

5. Wir setzten, wie ich vorhin sagte (S. 55), edle Gründe voraus, welche zur Armuth bestimmen möchten. Wie aber, wenn du nun einst denken könntest, ich bedarf eben nichts, als was ich zu jeder Zeit erwerben kann; was ich also erwerbe, will ich in Lust und Freude wieder verthun; es ist das Meinige: ich kann schalten und walten damit, wie ich will? — Dächtest du

so, so würdest du auch arm bleiben und deine Armuth eine freiwillige sein, — aber keine lobenswürdige! Sage doch: sind dir bloß dazu Kräfte von Gott gegeben, daß du zur Nothdurft erwürbest oder, wenn du darüber erwürbest, das Uebrige zu so gemeinen Zwecken verwendetest? und bedarfst du nicht künftig mehr als gegenwärtig? und wenn du jetzt nicht an Häuslichkeit und Familie denkst, sondern meinst, lose und locker bis an's Ende das Leben durchführen zu wollen, — wirst du nicht künftig einmal anders denken? woher dann die Mittel nehmen, welche zur häuslichen Einrichtung und zum Anfange eines Betriebes erforderlich sind? und bist du gewiß, immer und zu jeder Zeit erwerben zu können, was du bedarfst, und wirst du nicht künftig — im Alter, in Krankheit — Anderen zur Last fallen? und wäre wirklich niemand in der Welt, dem du zu irgend etwas verbunden wärest? hast du keine Pflichten gegen Menschheit und Gemeine? O betrüge dich nicht! — Noch mehr aber: edle Gründe sind es nicht, auf welchen dein Entschluß gebaut ist und zu edlen Handlungen wird dieser Entschluß dich nicht leiten, edle Gesinnungen wird er nicht erzeugen, nein, es ist Leichtsinn, Verkennung aller höheren Pflichten, Mangel an Pflichtgefühl, woraus solche Gedanken und Entschlüsse hervorgehen; es ist, wenn nicht schon Sünde, doch der Sünde nahe jenes lockere Leben, zu dem du dich da bestimmest: reiche aber dem Teufel, sagt das Sprichwort, nur erst einen Finger, so ergreift er bald die ganze Hand und zieht den ganzen Menschen zu sich, — oder wie ein weiser Dichter sagt: das ist der Fluch der bösen That, daß sie fortzeugend Böses muß gebären! Wahrlich, allein schon auf diesem Wege eilest du der Sünde und dem Verderben zu; denn die Sünde ist der Leute Verderben! du setzest dich aber auch allen Gefahren aus, denen nur überhaupt die Armuth ausgesetzt ist, und die — wie oft wirst du das gehört und gelesen haben! — setzt großen Gefahren aus: der Hunger macht den Menschen stumpf und fühllos für das Gute und Edle, macht ihn rauh und hart, argwöhnisch, lieblos, feindselig, macht ihn unzufrieden mit dem Schicksale, lässet ihn murren und hadern mit Gott, treibt ihn zum Verbrechen und bis zu welchen Verbrechen! — Aber ich bin ja noch nicht arm, bin weit entfernt vom Hungern! — Allerdings, jetzt noch! wer aber nur immer sich dem Hunger nahe hält, wer nur immer Alles, was er je hat, verthut, bei dem kehret gelegentlich auch der Hunger ein und mancher ungebetene Gast geht nicht so bald wieder!

Alle diese Betrachtungen müssen voraufgehen, ehe ein wohl erwogener Entschluß zu Stande kommen kann. Noch einmal fordere ich dich um deines Wohles willen dazu auf. Um das äußere Wohl handelt es sich zunächst, aber zugleich immer um das innere, magst du dahin oder dahin dich wenden. Den Weg wähle, auf dem du am sichersten beides findest! Den Weg vermeide, auf dem du nicht sicher bist ohne Schuld zu wandeln! der Uebel größtes ist die Schuld!

Fünfte Frage.

Kann ich der Armuth entgehen?

Ist es denn möglich, daß ich der Armuth entgehe, ihr sicher und gewiß entgehe, wenn ich nun nicht arm sein will? und wie fange ich das an? — Wohl, mein Freund! du legst mir eine Frage vor, wie ich sie wünsche; denn eben das hatte ich im Sinne, diese Unterredung dahin zu führen, daß du fragen möchtest: wie entgehe ich der Armuth? So weit es denn in meinen Kräften steht, will ich dir im Folgenden die Wege und Mittel, der Armuth zu entgehen, anzeigen und dir deshalb eine Reihe von Lehren nebst einigen Warnungen vortragen, welche du als Wegweiser für das Leben annehmen magst, aus welchen aber auch ein Jeder, sei er, in welchem Stande und welcher Lage er wolle, dienliche Winke wird entnehmen können.

Du sprachst aber auch die Frage aus: ist es möglich, daß ich der Armuth entgehe? Auf die Beantwortung dieser Frage wollen wir jetzt noch einige Zeit verwenden.

Auf diese Frage antworte ich rein und bestimmt: ja, es ist möglich. Denn die Erde ist so reich, daß alle Menschen, so viel ihrer auch sind, zur Genüge, ja in Fülle ihr Brot haben können; denen aber, welche redlich um ihr Brot arbeiten, segnet

Gott die Arbeit und belohnt ihren Fleiß mit reichem Gute. Es kömmt also nur darauf an, daß ein Jeder seinen Theil an den Erdengütern sich erwerbe, wenn nicht Andere schon für ihn erworben haben, und daß er dann auch das sich erhalte, was er schon hat.

Dazu hat denn auch der Mensch die nöthigen, ausreichenden Kräfte. Denn der Schöpfer, der den Menschen werden läßset und einem Jeglichen die Stelle anweiset, von der er ausgehen und an die er kommen soll, giebt wie ein weiser und guter Vater dem Menschen auch zur Aussteuer, was ihm nöthig, was zu seinem Glücke erforderlich ist, giebt Jedem die Kraft, die er bedarf.

Nicht alle Menschen sind gleich befähiget, mit gleichen Gaben gerüstet (wer könnte das verkennen!) und es geht daraus deutlich hervor, daß Unterschied unter den Menschen sein soll, Unterschied auch äußerlich, wie er innerlich an ihren Gaben und Kräften Statt findet. Daher wird sich der Fähigere, wenn er will, über den weniger Fähigen emporschwingen, wird leichter und rascher erringen, was jener nur nach mühevoller, ausdauernder Anstrengung erlangt oder vielleicht gar nicht erlangt; doch auch der weniger Befähigte hat immer noch Kräfte genug, Anlagen, die er nur emsig und verständig auszubilden braucht, um dem Glücke einen Antheil abzuringen. — An manchen Menschen aber scheint gewissermaßen das Unglück zu haften. Es scheinen redliche, biedere Leute zu sein, die es an Aufmerksamkeit, Ueberlegung und Thätigkeit nicht fehlen lassen, sie treffen aber doch oft das Rechte nicht trotz Bedachtsamkeit und Vorsicht und bei allem Fleiße und aller Treue in der Arbeit will es ihnen nicht lohnen, wie es Anderen lohnt; ungeachtet ihrer Redlichkeit und Tüchtigkeit werden sie zurückgesetzt; ungeachtet ihrer Liebe und Güte gegen alle Menschen haben sie doch Feinde, welche ihr Glück hindern, ihre Ruhe stören, ihren guten Namen antasten. Ich will demnach sagen, daß solche Menschen äußerlich weniger Glück zu haben scheinen als andere und als man nach ihrem guten Willen und ihren Fähigkeiten erwarten sollte; aber oft ist es auch nur der Schein: sie erleiden hie und da

Schaden und Verlust, es gelingt ihnen hin und wieder etwas nicht oder sie ernten nicht so reichliche Frucht, wie sie erwarten durften, sind aber doch im Ganzen wohl daran und mühen sich nicht ganz und gar vergeblich. Nun aber soll das Unglück an ihnen haften: Unglück soll es sein, daß ihnen so Manches mißlingt, so mancher Unfall zustößt; doch zuweilen mag es sich nur verstecken, wie sie es selbst versehen: sie haben Verstand, guten Willen, ein edles Herz; aber diese schönen Eigenschaften stehen nicht immer im Gleichgewichte, wirken nicht immer in völligem Gleichgewichte auf ihre Handlungen ein; bald vertrauen sie den Menschen zu sehr und werden hintergangen; bald lassen sie sich zu sehr von einem schönen, edlen Wohlwollen leiten, verbinden aber damit nicht die nöthige Klugheit und Vorsicht u. s. w.; zuweilen aber machen auch sie so gut Fehler wie Andere, ohne daß ihr edles Herz dabei mit verschuldet wäre, und leiden dann so gut die Folgen wie Andere in gleichem Falle. Aber es sei auch wahr, daß das Unglück gleichsam an ihnen hafte, daß sie bei geringem Versehen sogleich harte Nackenschläge bekommen, von Unglücksfällen mannigfach betroffen werden, welche mit aller menschlichen Kunst und Weisheit nicht abzuwenden waren, so vermögen sie dennoch vom Glücke so viel zu gewinnen, daß es ihnen nicht gerade arm und dürftig geht und sie, wie gesagt, im Ganzen wohlbehalten sind; nur dürfen sie allerdings die Hände nicht in den Schooß legen, dürfen es an Nachdenken, Betriebsamkeit, Ordnung, Sparsamkeit, Vorsicht nicht mangeln lassen, dann aber wird es auch ihnen nicht fehlen, daß sie das Ihrige haben, erwerben, was nöthig ist, erhalten, was vorhanden ist und genüget. Das lehret wenigstens meine Erfahrung. Und wie, wenn wir die Sache von der andern Seite betrachten? Was verlieren sie, wenn ihnen Dieses oder Jenes mißlingt, wenn ihnen dann und wann ein Unglück widerfährt, wenn sie aber in diesem Ringen und Streben, in diesem Kämpfen und Tragen, in diesem Verlieren und Entbehren sich entwickeln zu höherer Tüchtigkeit, zu höherer, reinerer Tugend und ihnen dann endlich das Glück in desto schönerer Gestalt nahet und ihnen in der letzten Lebenshälfte reichlich ersetzt, was sie in der ersten entbehren mußten? wie, wenn ihnen dieses mühevolle Ringen, dieses beharrliche Kämpfen nothwendig war, um sie der Tugend getreu zu erhalten, wenn aber Gott, der Lenker der menschlichen Schicksale, es mit höherer Weisheit so gefügt hat, damit er ihnen, wenn er ihnen jetzt Mühe und Arbeit reichlich, Genuß und Freude sparsam zumisset, dereinst für ihr getreuliches Kämpfen und Ausharren die Krone der Ehren reiche? Nein, mit Unglück ist keiner behaftet! entweder versieht es der Mensch selbst, wenn auch ohne Schuld in der Gesinnung, oder es wird ihm für das Verlorene und Erduldete in gleichem Maaße zugewogen entweder an äußerem Gute oder an innerem, entweder jetzt oder künftig; nur bleibe der Mensch ohne Schuld! (vergl. S. 36).

So dürfen wir denn wohl das Ja für begründet halten, welches ich antwortete auf die Frage: ist es möglich, der Armuth zu entgehen? Doch habe ich einzelne Fälle in Gedanken, welche dieser allgemeinen Wahrheit als Ausnahmen zur Seite stehen. Laß uns auch diese hervorheben, damit unsere Meinung von allen Seiten untersucht und, wie ich hoffe, richtig befunden werde.

Zuerst haben wir an Unglücksfälle zu denken, welche unvorhergesehen, plötzlich und unabwendbar hereinbrechen. Ein Kaufmann z. B., obgleich klug und vorsichtig, verliert plötzlich durch Schuld der Umstände sein Vermögen (wie davon gerade in unsern Tagen in entfernten Städten Beispiele vorgekommen sind); er ist jetzt arm; aber ist er es im strengsten Sinne und für immer? vielleicht hat er einen kleinen Theil seines Vermögens gerettet und schwingt sich auf dieser Grundlage wieder empor oder es sind ihm doch geblieben seine Kenntnisse, seine Erfahrung, seine Geschicklichkeit und in denselben die trefflichsten Hülfsmittel, um sich vor der äußersten, eigentlichen Armuth zu schützen, ja Wohlstand, Reichthum wieder zu erwerben. — Ich will dir, freilich aus anderen Lebenskreisen, einige Beispiele erzählen, welche beweisen, wie der Mensch zwar durch das Schicksal auch von der größesten Höhe herabgestürzt werden, aber durch eigene Kraft und Tüchtigkeit sich doch vor gänzlichem Untergange bewahren kann. Als im vorigen Jahrhunderte in Frankreich die große Umwälzung im bürgerlichen Leben eintrat, von der ich schon früher sagte (s. S. 36), verloren viele Vornehme ihren großen Reichthum, wanderten aus Furcht vor Lebensgefahr aus ihrem Vaterlande aus und kamen — zum Theil ohne alle Mittel — in fremden Ländern, besonders in Deutschland an. Sie fanden freilich allgemeine Theilnahme und Unterstützung; aber allmälig läßt bei den meisten Menschen die edle Bewegung des Herzens nach, wenn sie immer und immer wieder geben sollen. Und welcher ehrliebende Mann mag denn auch aus fremder Hand Brot nehmen, wenn er es mit eigener Hand verdienen kann? Siehe, so kam es hier: wer von jenen vornehmen Auswanderern geschickt genug war und Lust hatte, eignes Brot im fremden Lande zu essen, der ergriff irgend einen nährenden Beruf; viele wurden Sprachlehrer, andere verfertigten z. B. Papp- oder Drechslerarbeiten und lebten von dem kleinen Verdienste, welcher ihnen daraus hervorging. Manche, die früher nichts zum Broterwerbe Helfendes gelernt hatten, lernten es noch jetzt. Das war ehrenvoll! nicht wahr? Gut, wenn der Mensch in der Jugend etwas Nützliches lernt, gut, wenn er immer noch lernen mag! Vorzugsweise aber macht uns diese Thatsache aufmerksam darauf, wie gut es, wenn der Mensch sich durch Unglücksfälle nur nicht niederwerfen läßt. Nicht alle Französischen Auswanderer waren so weise wie die, deren Beispiel ich dir eben erzählt habe; die es aber nicht waren, blieben denn auch fortwährend in dem kläglichsten Zustande; jene aber, die da mit kräftigem Entschlusse und festem Fuße in den neuen Lebensweg eintraten, gewannen sich bald eine selbstständige, unabhängige Lage und konnten nun, zufrieden mit dem geringen, doch selbstgeschaffenen Glücke, die verlorenen Reichthümer entbehren und durften mit Stolz auf ihren gegenwärtigen, wenn auch beschränkten Zustand blicken. — Ein noch neueres Beispiel giebt ein Polnischer Graf. Er hatte, als im J 1830 die Polen versuchten, sich von der Russischen Herrschaft los zu machen, daran Theil genommen und war, nachdem die Sache Polens gescheitert war, mit vielen Anderen aus dem Vaterlande ausgewandert und nach Paris, der Hauptstadt Frankreichs, gekommen. In Frankreich werden diese ausgewanderten Polen von Staats wegen unterstützt; unser Graf aber hatte bald Anstalten gemacht, diese Unterstützung entbehren zu können, denn bald las man über einem Fenster die Inschrift: Oginski, Buchbinder. Oginski hieß der Graf; er wollte jetzt als Buchbinder ein selbst erworbenes, unabhängiges Brot essen; ob er aber dieses Geschäft schon früher oder erst in jetzigen Umständen erlernt hatte, weiß ich nicht. — Erkennst du aus diesen Beispielen, wie auch Reichthum und hoher Stand den Menschen nicht entheben, etwas Nützliches zu erlernen, um im Nothfalle sein Brot zu erwerben, so wirst du auf der andern Seite auch erkennen, daß, wer nur etwas Nützliches versteht, davon sein Brot essen könne, also ein Mittel darin habe, der Armuth zu entgehen, selbst wenn Unglücksfälle ihn treffen. Etwas Aehnliches mochte jener reiche holländische Bauer denken, der seine einzige Tochter nur an einen Mann verheirathen wollte, welcher irgend einen Broterwerb verstehe; er wies diesem Grundsatze zufolge manchen Freier ab, auch einen Grafen; als aber der Graf das Korbflechten erlernt hatte und nun abermals um die Bauertochter warb, da willigte der Vater ein. Vielleicht aber dachte dieser auch, daß Niemand doch eigentlich ein rechter Mann sei, der nicht auch ohne ererbtes Vermögen bestehen könnte oder der nicht überhaupt etwas Nützliches verstände; denn ein Bauer sieht und denkt manchmal sehr klar und richtig. — Noch ein sehr schönes Beispiel will ich anführen: Ein Königlicher Französischer Prinz ward während der Umwälzung vor funfzig Jahren gleichfalls durch Umstände genöthiget, aus dem Vaterlande zu fliehen, denn er war seines Lebens nicht sicher; das Geld, welches er gerade hatte, reichte nicht weit. Er durfte zwar hoffen, als Prinz aus Königlichem Hause bei anderen Fürsten gastliche Aufnahme und Unterhalt zu finden; aber er verschmähete es und wollte lieber um's Brot arbeiten. Und er fühlte, daß er das konnte. Er ging also in die Schweiz, nahm einen fremden Namen an, um unerkannt und dadurch sicherer zu sein (oder auch, um nicht durch Stand und Rang an seinen Absichten gehindert zu sein), fand als Lehrer an einer Schule eine Brotstelle, gab hier sechs Jahre lang Unterricht wie andere Lehrer und lebte wie ein gewöhnlicher Bürger; dann aber fand er Ursache, auch diesen Zufluchtsort zu verlassen, lebte dann mehrere Jahre bei einer verwandten königlichen Familie, schiffte dann nach Amerika hinüber und ernährte sich auch dort wieder von einem bürgerlichen Gewerbe, nämlich als Landwirth. Als späterhin sich in Frankreich die alten Verhältnisse wieder herstellten und wieder ein König aus dem alten königlichen Hause zur Herrschaft kam, kehrte auch dieser Prinz als Prinz nach Frankreich zurück. Was war nun ehrenvoller: wie dieser Prinz mit eigener Kraft sein unabhängiges Brot zu erwerben oder von anderen Fürsten das Gnadenbrot zu nehmen wie die übrigen Glieder des königlichen Hauses? was war zugleich angenehmer? die übrige königliche Familie zog oft von einem Lande in's andere, überall zuerst willkommen geheißen, aber überall auch bald als lästige Gäste betrachtet, welche man lieber gehen als bleiben sah. Was muß ein Mensch fühlen, der von Anderen nehmen oder leben will, aber sieht, daß ungern gegeben wird! In der ganzen Welt aber hat man diesen Prinzen hochgeehrt eben deshalb, daß er sich nicht zu gut noch zu schlecht hielt, um's Brot zu arbeiten, und in allen Büchern der Geschichte von dieser Zeit wird sein Verhalten erzählt, obgleich er damals weiter kein merkwürdiger Mann war. Noch später aber, nämlich im J. 1830, ward der Französische König abermals abgesetzt und mit den Seinigen vertrieben; diesen Prinzen aber, von dem wir hier sprechen, vertrieb das Volk nicht, ja er ward sogar selbst zum Könige erwählt. Auch das ehrenvolle Benehmen des Prinzen während seiner Auswanderung hatte mit dazu beigetragen, nicht allein ihm Liebe und Achtung, sondern auch das Vertrauen zu erwerben, daß er ein guter König sein werde. Und so ward er es. Dieser König aber heißt Ludwig Philipp und lebt und herrscht noch jetzt. — Siehe, mein Freund: so stürzt das Schicksal den Menschen! so bricht aber der Mensch des Schicksals Macht! so vermag er mit Tüchtigkeit und ernstem Willen Brot und Ehre zu erwerben und wenigstens der Armuth und Hülfsbedürftigkeit zu entgehen, wie weit weg von der eigentlichen Stelle das Schicksal ihn auch schleudern mag! so erhebt aber auch das Schicksal den Menschen wieder, wenn er dessen würdig ist! Willst du also nur nicht arm sein, so hast du es nicht nöthig; du kannst dich selbst davor bewahren, wenn du nur dein böses Schicksal nicht selbst herbeiziehst; und lässet Gott dich auch einmal ohne deine Schuld in bedrängte Umstände gerathen, so wird er dir auch wieder den Weg öffnen, ihnen zu entkommen, und dein redliches Kämpfen mit den widrigen Umständen zu einem glücklichen Ende gedeihen lassen. Ohne Gottes Gnade freilich vermögen wir nichts; von ihm kömmt Glück und Segen; er giebt, erhält, mehret und stärkt unsere Kräfte; aber Gottes Gnade wendet sich nie ganz von dem Menschen ab; seine Getreuen aber erkennt er und seine Hülfe sendet er denen, die nur selbst sich helfen wollen!

Ferner wollen wir von Zeiten sprechen, welche durch Mißwachs und Krieg verursacht werden und in denen es gar vielen Menschen erschwert oder wohl gar unmöglich gemacht wird, den täglichen Bedarf zu erwerben. Es liegt nahe, daß unter solchen Umständen auch der Geschickteste, der Mäßigste und Sparsamste in bedrängte Lage kommen könne; aber eines Theils vermag erhöhte Thätigkeit, größere Einschränkung, umsichtige Sparsamkeit auch unter solchen Umständen immer noch einigen Erwerb zu schaffen und das Erworbene genügen zu lassen, und andern Theils dürfen wir mit vollem Rechte dem Einzelnen entgegenstellen: du Einzelner bist nicht der einzige, welcher jetzt Noth und Druck fühlt, sondern die Gesammtheit oder die Mehrzahl deiner Mitbürger ist in gleicher Lage; tröstet es aber wenig, enthebt es der Noth nicht, Gefährten im Leiden zu haben, so können wir doch die Aussicht auf das Ende der Noth eröffnen und damit trösten: solche Umstände sind immer nur vorübergehend, selten von langer Dauer, niemals von der Dauer eines Menschenlebens, wenn wir dieses auf etwa 60 Jahre berechnen. Die anhaltendste Zeit des Mißwachses, von der die Geschichte weiß, fand in den sieben unfruchtbaren Jahren in Aegypten zur Zeit Josephs Statt; es waren aber doch nur sieben Jahre und es läßt sich denken, daß die Erde doch immer Einiges wird hervorgebracht haben, daß es nur eine Zeit des Mangels, dessen Ursache geringere Fruchtbarkeit der Erde war, gewesen sei. Unter solchen Umständen aber lernt der Mensch Manches gebrauchen, was ihm sonst verborgen war, Manches gebrauchen, was er sonst verachtet, Manches entbehren, was er für unentbehrlich halten mochte, lernt wenigstens das tiefer erkennen, daß nicht er allein, sondern die allwaltende Macht Gottes sein Schicksal macht. So führt Noth zur Erkenntniß und Demuth, — also zum Glücke; darum lasset uns die Zucht des Herrn nicht verachten! — Der längste Krieg, von dem die Geschichte Kunde giebt, ist der so genannte dreißigjährige, welcher von dem Jahre 1618 bis zum Jahre 1648 geführt ward. Unsägliche Noth brachte dieser Krieg über das Deutsche Volk; aber er wüthete doch nicht immer an allen Enden Deutschlands zugleich und gleich stark. Und wenn auch der Krieg ganze Dörfer, ganze Städte verwüstet, und ganze Gegenden zertritt, so raubt er doch selten einem Menschen sein ganzes Eigenthum, seinen ganzen Erwerb und wenn die Stürme vorüber gezogen sind und es werden dann auch seine Uebel noch lange nachempfunden, so kann doch Gewerbe und Nahrung wieder gedeihen; selbst in jenem schrecklichen dreißigjährigen Kriege fehlte es gegen das Ende hin zum Theil mehr an Menschen als an Brot; in einzelnen Gegenden nämlich waren die Menschen fast ganz verschwunden, daß von einer ganzen Gemeinde im Sächsischen Gebiete nur der Prediger und eine alte Frau übrig geblieben waren, so daß der Prediger den Karren mit Brotkorn zur Mühle schob, die alte Frau aber ihn ziehen half. Schwere Drangsale bringt der Krieg! Wohl uns, daß wir in Zeiten leben, wo Friede ist, und unter Herrschern, welche den Frieden mehr lieben als den Krieg! Lasset uns Gott bitten, daß er in den Herzen derer, denen Gott das Schicksal der Völker anvertrauet, diese Liebe zum Frieden erhalte!

Es giebt außerdem noch einzelne Fälle, in denen der Mensch nicht im Stande ist, der Armuth zu entgehen, wenn nicht anderwenig für ihn gesorgt ist, ich meine Menschen mit gebrechlichem, zur Arbeit untauglichem Körper und Menschen, deren geistiger Zustand (Blödsinn, Irrsinn) sie zu Geschäften unfähig macht. Gebrechliche werden zum Theil geboren, zum Theil durch Schuld ihrer Wärter um den gesunden und arbeitsfähigen Körper gebracht. Daß solche Menschen nicht zur Arbeit taugen, wenigstens nicht zu jeder, sieht man ein; ihnen muß also, da sie selbst gar nicht, oder nicht hinlänglich erwerben können, auf andere Weise geholfen werden. Ebenso Menschen, welche durch spätere Ereignisse im Leben, z. B. der Soldat durch Verwundung im Kriege, zum Erwerbe unfähig werden. Oft aber hat ein gebrechlicher und verstümmelter Mensch einzelne gesunde Gliedmaaßen und kann dann noch nützlich werden, also Brot erwerben. Ich kenne z. B. einen Mann, der im Kriege den linken Arm verloren hat; ihm steht also nur ein Arm und eine Hand zu Gebote; aber mit dieser einen Hand macht er, was Mancher mit beiden Händen nicht vermag; er verfertigt häusliche Geräthschaften, so gut wie jeder Handwerker. Er hat nun freilich auch ohne diese Arbeiten sein gutes Brot (er ist Förster); wenn er es aber auch nicht hätte, sollte er nicht im Stande sein, es mit der einen Hand zu verdienen? — Einen jungen Menschen kenne ich mit einem überhaupt sehr schlaffen Körper; besonders sind die Füße fast ohne alle Kraft; aber die Hände sind in besserem Zustande; mit diesen nun stricket er, vertreibt sich die Zeit (er ist ein Sohn wohlhabender Aeltern) und würde allenfalls einen kleinen Erwerb damit machen können. — Ich habe auch blödsinnige Menschen genannt als solche, welche nicht selbst Brot verdienen können. Der Blödsinn entsteht aus verschiedenen Ursachen und ist gewöhnlich nicht Folge eigener Schuld, obwohl auch ein ausschweifendes, lasterhaftes, sündenvolles Leben den Geist schwächen, abstumpfen, zerrütten kann; er lastet meistens auf dem Menschen von Kindheit auf und hat verschiedene Stufen; zuweilen fehlt, so zu sagen, alles geistige Vermögen; aber immer ist ein Mensch, dessen geistige Beschaffenheit Blödsinn genannt wird, zu eigentlichen Geschäften und Verrichtungen des gewöhnlichen Lebens unbrauchbar. Diese Unglücklichen sind dann allerdings nicht im Stande, sich selbst vor Armuth zu schützen; sie sind Gegenstände der Liebe und des Erbarmens ihrer Nebenmenschen. — Auch der Wahnsinn raubt dem Menschen das Vermögen für sich selbst zu sorgen, — leider aber nicht dieses allein! Wahnsinn ist nicht selten die Folge eigener Schuld; nur pflegt er sich auch in diesem Falle nicht nach einer einzelnen That, sondern aus einer Reihe von Ursachen zu entwickeln. Dahin kann es kommen, wenn der Mensch sündig lebt! dahin, wenn er nicht überhaupt auf alle Weise für die Erhaltung der geistigen wie der leiblichen Gesundheit besorgt ist! — So giebt es denn allerdings Menschen, denen ein höherer Wille die Kraft zum Erwerbe versagt oder genommen hat. Sie sind da, doch Gott Lob! immer nur in sehr geringer Zahl, wenn wir sie der Zahl von leiblich und geistig Gesunden gegenüberstellen! Sie sind Ausnahmen von dem Gewöhnlichen; nur aber das Gewöhnliche, das Allgemeine, die Mehrheit entscheidet in unserer Frage. Daher sage ich nochmals: jeder Mensch kann sein Brot erwerben und erhalten, wenn er will: er hat nicht nöthig arm zu sein, wenn er nicht will. Freilich vom Menschen allein hängt es ja nicht ab; sondern in Allem und auch in diesem Stücke hängt der Mensch von Gott ab; aber Gott lässet die Erde fruchtbar sein und giebt dem Menschen die Kraft; sollte er denn wollen, daß sie darben sollen? — O gewiß nicht! wie ist doch alles so trefflich geordnet, daß für Alle genug ist und ein Jeder das Seinige finden kann! Wie segnet doch Gott den Fleiß treuer Arbeit!

Auch von Wittwen und Waisen will ich noch sagen, welche den Versorger verloren haben. Sie gehören zu denen, welche unverschuldet aus Wohlstand in Armuth, aus Wohlergehen in schweres Drangsal gerathen können. Doch erstens sind Wittwen und Waisen nicht immer ganz brotlos, ganz arm, wenn der Gatte, der Vater stirbt; ferner hat sich ihnen von jeher die allgemeine Liebe und Theilnahme zugewandt und diese liebevolle, thätige Theilnahme wird ihnen bleiben, so lange nicht in aller Menschheit alles menschliche Gefühl ausstirbt; es sind auch viele Anstalten vorhanden, um Wittwen und Waisen entweder ganz zu versorgen oder ihnen behülflich zu sein, den Lebensunterhalt zu gewinnen; ferner bleibt auch für sie ja übrig, daß die Wittwen meistens selbst nicht ganz außer Stande sind, Brot zu erwerben, und daß die verwaiseten Kinder heranwachsen und also fähig werden zu arbeiten; endlich ist ja auch der Theil der Menschheit, von dem wir jetzt sprechen, die Wittwen und Waisen, nur ein sehr kleiner Theil des Ganzen, — ein Theil, von dem sich noch wieder viele Einzelne in ganz sorgenfreier Lage befinden und keinen Erwerb nöthig haben; ein Theil aber vom Ganzen kann nie gegen das Ganze beweisen, zumal wenn das Uebrige, der größere Theil, ihm widerspricht. Immer also kommen wir wieder auf den Satz zurück: es ist möglich, der Armuth zu entgehen. Es mag dich aber erfreun, wenn ich dir das Folgende erzähle. In meinem Wohnorte lebt eine Wittwe, deren Ehemann Schulmeister auf dem Lande gewesen war und bei seinem Tode den Seinigen wenig oder nichts hinterließ; er hinterließ aber die Wittwe und sechs unmündige Kinder. Die Wittwe sehe ich täglich; sie ist eine sehr fleißige Arbeiterin und nährt sich durch Handearbeit genügend und anständig; doch hat sie auch einige Unterstützung. Einen zwölfjährigen Sohn hat sie jetzt noch zu Hause und der Knabe geht der Mutter fleißig zur Hand; zwei ältere Söhne arbeiten als Handwerker in der Fremde, die drei Töchter dienen. Hilf dir selber, sagt man, so hilft dir Gott! das siehest du hier; merke es für dein eigenes Leben! — doch will ich dir ein zweites Beispiel vorlegen, wie auch Gott in der Noth allein hilft, aber — wie sich versteht — durch seine dienstbaren Geister, die Menschen. In der Stadt Bützow (in Mecklenburg) wohnte ein Apotheker, dessen Namen man dir dort noch nennen wird, wenn du das Folgende erzählst. Er ward krank und mit ihm zugleich seine Frau; er starb und mit ihm zugleich seine Frau; beide Leichen wurden zusammen aus dem Hause getragen. Es blieben acht Kinder zurück, deren ältestes zwölf oder vierzehn Jahre alt sein mochte; — ohne Vermögen. Da mußte denn geholfen werden und es ward geholfen. Von edlen Menschen wurden alle acht Kinder aufgenommen, eins hier, das andere da; alle wuchsen heran, schlugen gut ein, wie man zu sagen pflegt, kamen gut — völlig ihrem Stande gemäß — fort und gerade zu der Zeit, als ich diese Nachrichten erhielt, hatte sich der jüngste Sohn als Kaufmann in Hildesheim niedergelassen mit Hülfe derjenigen Frau, welche ihn erzogen hatte, und aus deren Munde ich die Geschichte dieser Familie weiß. So hilft Gott! so helfen Menschen! Darum verzage nicht, mein junger Freund, wenn es dir einmal unerfreulich geht; Gott hilft wieder und die Menschen helfen auch! Glaube also nicht, daß die verlassen sind, welche als älternlose Waisen zurückbleiben! Doch wehe dir, wenn du einst glauben wolltest, du habest nicht nöthig, zeitlich für dich selbst und zugleich für die Deinigen zu sorgen! Wehe Jedem, der das glauben wollte! das ist Frevelmuth und den strafet Gott. Nicht darum offenbaret Gott seine Gnade so herrlich, daß wir nun freventlich die Güter, welche er uns zum Eigenthum anbietet, von uns stoßen dürften, um dereinst seine unendliche Güte an uns zu erfahren; nein, Vertrauen sollen wir zu ihm haben und auf ihn hoffen in aller unserer Noth, aber gleichwohl wie wir mit Zittern und Zagen schaffen sollen, daß wir seelig werden, so mit ernstlichem Bemühen diese zeitliche Wohlfahrt gründen und erhalten. Deshalb gab Gott uns die Kräfte und zunächst also hat er uns an uns selbst gewiesen, um das tägliche Brot zu haben; in dem aber, was über unsere Kräfte hinausgeht, sollen wir ihm vertrauen, und seiner Hülfe harren. Also arbeite nach Kräften, genieße mit Verstand! dann wird's dir wohl gehen und Gott dir helfen, wenn auch deine Kraft geringe ist! Gott ist mächtig in den Schwachen!

Jetzt, mein Freund, glaube ich genug gethan zu haben, um dich zu überzeugen, daß es möglich sei, der Armuth zu entgehen, daß sowohl ein wirklich Armer sich der Armuth entreißen, als ein nicht Armer sich vor Armuth bewahren könne. Ich habe deshalb die vorkommenden Ausnahmen ausführlich besprochen, um dir jeden Zweifel zu benehmen, den der Anblick von armen Menschen, die sich allerdings zahlreich genug finden, erwecken möchte. Denke nicht, daß einzelne Fälle oder Beispiele das im Allgemeinen Geltende umstoßen könnten! sie stehen ja eben nur als Einzelnheiten, als Ausnahmen da. Glaube auch nicht, daß ich Erscheinungen, welche von größerer Bedeutung wären, absichtlich übergangen hätte, um meinen Worten leichteren Eingang zu verschaffen; es ist mir ja nicht darum zu thun, dir meine Meinung beizubringen, sondern durch meine Belehrungen, wie eine größere Erfahrung sie geben kann, etwas zu deinem Glücke beizutragen. Sei glücklich! das wünsche ich!

Zweites Hauptstück.

Lehren.

Einleitung.

Nach den Vorbereitungen nun, welche in dem Voraufgehenden enthalten sind, wirst du, hoffe ich, geneigt sein, mit ungestörter Aufmerksamkeit die Lehren anzuhören, welche ich dir zu geben versprach (s. erstes Hauptstück, Einleitung) und welche nun in diesem Hauptstücke folgen sollen.

Alles, was zu wissen nöthig ist, um sich vor Armuth zu bewahren, läßt sich in zwei Lehren zusammenfassen. Die erste heißt: sei bedacht, zu erwerben; die zweite heißt: sei bedacht zu erhalten, was du hast. Doch zum Erwerben (oder zu der Kunst des Erwerbens) gehört Mancherlei und ebenso gehört zum Erhalten Mancherlei; deshalb will ich dies die beiden Hauptlehren nennen und ihnen mehrere einzelne Lehren unterordnen, welche du demnach als Theile vom Ganzen zu betrachten hast.

Erste Hauptlehre.

Sei bedacht, zu erwerben.

Erwerben heißt: sich in den Besitz einer Sache setzen. Welche Sache es dann sei, das hängt von näherer Bestimmung ab; welche wir hier aber meinen, das kann dir nicht zweifelhaft sein. Unsere ganze Unterhaltung dreht sich ja nämlich um die Frage: wie entgeht man der Armuth? wer aber, — das haben wir vorhin ausgemacht (s. erste Fr.) — hat, was das Leben als nothwendiges Bedürfniß erfordert, oder wer seinen Lebensunterhalt hat, der ist nicht arm im eigentlichen und strengen Sinne des Wortes; das Erwerben nun soll ein Mittel sein, der Armuth vorzubeugen; so liegt es denn ganz klar da, was bei uns das Wort bedeutet: was zum Leben nothwendig ist, der Lebensunterhalt soll erworben werden. — Das würde die nächste und engere Bedeutung des Wortes erwerben sein. Derselbe Sinn ist festgehalten in dem Worte: der Erwerb; wenn nämlich dieses Wort schlechthin ohne weiteren Beisatz gebraucht wird, so versteht man darunter die Gewinnung der Bedürfnisse, welche das bürgerliche Leben oder das Leben unter einfachen, beschränkten Verhältnissen erfordert. Das Wort erworben hat aber noch eine weitere Bedeutung. Man versteht unter dem Erwerben auch überhaupt die Vermehrung des Vermögens oder Besitzes, so daß man selbst von sehr Wohlhabenden, deren Vermögen durch ihre Thätigkeit wächst, wohl kurzweg sagt: sie erwerben.

Sich den Lebensunterhalt verschaffen oder erwerben, das ist sehr wenig, aber auch wieder sehr viel. Sehr wenig ist es; denn es bedarf wenig, um das Leben zú fristen; aber nur das Leben erhalten, daß es nicht unter den Qualen des Hungers und der Kälte erlösche, das ist wahrlich zu wenig gethan. Darum sage ich: sich den Lebensunterhalt erwerben, das ist nicht so ganz wenig. Es soll da so viel erworben werden, daß der Leib überhaupt nicht darbe, sondern genügend Speise und Trank empfange und hinreichend gekleidet werde, um gesund und kräftig zu bleiben, — es soll ein Obdach sein, eine Stube, ein warmer Ofen, ein Bett; das aber Alles zusammen ist nicht so ganz wenig und nicht so ganz leicht zu erwerben; wer es aber Alles erwirbt, von dem erst kann man sagen, er erwerbe seinen Lebensunterhalt. Und doch hat er damit nur noch kaum den Lebensunterhalt; es kommen einst die Tage des Alters und der Schwäche und es treten vielleicht Krankheiten oder andere Umstände ein (vgl. die fünfte Fr.), welche den Erwerb schmälern oder unterbrechen oder auf immer hindern; auch dem muß begegnet werden, daß dann nicht Nahrungs- oder Brotsorgen entstehen oder gar bittere Noth einbreche. Und es ist doch auch ein gewaltiger Unterschied, wie ein Mensch, wie sein Tisch, seine Kleidung, seine ganze häusliche Einrichtung bestellt sei, ob nur zur Abkehr der Nothdurft oder zur heiteren, behaglichen Genüge. Der Hausvater überdem hat zu sorgen, daß auch nach seinem Tode die Seinigen nicht plötzlich in Dürftigkeit fallen; du hast Kinder, welche nicht bloß ernährt sein wollen, sondern auch dereinst als tüchtige, brauchbare Menschen in's bürgerliche Leben eintreten sollen und deshalb unterrichtet und gebildet, auch wohl späterhin ausgesteuert oder eingerichtet werden müssen; siehe, wenn du das Alles erwirbst, was zu allen diesen Zwecken erforderlich ist, dann erwirbst du erst eigentlich, was von dir gefordert werden kann. Und noch mehr: der Bürger des Staates, das Mitglied einer Gemeine soll zur Erhaltung des Staates, der Kirchen, der Schulen beitragen, damit Recht und Ordnung sei und das geistige Wohl der Menschheit gepflegt und gefördert werde; nur der Arme ist nach natürlicher Ordnung hievon entbunden und so kann man denn auch gewissermaßen zum Erwerb des Lebensunterhaltes rechnen, was der Bürger des Staates nöthig hat, um seiner Pflicht als Bürger genügen zu können.

Das Wort erwerben bedeutet: sich in den Besitz einer Sache setzen, es schließt aber zugleich mit ein, daß dies durch irgend eine Thätigkeit geschehen solle. Wer also z. B. durch Erbschaft in den Besitz eines Vermögens kömmt, von dem kann man eigentlich nicht sagen, daß er erworben habe, weil er ohne Thätigkeit (im eigentlichen Sinne) zu diesem Besitze gelangt ist. Wir aber in unserer gegenwärtigen Unterhaltung verstehen darunter noch mehr; Zaubermittel, welche dich plötzlich und mühelos reich machen könnten, vermag ich dir nicht zu bieten, wie du auch schon aus dem Vorhergehenden, namentlich aus der fünften Frage, hinlänglich hast erkennen können; wenn ich zu dir vom Erwerben spreche, so meine ich damit eine Thätigkeit, welche mit redlichem Fleiße und ernster Bemühung verbunden ist, so daß der Erwerb die Frucht der Arbeit und Anstrengung und also ein rechtlicher, ehrenhafter ist; andern Erwerb, z. B. durch Glücksspiel, verachte ich und schließe ihn daher gänzlich von dem Sinne aus, wie ich das Wort erwerben verstehe; gewiß also schließe ich auch jeden schändlichen Erwerb aus, z. B. durch Betrug, sei er grob oder fein, durch Diebstahl oder wie sonst auf unehrenhafte Weise erworben werden möge. In diesem Sinne sind die folgenden Lehren abgefaßt. Laß uns jetzt dazu übergehen.

Erste Lehre.

Glaube, daß du erwerben kannst.

Im eigentlichen Sinne ist das eben ausgesprochene Wort keine Lehre, wie du sie hier erwarten darfst (und überhaupt kaum eine Lehre); denn es ist eigentlich meine Aufgabe, zu lehren, wie das Erwerben geschehe, und das wird allerdings nicht gelehrt, wenn ich auffordere: glaube, daß du erwerben kannst; aber diese Ueberzeugung muß zum Grunde liegen, um einen frischen Muth und ein festes Vertrauen einzuflößen und so dem Bestreben Kraft und Ausdauer zu verleihen; sie ist gleichsam die Grundlage des Erwerbens, d. h. der erwerbenden Thätigkeit: wer diese Ueberzeugung hat, der wird frisch und wohlgemuth an's Werk gehen, wie arm er auch sei, und nicht den Muth sinken lassen, ob ihm auch gleich nicht Alles und Jedes gelingt und er nicht sobald das Ziel erreicht, wie sein Wünschen es möchte; wer diese Ueberzeugung nicht hat, der wird wahrscheinlich mit schwachem Muthe und lahmer Kraft zum Werke gehen und sicherlich nicht den glänzendsten Erfolg sehen. So trägt denn also der Glaube, die Ueberzeugung, daß man erwerben könne, allerdings zum Erwerbe selbst mit bei und eben deshalb glaubte ich, obige Lehre allen übrigen voranstellen zu dürfen.

Ein Sprichwort sagt: der Mensch kann Alles, was er will. Das ist nun zwar zu viel gesagt, wenn man die Worte strenge faßt; aber so viel ist auch wahr; wenn der Mensch nicht will, so wird das Können auch nicht viel bedeuten, d. h. das Können wird keinen Erfolg haben, eben weil es nicht zur Anwendung kommt: zum Ausrichten einer Sache gehört nicht allein die Kraft oder das Können, sondern auch das Wollen. Ist der Wille da, so gelingt Einem zuweilen, was wirklich kaum möglich zu sein schien, und deshalb eben sagt man: der Mensch kann, was er will. Freilich das Wollen allein macht es wiederum auch nicht; es muß auch das Können vorhanden sein; nun kann aber der Mensch Manches, was er nicht glaubte; er versucht es daher nicht, er will nicht; will er, versucht er nur, so kann er es auch. Daher bedeutet es viel, wenn ich sage: glaube, daß du kannst. Glaube also, daß du erwerben kannst.

Es ist natürliche Bestimmung, wozu ich dich hier auffordere; denn ohne Thätigkeit, ohne Arbeit kein Brot, kein eigenes Brot, oder man muß reich sein; zu der natürlichen Bestimmung giebt Gott die Kräfte und Mittel. Die hast du erhalten; gebrauche sie und du wirst ohne Zweifel erlangen, wonach du strebst.

Du hast keinen Reichthum an Gut und Geld; — du weißt es ja selbst; aber einen Reichthum hast du, der dich noch glücklicher machen, der dir Gut und Geld verschaffen kann: einen gesunden, festen, geschmeidigen Körper, der dich zu jedem Geschäfte tauglich macht; in diesem Körper aber die Quelle des Reichthums, die unerschöpflich fließt, eine Schutzwehr gegen Mangel und Armuth, wie sie nicht sicherer, nicht kräftiger sein kann Wolle also nur nicht arm sein und du wirst es nicht sein! wolle nur den Lebensunterhalt erwerben und du wirst ihn reichlich haben! Der Mensch, der arbeiten kann, ist nicht arm, sagt ein berühmter Mann (Montesquieu).

Wie viel aber der Mensch vermag und zwar grade in dieser Hinsicht, wenn er will und glaubt, daß er es könne, mögen dir folgende Beispiele zeigen. Zwei Knaben saßen in Neapel (einer großen Stadt im Lande Italien) vor einem prächtigen Hause; einer der Knaben sah lange nachdenklich an dem Hause in die Höhe, dem andern fiel dies auf und er fragte jenen: woran denkest du? — Ich möchte wissen, antwortete der Gefragte, wie viel Geld ich haben muß, um mir ein solches Haus zu kaufen. — Du Narr, rief der erste lachend: du bist ein armer Junge, du handelst mit Schwefelhölzern und willst dir ein Haus kaufen, wie dieser reiche große Kaufmann hat?! Ich will es, antwortete der nachdenkliche Knabe ganz ernst. Später kaufte er sich wirklich eben das Haus, vor welchem dieses Gespräch geführt worden war; so weit hatte es der Knabe gebracht, der jetzt nur Schwefelhölzer feil bot. Das vermag ernstes Wollen!

So bietet auch noch die Geschichte eines Irländers ein gleiches Beispiel. Auch dieser war ein armer Knabe; auch er erwarb durch Handel anfangs im Kleinen, später im Großen, ein sehr großes Vermögen und was diesen Mann noch mehr ehrte, war die Dankbarkeit, welche er einem früheren Wohlthäter stets erwies.

Ich weiß auch Beispiele, welche uns näher sind. Vor einigen Jahren lernte ich einen Mann kennen, der damals 77 Jahre alt, aber noch recht munter und kräftig war. In seinem ein und zwanzigsten Jahre hatte er noch als Knecht bei einem Bruder gedient; Knecht zu sein dein Leben lang, hatte dieser Mann gedacht, das ist nichts; du mußt höher kommen. Er nahm deshalb im Winter Unterricht im Rechnen und Schreiben — also das hatte er noch nicht gekonnt — und, um die Zeit dazu frei zu machen, diente er im Sommer dem Bruder ohne Lohn. Als ich diesen Mann kennen lernte, war er Besitzer von sechs eigenen, großen Landgütern und Pächter von noch einigen anderen; auch das Gut war jetzt sein eigenes, wo er früher bei seinem Bruder als Knecht gedient hatte. Ich habe immer Glück gehabt, sprach er; mir haben andere Menschen geholfen, als ich jung war und nichts hatte; nun muß ich auch wieder Anderen helfen, die nichts haben. Und er that es; ich könnte Beispiele nennen. — Noch einen anderen Mann kenne ich, der noch lebt, obgleich seit mehreren Jahren schwer leidend in seinem hohen Alter. Auch dieser war arm und von Verwandten aus Gnaden aufgenommen, wofür er denn nach Kräften arbeiten mußte. Sein Vater war ein wohlhabender Mann gewesen, hatte aber alles Vermögen verloren, — ob durch eigene Verschuldung oder nicht, hat der Sohn, der Mann von dem ich hier rede, nie gegen mich ausgesprochen; der junge Mensch nun wollte gern rechnen und schreiben lernen, um, wie er sich ausdrückt, zu besseren als Knechtsdiensten brauchbar zu werden und die Ehre seines Vaters wieder herzustellen; den Söhnen des Mannes, der ihn aufgenommen hatte, wurde ein Pferd zu ihrem Vergnügen gehalten; unser Freund übernahm die Bedienung dieses Pferdes und erhielt dafür wöchentlich zwei Schillinge von ihnen; diesen kleinen Verdienst wandte er auf für Unterricht im Rechnen und Schreiben; er mußte aber nächtlich sich mit Erlernung dieser Künste beschäftigen, da er am Tage für den Herrn arbeiten mußte. Den weiteren Gang seines Lebens brauche ich nicht zu berichten; genug: er besitzt hier ein ansehnliches Landgut und hat damit wenigstens 80,000 Rthlr. Vermögen. Auch dieser Mann hat es doch wohl weit gebracht? Darum sage ich: glaube, daß du erwerben kannst!

Zweite Lehre.

Lerne etwas in der Jugend und lerne es gut.

Man vergleicht die Jugend des Menschen gern mit dem Frühlinge, die übrigen Lebensalter mit den übrigen Jahreszeiten. Wie Gewächse im Frühlinge wachsen, grünen, knospen und blühen, so ist für den Menschen die Jugend die Zeit des Wachsens, die Zeit, wo er in Gesundheit und Frische gleichsam blühet, aber auch die Zeit, wo die Kraft in ihm keimet, daß er dereinst für ein thätiges, wirksames Leben Blüthen und Früchte treibe, oder die Jugend ist die Zeit der Aussaat wie der Frühling, das Mannesalter die Zeit der Ernte wie der Sommer, das höhere Lebensalter die Zeit des Genießens wie der Herbst und Winter. Willst du dereinst ernten und genießen, so säe, wenn es Zeit ist: in der Jugend lerne etwas! Was Hänschen nicht lernt, lernt Hans nimmermehr! Zwar beweisen uns die in der voraufgehenden Lehre angebrachten letzten beiden Beispiele, daß auch der erwachsene Mensch noch *lernen kann*, was man sonst nur in der früheren Jugend *zu lernen pflegt*; aber besser ist besser! Glaube nicht, daß die Jugend nur die Zeit des Spielens, der Lust, der Fröhlichkeit sei; nein, in der Jugend soll *gelernt* werden; denn in der Jugend lernt sich fast Alles leichter und meistens auch besser und was in der Jugend gelernt ist, haftet bei nur einiger Uebung bis in das späteste Alter! Und warum wolltest du die Jugend müßig oder in unfruchtbaren Beschäftigungen hinbringen? glaubst du in der Folgezeit nachholen zu können? Nein, mein Lieber, es bleibt noch immer so Vieles zu lernen und alles Gelernte wird so nützlich, so angenehm, daß wir keinen Augenblick verlieren sollten, der uns zum Lernen gegeben ist. — Mehr liebe ich das Sprichwort: was Hänschen versäumt, holt Hans nicht mehr ein; denn was einmal versäumt ist, das ist versäumt und das Versäumen bringt Verlust; willst und kannst du es denn in späterer Zeit noch nachholen, so könntest du ja diese Zeit nun wieder zu etwas Anderem verwenden, wieder etwas Neues lernen; zu viel aber zu lernen oder mit dem Lernen zu früh fertig zu werden, — vor Beidem fürchte dich nicht! Was du lernst, trägt dir irgend einmal Früchte: entweder hilft es zum Fortkommen oder es macht dir Ehre und wenigstens Vergnügen oder du kannst Anderen dadurch dienen und also wieder Vortheil, Ehre, Vergnügen und zwar ein edles Vergnügen ernten. Von dem Könige der Franzosen erzählte ich vorhin (S. 65). Wie nützlich wurden ihm die Kenntnisse, welche er in der Jugend erworben hatte! Ich will dir jetzt noch einen Vorfall aus seinem Leben erzählen: Vor einigen Jahren fuhr der König in Paris durch eine große Menschenmenge, begleitet, wie es einem Könige zukömmt, von einer Ehrenwache zu Pferde; da wird einem der Reiter das Pferd scheu, schlägt über und Roß und Reiter stürzen zu Boden; der Mann lag bewußtlos da und es mußte ihm die Ader geschlagen werden; sogleich war auch der Wundarzt zur Stelle; der König nämlich war aus dem Wagen gestiegen, sah des Mannes Zustand, erkannte, was nöthig war, ging an den Wagen, holte eine Tasche mit Werkzeugen daraus hervor und öffnete dem Mann die Ader und dieser kehrte schnell zum Leben und Bewußtsein zurück und jubelnd rief das Volk: es lebe der König! — Einer meiner Freunde kömmt auf einer Reise nach Halle und badet sich dort mit mehreren anderen jungen Leuten, welche dort studirten; plötzlich versinkt einer derselben; mein Freund taucht nach, holt ihn herauf, rettet ihm das Leben; etwa ein Jahr später studirt dieser mein Freund in Rostock und macht von da eine

Lustfahrt nach Dobberan mit mehreren Genossen; Abends auf dem Heimwege geräth diese Gesellschaft mit einer anderen lustigen Gesellschaft zusammen, indem die beiden Wagen sich verfahren, und es giebt Streit; auch mein Freund läßt seine Stimme ertönen; da ruft Einer von jenseits: heißest du nicht P.? Ja! — Halt, Friede! du hast mir ja das Leben gerettet! Und allgemeine Freude folgt dieser Erklärung: der Friede ist hergestellt und in herzlichem Vereine kehrt man heim. — Zwei andere Freunde von mir retteten gleichfalls durch Schwimmen einem Manne das Leben, welcher in Gefahr war, in der Ostsee zu ertrinken; nach mehreren Jahren kömmt dieser Gerettete nach Ludwigslust und besucht dort die Schulen, blickt einen der Lehrer sehr aufmerksam und nachdenkend an und wirft sich ihm weinend an die Brust mit dem Ausrufe: Sie sind ja der Retter meines Lebens! Er war es. — Siehe da einige Beispiele, mein Freund, wie ein Mensch durch Kenntnisse und Fertigkeiten, welche nicht einmal den Beruf ausmachen, herrliche, lohnreiche Handlungen verrichten kann! So, glaube mir, trägt Jedes, was wir wissen und können, Früchte, heute oder morgen, und sind auch diese Früchte nicht immer für Gaumen und Magen, so sind sie doch oft edler und besser! Was wir aber lernen für unsern Beruf, um davon, wie man sagt, unser Brot zu essen, das wird uns Brot geben. Aber fange früh an zu lernen und höre nimmer auf, damit du viel, recht viel lernest, damit du das, was dein Beruf sein soll, recht gründlich und umfassend lernest! Und ich wiederhole: glaube nicht, daß zum Lernen immer noch Zeit sei, fürchte nicht, daß zuletzt nichts mehr nachbleibe! Nein, man lernt nie aus auch nur in einer Kunst, in einer Wissenschaft, in einem Handwerke!

Was soll aber der bloße Arbeiter groß lernen für seinen Beruf, wenn er nichts weiter als Knecht und Tagelöhner, als Magd und Tagelöhnerin werden will und werden kann? — Die Frage ist unverständig. Siehe die Arbeiter des niedrigsten Standes und du wirst auch da finden, daß einer besser, der andere schlechter arbeitet, einer leichter und rascher, der andere schwerfälliger und langsamer. Es giebt auch da Manches zu lernen;

ja auch da lernt man nicht aus Den Tagelöhner, welcher in aller Art rasch und gut arbeitet, welcher am besten pflügt, gut säen kann u. dgl. wählt der Herr gern zum Vogt oder Statthalter oder begünstigt ihn auf andere Weise, wofern er sich gut beträgt. In meiner Nähe habe ich einen Förster, welcher viele Tagelöhner mit Forstarbeiten beschäftiget; unter diesen Arbeitern versteht sich einer auf das Schreiben; dadurch wird er dem Förster mannigfach nützlich und hat selbst wieder manchen Vortheil dafür.

Auch die Frage hört man wohl noch hie und da: warum sollen die Menschen des untersten Standes so viel lernen in der Schule an Kenntnissen, welche für ihren Beruf nicht nöthig sind? —. Eine Antwort giebt schon das eben angeführte Beispiel: es bringt ihnen Früchte, hilft zum Fortkommen; aber zweitens: Kenntnisse und Fertigkeiten (natürlich meine ich Kenntnisse und Fertigkeiten guter Art) zieren den Menschen und erheben ihn über die niederen Geschöpfe. Warum soll, warum will der Mensch des niederen Standes in Dumpfheit und Stumpfheit des Geistes dahin leben?

So sehr ich aber treibe, daß jeder Mensch lernen und zwar recht viel lernen solle, so habe ich dabei doch immer im Auge, daß er lerne, was entweder unmittelbar zu seinem Berufe erforderlich oder was ihm überhaupt als Menschen nöthig und nützlich ist; ich warne daher ernstlich vor zwei Dingen: 1) man gehe nicht zu weit, führe den jungen Menschen nicht zu Dingen, welche in den beiden genannten Rücksichten entbehrlich sind; 2) man zersplittere nicht die Kräfte, sondern halte sie zusammen und richte sie auf das, was erstrebt werden muß. — Erscheinungen unserer Zeit machen diese Warnung nothwendig.

Absichtlich habe ich oben gleich hinzugesetzt: und lerne es gut. Ja, was du lernst, das lerne gut! Pfui, wenn du ein Pfuscher; ein Stümper bist in deinem Berufe! dann wirst du auch schlecht Brot halten! Nein, lernen bedeutet nur gut lernen; schlecht lernen bedeutet mir und jedem vernünftigen Menschen gar nichts lernen; ja, es ist oft noch schlechter als gar nichts lernen; denn leichter kömmt derjenige, der gar nichts kann und weiß, zu der Einsicht, daß er noch lernen müsse, als der

Stümper und Pfuscher zu der Einsicht, daß die Ursache seines üblen Ergehens in ihm selbst zu suchen sei. Siehe nur zu, mein Freund, ob die Stümper und Pfuscher es weit bringen! du findest nie einen, der reich, aber viele, die arm geworden sind.

Das Gutlernen, damit ich dir das auch sage, besteht darin, daß man die Sache, welche man zu lernen übernimmt, vom Anfange an bis zum Ende durch, jeder Theil für sich und alle Theile im Zusammenhange und so die ganze Sache kennen und zu handhaben oder zu verfertigen oder anzuwenden lerne. Wer nicht von Grund aus gelernt hat, der hat immer schlecht gelernt; wer aber eine Sache von Anfang bis zu Ende weiß, versteht, kann, der hat gut gelernt. Wer das Abc nicht kann, der lernt nicht lesen; wer nicht lesen kann, der wird das Abc nicht gelernt haben; wer aber gut lieset, der hat sicher auch das Abc gelernt. Und was muß man thun und was meiden, um gut zu lernen? — 1) Lerne die ersten Anfänge, die ersten Handgriffe bei einer Sache richtig, genau und fest und fahre in der Weise fort, bis du dir die ganze Sache zu eigen gemacht hast; 2) lerne erst eins, eine Wissenschaft, eine Kunst, eine Fertigkeit, dann die zweite und so fort. Wer immer von Einem zum Anderen springt, der lernt selten eine Sache recht; besser aber ist's doch, Eins gut, als Mehreres mangelhaft zu können. Nicht vielerlei, aber viel! daher, so schön es ist, viele Kenntnisse und Geschicklichkeiten verschiedener Art zu besitzen, rathe ich dir doch, die erste Sache, bei der du anfängst, wenn möglich, ganz zu lernen, dann erst eine andere. In dem eigentlichen Jugendunterrichte freilich wechselt man mit den Gegenständen des Unterrichtes und zwar aus zwei sehr triftigen Gründen; nämlich erstens ist der kindliche Geist in den ersten Jahren des Unterrichts noch nicht im Stande, die Gegenstände des Unterrichtes ganz und gar zu fassen, z. B. die ersten Anfänge des Rechnens lernt ein Kind leicht; aber die verwickelten Rechnungen sind ihm zu schwer; zweitens ermüdet das Kind überhaupt noch leicht; sollte es sich nur 3 — 4 — 5 Stunden lang mit einer und derselben Sache beschäftigen, wie bald würde es ermüden! dem begegnet man durch den Wechsel des Unterrichtes. Pflegen doch die Kinder sogar mit ihren Spielen gern zu wechseln! Soll demnach der Jugendunterricht zu bedeutendem Erfolge führen, so muß Wechsel in den Gegenständen sein. Bei den Beschäftigungen des Berufes für's bürgerliche Leben ist es aber anders; da ist der Mensch im Stande, die ganze Sache zu fassen; die Berufsarbeiten, zu welchen der Mensch in jüngeren Jahren übergeht, sind mehr äußerlich als der so genannte Jugendunterricht, bieten immer schon an sich eine gewisse Abwechselung und strengen auch nicht so sehr an als rein geistige Arbeiten. Du willst z. B. Handwerker werden; ich halte dich für alt genug, in den neuen Beruf überzutreten, und wenn nun bei der Beschäftigung in demselben auch eine Ermüdung, eine Abspannung, ein Verlangen nach Veränderung eintreten wird, so liegt das allerdings in deinen noch jungen Jahren und auch in der Gewohnheit des öfteren Wechsels mit der Beschäftigung; sehr leicht aber wirst du Ermüdung und Abspannung, wie das Verlangen nach Wechsel überwinden, indem du täglich älter und kräftiger wirst und die frühere Gewohnheit der neuen bald weichen wird. — Du nun als künftiger Handwerker hast dein Handwerk zu lernen; an dieses Eine also halte dich, daß du es gut lernest. Aber jedes Handwerk hat mehrere Theile; suche daher einen Theil und zwar immer den, womit du zuerst anfängst, gut zu lernen; nie wirst du die ganze Sache gut verstehen, wenn du nicht die einzelnen Theile gut gelernt hast. Doch außer dem Handwerke bedarf der Mensch noch mancherlei Wissens und Könnens und du wirst dazu angeführt werden. Glaube nicht, daß du dadurch vom Eigentlichen abgeleitet werdest; lasse dich aber auch nicht ableiten, indem du diesen Nebensachen mehr Aufmerksamkeit, Nachdenken und Fleiß widmest als der Hauptsache selbst! — Ich weiß nun auch recht gut, daß du als Lehrling nicht von dir selbst abhängst hinsichtlich der Beschäftigung, daß du nicht nach eigener Willkür dies oder das thun kannst, sondern angewiesen wirst; aber diese Anweisung wird dich — und in den meisten Fällen den Lehrling — richtig führen, wenn du nach dem hier gegebenen Rathe richtig folgest. Also in der Jugend lerne etwas, und was du lernst, das lerne gut!

Dritte Lehre.

Wähle einen Beruf, welcher für dich paßt.

Du, mein junger Freund, hast zwar deinen Beruf schon gewählt; aber es wird dir nicht undienlich sein noch einmal deine Wahl zu prüfen; findest du dann, daß du vernünftig und recht gewählt hast, so wirst du dich dessen freuen, und gleichsam schon eine Bürgschaft haben, daß es dir in demselben wohlgehen werde; fändest du aber etwa Bedenklichkeiten gegen deine Wahl, so ist es ja gerade noch Zeit, einen anderen Weg einzuschlagen, eine andere Bestimmung zu treffen; dann lieber jetzt als später; — lieber einen Plan aufgeben als ihn durchführen und dadurch sich Unglück bereiten. — Auch habe ich dir ja schon gesagt, daß ich neben dir immer auch andere Menschen im Auge habe und auch ihnen gern, wenn ich kann, nützen will. Daher laß mich denn auch über die Wahl des Berufes sprechen.

Sehr wichtig ist es, den rechten, paßlichen Beruf zu wählen. *Wenn der Beruf unseren Neigungen und Anlagen angemessen ist, so pflegen wir ihn mit Lust zu treiben und tüchtig darin zu werden, so führt er uns also mit ziemlicher Sicherheit zu Brot und Ehre*, weil Brot und Ehre dem nicht zu fehlen pflegt, der etwas Tüchtiges leistet. Von der anderen Seite aber muß ich mich auch *dagegen* erklären, daß man bei der Wahl des Berufes *einzig und allein seiner Neigung* folge. Eine Hauptsache bleibt dies zwar immer; *doch die Neigung geht erstens nicht immer frei aus dem Innern hervor*, sondern hängt z. B. auch davon ab, in welchen Verhältnissen und Umgebungen wir leben, wie die Unserigen auf uns einwirken, indem sie uns von früh an vorsprechen: das mußt du werden, wie wohl oder unwohl wir es Diesem oder Jenem gehen sehen oder meinen, daß es ihm gehe, u. s. w. Auf das zuletzt Genannte mache ich dich aber vorzugsweise aufmerksam; denn wo wir besonders in jüngeren Jahren einen Menschen sehen, dem es recht wohl geht, da pflegen wir gleich zu wünschen: ei könntest du das doch auch werden; aber der Wunsch allein und die Ergreifung des Faches thut's noch nicht; sondern wir müssen auch dasselbe leisten, was Jener leistet. Oder man betrachtet überhaupt — oft aus sehr unverständigen Gründen — diesen oder jenen Stand für den glücklichsten; aber ist er es denn wirklich? und sind wir für denselben geeignet? und eignen sich alle unsere Verhältnisse und Umstände dazu, uns in denselben eintreten zu lassen? Zweitens aber hat die Neigung nicht einen vollgültigen Grund. Wir sehen die guten Seiten einer Lage, eines Berufes; die schlechten oder mangelhaften aber entgehen uns: sie sind aber wirklich vorhanden; jede Sache, auch die beste, hat ihre Mängel. Wenn nun nach und nach immer fühlbarer wird, daß wir uns getäuscht haben, so ist diese Täuschung um so bitterer, je gewisser wir befriediget und glücklich zu werden hofften. Hingegen ist eben so gewiß, daß oft Dinge, welche uns jetzt von einer unangenehmen Seite erscheinen oder wenig Gutes versprechen, späterhin sehr angenehm und erfreulich werden. So auch mit den verschiedenen Arten des Berufes. Daher schon darf die Neigung nicht allein entscheiden. Du wirst glauben, hoffe ich, daß jeder Stand, jeder Beruf, jede Beschäftigung Annehmlichkeiten darbietet; wenigstens kann ich dieses sagen von allen, die ich kenne. Gesetzt also, du wärest durch den Willen der Deinigen oder durch Umstände und Verhältnisse zu einem Berufe bestimmt, für welchen du keine Neigung, gegen welchen du sogar Abneigung hättest, so würde ich dir dennoch rathen: ergieb dich demselben mit Eifer und suche bald Geschicklichkeit darin zu erlangen, so wird der ernste Wille die widerstrebenden Gefühle besiegen, die erlangte Geschicklichkeit die Arbeit erleichtern, die Geschicklichkeit und das, was du leistest, dir Freude machen und dich also mit dem Berufe aussöhnen. Denn eine unüberwindliche Abneigung, von welcher junge Menschen oft reden, wenn man ihren Wünschen und sie den Wünschen Anderer nicht nachgeben wollen, ist theils Starrsinnigkeit, theils Thorheit, in keinem Falle also lobenswerth. Wie aber, wenn keine vorherrschende Neigung für irgend einen Beruf vorhanden, der Mensch also ganz gleichgültig ist, ob er z. B. Schuster oder Schneider, Töpfer oder Maler, Kaufmann oder Landmann, Handwerker oder Gelehrter werde? — Selten findet dieser Fall Statt; von denen aber, welche, wie man sagt, überhaupt zu nichts Lust haben, rede ich nicht; sie sind glücklicherweise seltene Ausnahmen und die unglücklichen Opfer schlechter Erziehung. Selten, sage ich, ist ein Mensch in der Jugend ohne vorherrschende Neigung zu irgend einem Fache; es kann jedoch sein aus verschiedenen Gründen und findet wirklich Statt. In solchem Falle nun rathe ich, weil doch eine Wahl getroffen werden muß, die folgenden Gründe, wonach die Wahl bestimmt werden kann und soll, entscheiden zu lassen. Beispiele könnte ich dir anführen von Menschen, welche von früh auf Neigung für einen Beruf hatten, in denselben eintraten und darin tüchtig wurden, wie gleichfalls von Menschen, deren Vorliebe für einen Beruf man nachgab und die doch Stümper blieben, nicht weniger von Menschen, welche mit Widerwillen in einen Beruf eintraten, dennoch aber Tüchtiges darin leisteten und zufriedene, glückliche Menschen wurden; ich will es dir aber selbst überlassen, solche Beispiele zu beobachten, nur aber dich darauf hinführen, wie oft sowohl bei der Neigung als Abneigung Täuschung Statt findet und es daher unrecht ist, der Neigung allein Gehör zu geben. Ein Beispiel davon aber, wie Jemand ohne bestimmte Neigung dafür zu seinem Berufe bestimmt wurde, will ich dir geben. Es ist mein eigenes. Von Kindheit auf hörte ich, daß ich Prediger werden solle; die Anstalten dazu wurden getroffen, d. h. ich erhielt den nöthigen Jugendunterricht zu rechter Zeit; nie aber trat bei mir eine besondere Neigung für diesen Beruf hervor, doch auch keine Abneigung; wohl aber empfand ich dann und wann Lust zu einem anderen Berufe; in den geistlichen aber trat ich ein nach dem Wunsche meiner Aeltern, welche sich einmal die Sache gar nicht anders dachten. Ob ich für einen anderen Beruf mehr Anlagen gehabt, ob ich in demselben mehr geleistet und mich glücklicher gefühlt hätte, weiß ich nicht; aber ich hoffe, daß man mich nicht für untauglicher als die Meisten meines Standes erkennen werde, hoffe auch, in meinem Stande nützlich zu sein, und bin ganz zufrieden in und mit demselben, obwohl er mir bis daher äußerlich keine glänzenden Früchte getragen hat, obwohl mir noch in späterer Zeit — und zwar unter bedeutungsvollen Umständen — lockende Anerbietungen gemacht wurden, mich davon abzuziehen.

Zweitens müssen bei der Wahl des Berufes die Anlagen oder die Eigenschaften entscheiden, welche der Mensch hat. Neigungen verrathen die Anlagen, sagt man sehr oft; ich aber bin der Meinung, daß darin oft Irrthum und Täuschung Statt findet, erkenne jedoch auch eben sowohl an, daß Neigung und Anlagen für einen Beruf sehr oft zusammenstimmen. — Wenn es zwar in gewissem Sinne wahr sein müßte, daß jeder Mensch zu Allem fähig wäre, so ist es doch nicht der Fall und da, wo die Wahl des Berufes entschieden werden soll, kommt es ja nicht darauf an, ob der Mensch überhaupt irgend einige Anlage dazu habe, sondern für welchen Beruf er am meisten geeignet sei; denn wo Mehreres zur Wahl steht, müssen wir das Geeigneteste wählen; je mehr der Mensch die zum Berufe erforderlichen Fähigkeiten hat, desto mehr wird er darin leisten, desto glücklicher wird er sein. — Wie erkennt man aber die Anlagen für den einen oder den anderen Beruf? Das im Allgemeinen nachzuweisen ist schwer, mein lieber Freund; du wirst also mit mir zufrieden sein müssen, wenn ich hier nur Einiges vorbringe, zugleich aber gebührend bekenne, daß ich es nicht für Alle, welche ihre Anlagen zu einem Berufe abwägen wollen, für genügend halte; die Hauptsache ist hier: ich will dich und Jeden aufmerksam machen, daß man wohl auf seine Anlagen zu sehen habe, wenn man sich für einen Beruf bestimmen will. Die Anlagen des Menschen erkennen sich häufig schon aus dem Spiel des Kindes, häufig schon aus der Art, wie er die eine oder die andere Sache angreift, aus dem, was er von dieser oder jener Sache sagt und wie er es sagt, u. dgl., ferner giebt es in dem täglichen häuslichen Leben so mancherlei, was mit dem einen oder anderen Berufe verwandt und ähnlich ist, Anderes, was nicht damit verwandt ist; man beobachte nun, in welchen Dingen der junge Mensch mehr natürliches Geschick zeigt; ferner ist es ja auf mancherlei Weise möglich, vorher Versuche anzustellen, wie ein Mensch sich für dieses oder jenes

Fach eigne, ehe man ihn zur wirklichen Ergreifung desselben kommen lässet. Doch halte ich für nöthig, noch folgendes hinzu zu fügen. 1. Man täusche sich nicht über die Anlagen. Aeltern und übrige Angehörige haben gewöhnlich diesen oder jenen Wunsch in Absicht auf die Kinder; nun aber wollen sie doch das Kind auch nicht zu einem Berufe bestimmen, wozu es keine Anlagen hat; sie beobachten also; aber was der Mensch wünscht, das glaubt er gern; so sehen sie denn in den Kindern, was sie gerne sehen wollen, und täuschen sich trotz des besten Willens. Daher frage man auch andere urtheilsfähige und aufrichtige Leute um ihre Meinung. Und dies ist überhaupt sehr wichtig, da ja die Aeltern selbst oft eben so wenig Kenntniß davon haben, was ein Stand fordert als die Kinder. 2. Wenn auch zu einem Fache vorzüglichere Anlage vorhanden ist, so kann gleichwohl auch Tauglichkeit zu anderen Fächern vorhanden sein. Ein junger Mensch, den ich genau kenne, zeigte von Kindheit auf große Neigung und Fähigkeit zu mechanischen Arbeiten; er hatte unter Anderem als ein Knabe von 7 oder 8 Jahren einen vollständigen kleinen Wagen verfertigt, — aus eignem Antriebe, ohne Hülfe; auf mein Zureden ward er anfangs zu einem Berufe geführt, wobei er diese Anlagen zur Anwendung bringen konnte; später aber ging er aus Gründen, welche nicht in der Sache lagen, davon ab und ward Landmann und ist ein ganz tüchtiger Landmann geworden. Deshalb sei man nicht allzu ängstlich, wenn ein Mensch nicht grade zu dem Fache bestimmt werden kann, wozu er die meiste Anlage hat; nur müssen allerdings entsprechende Anlagen immer auch für den Beruf vorhanden sein, welchen er wirklich ergreifen soll: nimmermehr werde aus Gründen, welche etwa in Umständen und Verhältnissen liegen, oder nach unbegründeten Wünschen ein Mensch zu einem Fache bestimmt, wozu er gar keine Anlage oder weniger als zu jedem anderen Fache hat!

Der dritte Gegenstand, welcher bei der Wahl des Berufes erwogen werden muß, ist die Gesundheit. Völlige und dauerhafte Gesundheit, ist wie überhaupt ein großes Glück, so für den Betrieb jegliches Berufes eine große Begünstigung. Ein Fach nun fordert einen festeren, kräftigeren Körper; ein anderes kann ausgefüllt werden bei weniger Kraft und Dauerhaftigkeit. Man überlege diese Sache wohl und hüte sich sorgfältig vor Täuschung: man gehe nicht auf den bloßen Schein zu Werke, sondern frage Leute vom Fach, ziehe auch den Arzt zu Rathe; denn unglücklich ist schon von vorn herein der Mensch, dessen körperliche Beschaffenheit nicht für seinen Beruf geeignet ist: er zieht sich viele Leiden zu und entgeht selten der Armuth. Es ist z. B. die Meinung ziemlich verbreitet, daß ein schwächlicher, kränklicher Mensch sich besser für den gelehrten Stand eigene als für jeden anderen. Und doch ist das nicht der Fall. In manchem anderen Stande würde sich der schwache Körper stärken, abhärten und die Kränklichkeit verschwinden: bei den Beschäftigungen des gelehrten Standes ist das aber kaum möglich und fast bei keinem Fache ist Kränklichkeit hinderlicher als bei diesem. Die Gründe kann ich hier, um nicht zu weitläuftig zu werden, nicht ausführen; sie sind aber bei den Aerzten und bei anderen verständigen Leuten leicht zu erfragen. Einige allgemeine Winke will ich hinzufügen. 1. Menschen mit schwächlichem Körper überhaupt lasse man ein Geschäft ergreifen, welches viele Bewegung fordert. Dadurch stärkt sich die geringe Kraft; 2. Empfindliche Menschen, welche sich leicht erkälten u. dgl., müssen sich Geschäften widmen, welche im Freien betrieben werden, dann verliert sich die Empfindlichkeit; 3. Bei einzelnen Fehlern oder Mängeln des Körpers muß auf diese besonders Rücksicht genommen werden; ein Mensch mit schwachen Augen z. B. darf kein Fach ergreifen, welches große, anhaltende Anstrengung des Sehvermögens, besonders bei Lichte, erfordert, oder wobei ihm reizende Stoffe, z. B. nur Staub, häufig in die Augen dringen; ein Mensch mit schwacher Brust darf kein Fach erwählen, wo die Brust großer Anstrengungen oder vielen und starken nachtheiligen Einflüssen ausgesetzt ist, u. s. w. Wird bei der Wahl des Berufes angemessene Rücksicht auf die Gesundheit genommen, oder wird sie vernachlässiget, so wird sich der Nutzen oder Schaden früh genug bemerklich machen. **Und weil in jetziger Zeit die Menschen überhaupt so viel kränkeln und weil dies nicht nur eine häufige Ursache des sinkenden Wohlstandes, der Armuth, sondern auch überhaupt des Unglücks ist, so kann diese Rücksicht auf die Gesundheit nicht dringend genug empfohlen werden.** Alle Aeltern und Pfleger, welche für Andere auf die Wahl des Berufes Einfluß haben, Alle, welche selbst den Beruf wählen dürfen, bitte und ermahne ich daher dringend: **nehmet Rücksicht auf die Gesundheit!**

Als vierten Gegenstand, welcher bei der Wahl des Berufes sehr in Ueberlegung genommen werden muß, habe ich die **äußeren Umstände und Verhältnisse** zu nennen. Zwar unterläßt es nicht leicht ein Mensch, Umstände und Verhältnisse in Betracht zu ziehen, wenn er sich oder einen Anderen zu einem Fache bestimmen will: aber die Schwierigkeiten werden oft geringer gedacht als sie sind; Manche mögen denn auch wohl ziemlich blindlings ihren Neigungen und Einfällen folgen. Zweierlei will ich nur anführen; doch meine ich nicht, daß gerade nur diese beiden Dinge Berücksichtigung verlangten; ich führe sie nur als Beispiele für die Sache überhaupt an. 1. Junge Menschen vom Lande lernen oft Handwerke, welche nur in der Stadt betrieben werden dürfen; nach unserer Mecklenburgischen Landesverfassung hält es aber sehr schwer, den vom Lande Geborenen Aufnahme, Wohnrecht und Bürgerrecht in der Stadt zu verschaffen; manche erlangen sie mit großer Schwierigkeit, viele erlang'en sie nicht. So verfehlt Mancher sein Ziel, für welches er gelernt hat. Das weiß nun freilich Jedermann; aber weil es doch hin und wieder Einem gelingt, seinen Wunsch zu erreichen, so denken hundert Andere, daß es ihnen eben sowohl gelingen solle, lernen städtisches Handwerk und kommen nachher nie zum bürgerlichen Sitze. Man nimmt die Sache zu leicht; man läßt die Rücksichten, welche Umstände und Verhältnisse vorschreiben, nicht genug gelten. *) Viele aus den niedern Ständen bestim-

*) Das eben Gesagte bezieht sich, wie auch deutlich angezeigt ist, auf das nähere Vaterland des Verf. (Mecklenburg). Wie weit in allen

men sich für Fächer, welche in höheren Stand erheben, namentlich für den gelehrten Stand, — dort das Glück suchend. — Hier soll auch das weibliche Geschlecht besonders mit zur Rede gestellt werden. Sehr viele junge Mädchen aus den niederen Ständen wählen sich einen höheren Stand, wollen Erzieherinnen, Haushälterinnen u. dgl. werden; arbeiten will jetzt Niemand mehr, hört man häufig klagen, und doch muß man in jedem Stande arbeiten, hier so, dort so. Im Allgemeinen ist das Streben des Menschen, sich zu erheben, auch äußerlich sich zu erheben, nicht verwerflich; es liegt ja in der menschlichen Natur nach dem Besseren zu streben, und das Höhere wird so leicht als das Bessere, besonders von ferne, angesehen, wiewohl es in der Nähe sich oft ganz anders darstellt. Sodann ist es auch an sich gut, daß Menschen aus den niederen Ständen in die höheren übergehen, wenigstens übergehen können; denn es müssen deshalb die in den höheren Ständen Geborenen mit den Hinzukommenden wetteifern, um nicht überflügelt zu werden; dadurch erhalten sich also die höheren Stände frisch und lebenskräftig und es wird mehr für die Menschheit geleistet. Traurig wäre eine Abgeschlossenheit der Stände, niederschlagend für die in den untern Ständen Geborenen, erschlaffend, lähmend für die höheren Stände; diese würden überdem wahrscheinlich zu Härte und Uebermuth geführt werden. Und es lehrt die Geschichte, daß gerade von den verdientesten und berühmtesten Männern zu allen Zeiten und bei allen Völkern viele durch Geburt dem niedern Stande angehörten, durch hohe und treffliche Eigenschaften und große Verdienste sich emporschwangen, Mitwelt und Nachwelt zum Danke verpflichteten. Und so spreche ich es mit Vergnügen aus, daß ich selbst mehrere kenne, welche durch Geburt niederem Stande angehörten, sich aber für einen höheren Beruf bestimmten und sich auch für denselben wohl schickten: so drei junge Männer, deren Väter Handwerker waren

einzelnen Theilen des deutschen Vaterlandes die verschiedenen Verfassungen hiemit übereinstimmen oder hievon abweichen, ist dem Verf. nicht bekannt genug. Möge denn auch das eben Gesagte für viele Leser überflüssig sein, so wird es doch in Beziehung auf andere, namentlich auf die Mecklenburgischen, seinen Platz verdienen.

und welche sich dem gelehrten Berufe widmeten, und zwei junge Frauenzimmer, deren Väter gleichfalls Handwerker waren und welche ich als Erzieherinnen und zwar in jeder Hinsicht als ausgezeichnet kennen gelernt habe. Aber es soll auch die andere Seite der Sache nicht übersehen werden. Gegen die Wahl eines Berufes, welcher zu höherem Stande führt, spricht Folgendes:

1. Es liegt gewissermaßen, ja man kann sagen: ganz unversteckt — eine Ungerechtigkeit darin, denen, welche im höheren Stande geboren wurden, den Weg zu vertreten. Wo sollen sie hin, wenn die aus dem niederen Stande sich an ihre Stelle drängen? herabsteigen? herabsteigen ist nicht allein der Neigung des Menschen, sondern auch den Verhältnissen viel mehr entgegen als hinauf steigen. Und du willst nicht bleiben, wo du bist, sondern aufwärts steigen und verlangst, daß die, welche oben sind, abwärts steigen? daß ich nicht für strenge, gänzliche Abgeschlossenheit der Stände eingenommen sei, daß ich es den unteren Ständen nicht versagt haben wolle, aus ihrer Mitte Angehörige zu höherem Stande zu bringen, gegen den Verdacht wird mich das oben Gesprochene in Schutz nehmen; Jenes aber, was ich dort sagte, und dieses, was ich hier sage, steht nicht in gradem Widerspruche mit einander.

2. In den höheren Ständen ist nicht mehr Glück als in den niederen, wohl aber mehr Schein des Glückes: es kömmt auf den Menschen selbst an. Ein treuer tüchtiger Knecht wird mehr geachtet — wenn auch nicht äußerlich — als ein schlechter, erbärmlicher Herr, ein geschickter, fleißiger, ordentlicher Handwerker mehr als ein müßiger, untauglicher, zuchtloser Rathsherr und wenn er in des Fürsten Rathe säße. Der Mensch hat Ehre, Achtung, Liebe aus und durch sich selbst; Brot hat er in jedem Stande; arbeiten muß er in jedem Stande: die höchsten Beamten des Staates müssen es gewöhnlich am meisten; Sorgen, Verdruß, Kummer, Gram, Schmerz begleiten den Menschen überall, er mag vornehm oder gering, reich oder arm sein; aber der Schein spricht anders und der Schein betrügt Viele. Es ist nicht so leicht, in einem Stande, wohin die Geburt, also die natürlichen Verhält-

nisse den Menschen nicht weisen, gleiches Fortkommen mit denen zu finden, welche die Geburt dahin gesetzt hat; leichter findet es sich in dem Stande, wohin die Geburt den Menschen gesetzt hat. Und welche Dornen bietet der Weg dahin! Wie manche Kränkungen und Demüthigungen hat der im niederen Stande Geborene hinzunehmen, ehe er sich im höheren Stande fest und völlig eingebürgert hat!

3. Denen, welche in niederem Stande geboren und unter Ungebildeten erwachsen sind, gelingt es selten, den Meisten sehr langsam, die Spuren davon ganz zu verwischen und diejenige Art des Denkens, Fühlens und äußerlichen Seins sich anzueignen, welche zur Bildung höherer Stände gehört und welche den dort Geborenen durch unbewußte Gewöhnung eigen wird. So klagte mir vor einigen Jahren einer meiner vorhin als Beispiel angeführten Freunde, wie er gar sehr und drückend die Mängel fühle, welche ich eben bezeichnet habe; er ist übrigens ein sehr tüchtiger und braver und ein verständiger Mann, welcher nicht das Unwesentliche für wesentlich, das Gleichgültige für bedeutend zu halten pflegt. Freilich in den höheren Ständen kommen auch Menschen vor, welche nie zum Adel des Denkens, zur Zartheit des Fühlens, zur Feinheit des Betragens sich erheben, wie man ihrem Stande nach erwarten sollte; einzelne Menschen in den niederen Ständen, auch wenn sie niemals aus denselben herauskommen, denken so edel, fühlen so zart, betragen sich so gefällig und angenehm, daß man sie lieben und ehren muß, wer solche Vorzüge zu entdecken und zu würdigen im Stande ist; aber sie sind seltene Erscheinungen. Können sich diejenigen, welche aus niederem Stande in höheren übergehen, diese inneren und äußeren Vorzüge nicht erwerben? — Sie können es; aber es gelingt Wenigen. Dieser Mangel ist aber von größerem Einflusse, als es bei oberflächlicher Betrachtung scheint. Wem es nicht gelingt, sich durch innere und äußere Bildung den höheren Ständen gleichzustellen, der wird im Umgange mit seinen jetzigen Standesgenossen stets eine gewisse Unbehaglichkeit empfinden und demnach einen wichtigen Theil des Glückes entbehren, den nämlich, sich heimisch zu fühlen, wo er heimisch ist.

Zweitens begegnet es auch wohl den Meisten, daß man sie vernachlässiget, weil man mit den Unbeholfenen nicht fertig zu werden weiß oder sich keine Mühe darum geben mag; ja oft genug gehen rohe Gemüther darauf aus, ihnen Verlegenheit, Beschämung oder anderes Kränkendes zuzufügen, und es gehören wiederum eigene Vorzüge dazu, diese Uebel zu überwinden oder zu ertragen, was sich nicht überwinden lässet. Gehöret das zum Glücke?

4. Diejenigen, welche sich in höheren Stand erheben und demnach in neue Verhältnisse eintreten, welchen der Stand ihrer Geburt fern ist, reißen sich äußerlich zunächst, nachfolgend meistens auch innerlich von den Banden der Verwandtschaft und des Blutes los. Das, mein Freund, ist denn für mich der hauptsächlichste Grund, welcher gegen das Uebergehen aus niederem Stande in höheren und fast eben so sehr gegen das Uebergehen aus höherem Stande in niederen in die Wage fällt. Wer aus seinem Stande heraus geht, wird von den Seinigen entfernt, äußerlich durch die Verhältnisse des Standes, innerlich durch das Gebiet des Denkens und Strebens, durch das Verhältniß der beiderseitigen Bildung und Beides hat Einfluß auf die gegenseitigen Gefühle: fremd wird er denen, welche ihm die Nächsten auf Erden sind, dem Vater und der Mutter, den Brüdern und Schwestern. Zwar hängen Gefühle nicht von äußeren Verhältnissen ganz ab; aber diese haben mächtigen Einfluß auf jene; zwar weiß man von Männern, die hoch erhoben wurden, hoch über den Stand ihrer Geburt, und die dennoch der Liebe und Ehrfurcht nie vergaßen, welche sie Vater und Mutter schuldig waren, und diesen ihren Kindessinn öffentlich bezeugten; aber warum erzählt man davon mit besonderer Hervorhebung? — Eben darum, mein Freund, weil es etwas Merkwürdiges, Seltenes ist, weil nicht alle Söhne, nicht alle Töchter, welche vornehmer als ihre Aeltern werden, die kindlichen Gefühle bewahrten, die Kindespflichten erfüllten; denn man weiß auch Beispiele genug, daß vornehm gewordene Kinder vornehm auf ihre Aeltern herabsahen, lieblos die Geschwister vernachlässigten, stolz an den Verwandten vorübergingen. Die

äußeren Verhältnisse sollen den Menschen nicht beherrschen, sollen ihn nicht umwandeln, nicht verschlechtern; aber hoher Stand, Macht, Reichthum schwellen so leicht das menschliche Herz mit Hochmuth und Härte, besonders den Emporkömmlingen; nur ein sehr edles Gemüth und ein sehr gediegener Sinn pflegt wie überall so bei denen, welche aus niederem Stand emporsteigen, vor diesen inneren Sinken zu bewahren. Und wie von der andern Seite? — Mit Freude und Stolz pflegen Aeltern der untern Stände, deren Kinder sich in höheren Stand erhoben haben, auf diese Kinder zu blicken, aber auch mit einer gewissen Ehrfurcht, und ihr Betragen zeigt eine gewisse Unterwürfigkeit an: sie sehen nicht Sohn oder Tochter in ihnen, sondern den vornehmen Mann, die vornehme Frau. Pfui! um Alles in der Welt möchte ich nicht, daß Vater und Mutter solche Gefühle gegen mich hätten, solches Betragen gegen mich beobachteten! Lieber niedrig und ein Knecht sein und dergleichen nicht haben als vornehm sein und dergleichen haben! Zwar sind nicht immer die Aeltern so; zwar tragen auch manche das Bewußtsein in sich, daß das Verhältniß zwischen Aeltern und Kind der Vornehmheit und Größe vorgehe; doch nicht selten findet Statt, was ich dir eben beschrieb.

5. Auch das kömmt hinzu, daß Aeltern geringen Standes gewöhnlich ihre Kräfte (hinsichtlich des Vermögens) überbieten müssen, um den Sohn empor zu bringen: sie schwächen sich, sie werden arm, trösten sich aber damit, daß des Sohnes Glück und seine Liebe ihnen Ersatz geben werde. Das Opfer aber ist zu groß, daß du selbst elend werdest, damit dein Kind äußerlich etwas mehr gewinne, kein wirkliches größeres Glück; denn das kann der Stand nicht geben; und es ist ein trauriges Hoffen, von des Kindes Gnade leben zu wollen! Und daß du dich nicht täuschest! daß du nicht die Liebe, die Dankbarkeit bei dem vornehmen Sohne vermissest! Ach, wie oft!

Dieses möchten die bedeutendsten Gründe sein, welche von der Wahl eines Standes abrathen, zu welchem die Geburt nicht bestimmt. Sie sind aber auch, deucht mir, bedeutend genug. Nicht aber deshalb habe ich zu dir von dieser Sache gesprochen, damit du selbst keinen höheren Stand wählest; denn du hast schon gewählt, dennoch nimm dir das Gesagte zu Herzen, damit du niemals Unzufriedenheit fühlen mögest, einem höheren Stande nicht anzugehören und denselben auch nicht gewählt zu haben. Ein jeder Stand hat seinen Frieden; ein jeder Stand hat seine Last!

Was ist denn eigentlich, das die Menschen nach oben treibt? — Es ist erstens die Meinung: daß dort das Glück wohne. Wer das Glück aber außen sucht, der wird es nie finden: in dir mußt du es tragen, dann wirst du es auch außer dir finden, aber nur dann! Zweitens aber und noch mehr ist es Eitelkeit und Hochmuth. Und nicht so sehr findest du diese Eitelkeit und diesen Hochmuth bei denen, welche selbst für den höheren Stand bestimmt werden, als bei denen, welche sie dafür bestimmen gleich den Aeltern. Prunken wollen sie mit ihren Kindern, sich vor Ihresgleichen hervorthun, sich wichtig fühlen durch das, was ihre Kinder geworden sind oder doch werden sollen. Das ist Hochmuth und zugleich die niedrigste Gesinnung, wahre Niederträchtigkeit; denn nicht, wer der Mensch ist, sondern was er ist, nicht der Mensch an sich, sondern sein Stand gilt ihnen etwas. So selbst mit ihren eigenen Kindern. Daher siehst du denn auch das erbärmliche Wesen, daß der Vater sich vor dem Sohne bückt, die Mutter vor der Tochter das Knie beugt. Pfui!

Und was ist der Erfolg, der Ertrag der älterlichen Mühen und Sorgen, der Ersatz für ihre Entbehrungen, der Preis des Ringens und Kämpfens, des Tragens und Duldens der Kinder? — Recht Viele aus niederem Stande, welche sich für einen höheren Beruf bestimmen, werden tüchtige, ehrenwerthe Menschen, wie ich davon vorhin schon einige Beispiele anführte; aber sage doch: sind sie glücklicher in diesem Stande, als sie es in dem geringeren gewesen sein würden? kann nicht auch das Handwerk und überhaupt jeder Beruf tüchtige Kräfte des Geistes beschäftigen? und bietet dieser Stand keinen Lohn für tüchtige Leistungen? Siehest du aber Beispiele von Tüchtigen, welche aus niederem Stande hervorgingen, so siehst du dagegen eben so vielle, vielleicht noch mehrere von Untüchtigen, welche besser gethan hätten, in ihrem Stande zu bleiben, ja lieber hätten abwärts als aufwärts steigen sollen; dort wären sie vielleicht achtungswerthe und geachtete Männer geworden durch ihre Leistungen wie durch ihre Gesinnungen; jetzt verdienen sie so wenig Achtung, als sie sie genießen. Obgleich ich dir viele Beispiele anführen könnte, so will ich doch davon abstehen. Es hält nicht schwer, sie zu finden; darum beobachte selbst!

Und was berechtiget, den Stand zu verlassen und den höheren zu erstreben? — Die Meisten, die es thun, nichts, gar nichts!! Nur ganz ausgezeichnete Kräfte berechtigen dazu, nur Kräfte, Anlagen, Fähigkeiten, welche Alles, was entgegen ist, überwinden können, nicht überwinden allein, sondern glänzend überwinden, welche Alles ausgleichen können, was uneben dabei ist, nicht ausgleichen allein, sondern völlig verschwinden machen. Diese Eigenschaften aber wirst du selten finden bei solchen Menschen: gewöhnlich sind sie nur ganz gewöhnliche Menschen, oft noch unter dem Gewöhnlichen. Wenn der Sohn nur mit einiger Leichtigkeit einen Vers, ein Lied oder dgl. auswendig lernt oder mit einiger Fertigkeit rechnet oder ein wenig klug thun kann und dgl., da heißt's gleich: der Junge muß studiren. Sticken, Zeichnen, Musiziren soll jetzt Alles lernen, und hat es ein Mädchen gelernt, da heißt es: es ist Schade, daß die schönen Geschicklichkeiten ungenutzt bleiben sollten: das Mädchen muß Erzieherin werden. So sagt man; Eitelkeit, Hochmuth ist die wahre Triebfeder. — Die meisten wirklich großen Männer sind es geworden, ohne es zu wollen oder zu beabsichtigen: sie thaten, was in ihrem Kreise und in ihrer Pflicht lag, so weit ihre Kraft reichte; das Großwerden und Berühmtwerden fand sich dann von selbst. Nur Einzelne haben von Anfang an das hohe Ziel im Auge gehabt; diese aber trugen das Bewußtsein in sich, daß sie dazu bestimmt seien. Der Erfolg bewies, daß es keine grundlose Thorheit, keine wahnwitzige Einbildung gewesen sei, sondern eine Wahrheit, welche in die Tiefe ihres Herzens eingegraben war und welche sie beurkundeten, sobald sie Gelegenheit fanden, ihre Kraft zu äußern. Nur große Eigenschaften, nur das tiefinnerliche Bewußtsein, wahrhaft Großes leisten zu können, berechtigen zum Ergreifen eines höheren Berufes. Bei wem nicht Beides ist, der bleibe davon! Täusche sich aber Niemand!

Weit hat diese Rede uns hinaus geführt über das eigentliche Ziel unserer Unterredung. Es handelt sich um die Wahl des Berufes; denke an das zurück, was ich zunächst darüber sprach, und schließe daran das Folgende.

Vierte Lehre.

Bleibe dem erwählten Berufe getreu und treibe ihn allein.

Ein altes derbes Sprichwort sagt: Schuster, bleibe bei deinem Leisten; auch ich gebe dir diese Lehre mit auf den Lebensweg: halte an dem Berufe, den du dir gewählt hast; treibe nicht zugleich andere Geschäfte zum Erwerbe. Von dem Geschäfte, welches du dir als eigentlichen Beruf erwählt hast, suche dein Brot zu essen: bist du Schuster, so treibe die Schusterei. bist du Schneider, so treibe die Schneiderei und suche dich davon zu ernähren. Es soll gewarnt werden, daß man nicht neben das Hauptgeschäft ein anderes setze oder gar dasselbe ganz mit einem anderen vertausche. Sehr hübsch drückt beides zusammen das angeführte Sprichwort aus: Schuster, bleibe bei deinem Leisten; durch das Wort deinem wird aber hervorgehoben, daß der eigentliche Beruf gemeint sei. Noch mehr aber liegt in dem Sprichworte wegen des Wortes bleibe; das nämlich bedeutet erstens das Festhalten am Berufe, das Treubleiben, dann aber auch das fleißige, anhaltende Arbeiten im Berufe.

Es soll hier gesagt sein, daß ein Jeder irgend einen Beruf haben und den als sein eigentliches Geschäft treiben und davon sein Brot essen soll; nicht aber soll damit gesagt sein, daß nun auch durchaus gar nichts weiter und gar nichts Anderes gethan werden solle, als was grade Sache des Berufes ist. Ich kenne z. B. einen Mann, der zwar nicht Schuster, nicht Schneider, noch überhaupt Handwerker ist, doch aber, wie natürlich, einen Beruf und Berufsgeschäfte hat, welche ihm sein Brot geben;

dieser gute Mann hat überhaupt manche Eigenheiten, aber auch die, daß er Jegliches, was nicht gerade seines Amtes ist, zu thun verweigert; er sollte irgend ein häusliches Geschäft verrichten, z. B. bei der Bestellung des Gartens thätig sein? so bewahre! das ist nicht seine Sache! das ist unter seiner Würde! — Seinem Berufe muß man zuerst obliegen; der geht allem Uebrigen vor, aber lebt der Mensch denn einzig und allein in seinem Berufe? hat er nicht auch andere Verhältnisse, Verhältnisse als Hausvater, als Hausgenosse, als Bürger u. s. w.? — Nun, auch diese Verhältnisse bringen ein und das andere Geschäft mit sich, besonders für denjenigen, welcher in den gewöhnlichen bürgerlichen Verhältnissen lebt oder dem bürgerlichen Stande angehört, und auch diese Geschäfte müssen gethan werden, wenn es anders im Hause wohlstehen, wenn nicht mancher Vortheil verloren gehen, wenn nicht manche Ausgabe, welche zu umgehen wäre, gemacht werden soll. Wollte z. B. ein Handwerker nur grade das thun, was zum Handwerke gehört, nichts darüber, nichts daneben, wie manche Ausgabe würde da erfordert werden, welche erspart wird, wenn der Hausvater dieses oder jenes kleine Geschäft zur Erhaltung des Hauses und zur Förderung des Hauswesens verrichtet. Und das geht recht wohl an; denn es wird mancher Augenblick (außer der eigentlichen Arbeitszeit) für solche Geschäfte übrig bleiben und selbst eine kleine Unterbrechung leidet das Berufsgeschäft wohl hin und wieder, wofern es nur sonst überhaupt mit Fleiß und Ordnung betrieben wird. Oder wollte ein Knecht, welcher für den Dienst bei den Pferden gemiethet ist, sich weigern, eine Handarbeit zu thun, oder ein Mädchen, welches für die Hausarbeit gedungen ist, unlustig und unfolgsam sein, wenn es hin und wieder auch zu Feldarbeiten bestellt wird (von beiden habe ich jedoch Beispiele gesehen!) was würde die Herrschaft sagen? würde sie einen solchen Dienstboten liebhaben? würde sie ihn im Dienste behalten, ihn mit lobendem Zeugnisse entlassen, ihm zu seinem Fortkommen behülflich sein? ich glaube nicht; denn mit welchem Maaße ihr messet, mit dem Maaße wird euch wieder gemessen! Wiederum aber warne ich, über die Nebendinge den eigentlichen

Beruf nicht zu vernachlässigen. Das Berufsgeschäft soll das Brot geben, die anderen Geschäfte aber etwa nur das Salz, welches im Hause gebraucht wird.

Demnach wirst du mich recht verstehen, wenn ich sage: bleibe bei deinem Berufe. Vergiß dich weder so weit, daß du den Beruf um anderer Dinge willen vernachlässigest, noch so, daß du neben den eigentlichen Beruf ein zweites Hauptgeschäft setzest, noch aber auch so, daß du dich mit deiner Thätigkeit einzig auf den Beruf beschränken, aber durchaus nichts Anderes thun wolltest. Vorzugsweise aber wollte ich auffordern, den eigentlichen Beruf in so weit ausschließlich zu treiben, daß kein zweiter oder dritter Beruf daneben gestellt wird. Und warum? — diesen eigentlichen Beruf verstehst du, sollst ihn wenigstens verstehen, und verstehst ihn wahrscheinlich besser als jeden anderen; jeder Beruf aber, sei er welcher er wolle, ernährt seinen Mann, wenn er mit Fleiß und Ordnung, mit Geschicklichkeit und Treue verrichtet wird; ein Beruf oder Stand führt freilich — dem Anscheine nach — leichter und sicherer zum Wohlstande, giebt mehr äußere Ehre als der andere; aber genügendes Brot, selbst behaglichen Wohlstand giebt jeder Beruf; die wahre Ehre aber geben tugendhafte Gesinnungen und tugendhafte Handlungen und äußere Ehre fehlt keinem Stande und keinem Menschen, so weit als nöthig ist, um sich ungekränkt und jedem anderen Menschen gegenüber als ein freier Mensch fühlen zu können. Vernachlässigest du aber deinen Beruf auf eine oder andere Weise, wie kannst du denn erwarten, daß er dir Brot gebe? Bald wirst du die rechte Lust, den ernsten Eifer in deinem Geschäfte verlieren; es wird Unordnung einreißen; du wirst schlechte Arbeit machen oder überall nicht zu Stande bringen, was von dir gefordert wird; der Schade wird und kann nicht ausbleiben. Zu bedauern sind diejenigen, welche sich mit einem Berufe nicht begnügen wollen und einen zweiten hinzunehmen, weil ihnen dasjenige, was sie nicht müssen, immer größeren Reiz hat als die pflichtmäßigen Geschäfte; sie werden immer von Einem zum Andern abspringen, nirgend Tüchtiges leisten, nirgend festen Betrieb, nirgend rechten Erfolg —

Brot — haben; zu bedauern sind sie, wenn sie bei ihrem Berufe meinen nicht hinlängliches Auskommen zu finden oder wenn sie nach höheren Dingen trachten als ihr Brot durch ihr eigentliches Berufsgeschäft zu erwerben. Man sieht Beispiele dazu besonders häufig in den kleinen Städten unsers Landes. Da will der Schuster oder Bäcker zugleich Ackerbürger oder Milchfuhrmann sein u. dgl.; was ist die Folge? — Bei den meisten tritt allmählige, bei einigen sehr schleunige Verarmung ein und zwar aus ganz natürlichen Gründen: das Eine vernachlässigen sie; das Andere verstehen sie nicht und treiben es gleichfalls nicht recht; dort verlieren sie; hier gewinnen sie nicht so viel, als sie dort verlieren, — und die Folge ist Verarmung. Ich sage: bei den Meisten; denn nicht Alle werden gerade arm; aber selten wird Einer dadurch reich oder nur wohlhabend, reicher oder wohlhabender, als er früher war. In der Stadt L., in welcher ich mich früher einige Jahre aufhielt, lebte ein Bürger zu der Zeit hauptsächlich vom Ackerbau; es ging ihm kläglich; vorher hatte er sein Handwerk betrieben und war in Wohlstand, in ansehnlichem Wohlstande gewesen. In derselben Stadt wohnte in meiner Nähe ein anderer Bürger, den ich öfter sah; die Armuth war sichtbar: sein Pferd war mager, sein Wagen gebrechlich, sein Anzug ärmlich; er war vorher Handwerker gewesen wie der andere, hatte aber nur ein schmales Auskommen gehabt; um sich zu verbessern hatte er Fuhrwerkerei angefangen und war nun ärmer als vorhin. — Glaube nun nicht, mein Freund, daß nur auf diese beiden Arten, welche ich namentlich angeführt und mit Beispielen belegt habe, Verarmung herbeigeführt werden könne; nein, glaube mir: auf jegliche Art, wo einer von seinem Berufe ganz oder nur theilweise abgeht, kann es geschehen und geschieht es gewöhnlich!

Was aber thun, wenn man auch für mäßige Ansprüche und Bedürfnisse nicht das Genügende erschwingen kann oder wenn man nur ein starkes Verlangen hat, mehr zu erwerben als der Beruf giebt? — Zur ersten Frage: treibe deinen Beruf nur mit solchem Ernste und solcher Geschicklichkeit wie Andere, so wirst du eben so gut dein Auskommen haben wie jene.

Aber das ist es: gewöhnlich fehlt entweder die rechte Lust oder auch die erforderliche Geschicklichkeit; darum habe ich dir vorhergehend die Lehre gegeben: lerne etwas in der Jugend und lerne es gut, ermahne dich aber hier zu Fleiß und Betriebsamkeit. — Du hast nun vielleicht in der Jugend die nöthige Geschicklichkeit nicht erworben; so hole jetzt nach, was du damals versäumet hast; lerne, was dir fehlt und du wirst auch so gut arbeiten lernen wie Andere und auch so gut Brot haben wie sie. Zum Lernen ist der Mensch nie zu alt; nur geht es in den späteren Jahren meistens schwerer als in den jüngeren; aber der Mensch lernt nie aus; darum muß er doch immer hinzulernen; darum kann er auch immer hinzulernen. Beschwerlich ist dieser Weg; aber er ist der sichere Weg zum Glücke; leichter, lockender scheint jener Weg, wo man einen Beruf ergreift, zu dem keine eigenthümliche Geschicklichkeit zu gehören scheint; aber was hilft es, wenn dieser Weg nur sicherer und tiefer in's Unglück führt?

Zur zweiten Frage: willst du mehr erringen als Andere, so leiste mehr. Bist du z. B. Handwerker, Schuster oder Schneider, Weber oder Sattler, so liefere nur bessere Arbeit als die übrigen Meister und du wirst sehen, wie die Kunden dir zuströmen, wie die Kästen und Kisten sich füllen, wie der Wohlstand wächst. In kleinen und großen Städten habe ich Handwerker gesehen, welche allein durch ihr Handwerk, obgleich sie arm angefangen hatten, reich geworden waren; auf dem Lande kenne ich arme und wohlhabende Tagelöhner, Büdner, Bauern. Es gehört aber dann zweitens dazu, daß das Erworbene nicht durch Aufwand wieder verthan werde, und drittens, daß der gute Arbeiter nicht zum Pfuscher werde. Zu beiden verleitet Manchen der Uebermuth: den Einen führt er zur Verschwendung, den Anderen zur Gleichgültigkeit, Unordnung, Unaufmerksamkeit, auch wohl zu hochmüthigem Betragen: der Eine giebt das Eingenommene leichtsinnig aus und behält nichts; der Andere verliert die Kundschaft und nimmt nichts mehr ein. Oft ist beides zusammen. Bleibe bei deinem Leisten, sagt das Sprüchwort, d. h. treibe dein Geschäft, wie es getrieben werden muß, vernachlässige nichts; es liegt aber auch darin, wie unsere Lehre lautet: bleibe deinem Berufe getreu!

Fünfte Lehre.

Treibe Jegliches mit Ernst und Eifer.

Welchen Beruf du erwählen magst, du wirst durch keinen zum Glücke gelangen, wenn du ihn nicht treibst, wie du sollst; treibst du aber deinen Beruf, wie er getrieben werden muß, so sei um dein Glück unbesorgt; äußere Wohlfahrt wenigstens ist dir gewiß. In den folgenden Lehren will ich dich nun an das Wichtigste erinnern, was zum rechten Betriebe jedes Berufes erfordert wird. Du wirst hier aber dieselben Lehren wieder hören, welche du von Lehrern und Aeltern gewiß schon öfter gehört hast. Sei dir das ein Beweis, daß sie Recht hatten und daß ich Recht habe.

Die erste Lehre über das Verhalten in deinem Berufe ist: treibe Jegliches mit Ernst und Eifer. Ich hätte mit ungefähr gleichem Sinne sagen können: arbeite mit Lust und Liebe zur Sache und hätte dadurch an das Sprichwort erinnert: Lust und Liebe zum Dinge macht Arbeit und Mühen geringe; so wollte ich aber nicht sagen; denn es könnte ja Einer oder der Andere sein, der keine Lust und Liebe zur Sache hätte und ich müßte nun erst beweisen, daß auch die Liebe zu Geschäften, denen wir uns auch wider Willen widmen mußten, doch größten Theils Sache unseres eigenen Willens sei (vgl. S. 83. und 84.), deshalb wählte ich lieber den Ausdruck: mit Ernst und Eifer, weil nämlich näher liegt, daß Beides von unserm Willen abhängt.

Mit Ernst nun treibt der Mensch seine Sache, wenn er seine Gedanken ausschließlich auf dieselbe richtet und also darauf ausgeht, sie gehörig, gut, in bester Art zu beschaffen. Mit Eifer treibt er sie, wenn er die Kräfte, welche vom Geschäfte erfordert werden, darauf verwendet, so viele er dazu irgend hat. Ob das nun nützlich und förderlich sei, ob man dadurch geschickt in seinem Fache werde, ob man damit leiste, was gewünscht wird, was gefällt, was uns und unsere Arbeit gesucht macht, was also zum Erwerbe hilft, soll ich dir das noch aus einander legen? —

Der Mensch müßte ja durchaus gar kein Geschick haben, der seine volle Aufmerksamkeit und alle seine Kraft auf eine Sache richtete und sie doch nicht begreifen noch machen oder handhaben lernte! Nein, mein Freund, darüber rede ich kein Wort mehr. Darauf möchte ich dich aber aufmerksam machen, wie es so viele Menschen bei ihren Geschäften an diesem Ernste und diesem Eifer fehlen lassen. Gehe umher in die Werkstätten der Handwerker und auf das Feld des Ackerbauers, tritt in die Küche und Kammer bei den Hausfrauen und Mägden, tritt in die Lehrzimmer der Schulen und siehe, ob du hier nicht Einen lässig arbeiten, dort Einen ganz müßig, hier Einen mit halber Aufmerksamkeit oder sichtlicher Zerstreutheit, dort Einen ganz gedankenlos dahin schlendernd sein Werk treibend finden wirst; ist's nicht der Meister, so ist's der Gesell oder Bursche, ist's nicht der Herr, so ist's der Tagelöhner oder Knecht, ist's nicht die Frau, so ist's die Magd, ist's nicht die Magd, so ist's einer unter den Schülern. Das ist nicht schön, es ist aber so.

Hindert das am Wohlergehen? Ei, kennst du denn das Sprichwort nicht: den faulen Knecht Niemand begehrt, den fleißigen Jedermann ehrt? Siehe, da hast du es schon! Freilich findet ein fauler Knecht, ein träger Gesell, ein gedankenloser Arbeiter wohl einen Herren, Meister und Arbeit; aber wie der Herr, so der Knecht und wie der Knecht so der Herr! Glaubst du, daß der als faul, als tagediebisch erkannte Arbeiter von einem guten Herrn angenommen oder lange behalten werde? Er muß wandern von Stelle zu Stelle, von Ort zu Ort, vom guten Herren zum schlechteren und immer schlechteren; er findet immer einen Herren, aber einen solchen, der keine Leute finden oder halten kann, zu dem die guten nicht kommen, bei dem die besseren nicht bleiben. Nun wohl dem, der sich da am rechten Orte fühlt! Wie man's treibt, so geht's! Da giebt es oft Hunger und Durst, Unsauberkeit und Nacktheit, lieblose, ungerechte Behandlung, Arbeit bei Tag und bei Nacht und am Ende des Jahres geringen Lohn, oft keinen! Magst du das? kannst du dich dabei rechtschaffen in Kleidung erhalten, etwas erübrigen? kannst du dabei gesund bleiben? — Nun, so hüte dich dahin zu kommen, d. h. treibe deine Sache mit Ernst und Eifer! So treibe sie in den Schul- und Lehrjahren, so treibe sie in den Dienst- und Wanderjahren, so treibe sie als Herr, so treibe sie als Frau, so treibe sie in jedem Verhältnisse dein ganzes Leben lang! Wer sie so treibt, der wird Segen davon haben, er sei, wer er wolle, er arbeite auf dem Lande oder in der Stadt, in seinem eigenen Brote oder in fremdem Dienste! Wer sie aber nicht so treibt, der wird keinen Segen haben, er thue, was er wolle! denn, wer nicht säet, der erntet nicht. — Von früh an, will ich nochmals sagen, gewöhne dich, mit Ernst und Eifer zu arbeiten! denn alles ist Gewohnheit an und in dem Menschen, das Gute wie das Schlechte, der Fleiß wie die Trägheit, das Nachdenken wie die Gedankenlosigkeit. Gewöhne dich früh zum Besten, so wird es dir nachher leicht, so wird es dir bald leicht! Je mehr du arbeitest, nicht bloß zum Schein (um zu arbeiten, wie man im gemeinen Leben sagt, — um von den Leuten gesehen zu werden, wie die heilige Schrift sagt), sondern um wirklich etwas zu beschaffen, desto besser wird dir Alles gelingen, desto beliebter, desto glücklicher wirst du durch deine Leistungen sein; fürchte nicht, daß du immer arbeiten müssest, wenn du willig arbeitest; den faulen Knecht treibt man, den fleißigen läßt man sich selbst treiben! und müßtest du wirklich mehr arbeiten als Andere neben dir oder als anderswo üblich ist, — laß' dich's nicht verdrießen: du übst dadurch deine Kräfte desto mehr und gewöhnst dich desto mehr zur Ausdauer. Kurze Zeit ist es ja, daß du für Andere arbeitest; bald arbeitest du für dich selbst in deinem eigenen Geschäfte und wie gut, wenn du dann recht viel, recht ausdauernd arbeiten kannst! und müßtest du wirklich lebenslang, z. B. als Tagelöhner, fremde Arbeit verrichten, ist's denn so großes Unrecht, von dir zu verlangen Alles, was du thun und leisten kannst; und was hast du für Recht, dies zu verweigern, dich zu beschweren, wenn du das Vermögen zur Arbeit hast? der Mensch kann meistens dreimal und wohl zehnmal mehr, als er gewöhnlich leistet. Wie aber die Arbeit, so der Lohn; wie der Mensch säet, so erntet er! Darum treibe Jegliches mit Ernst und Eifer!

Diese Worte schließen im Grunde noch viel mehr ein, als wir bisher daraus genommen haben. Im Folgenden gebe ich eine Reihe von Lehren, wie man arbeiten solle; prüfe aufmerksam, so wirst du finden, daß sie alle aus den Worten: mit Ernst und Eifer etwas treiben, abgeleitet werden können. So sind denn die folgenden Lehren gleichsam eine nähere Erläuterung der eben ausgesprochenen.

Sechste Lehre.

Arbeite mit Nachdenken.

Das ist's ja, was den Menschen zieret und dazu ward ihm der Verstand, daß er im tiefsten Herzen spüret, was er erschafft mit seiner Hand! So ruft ein herrlicher Dichter. Und er fährt fort: den schlechten Mann muß man verachten, der nie bedacht, was er vollbringt! Was sagst du dazu, mein Freund: hat der Dichter Recht oder hat er Unrecht? — Nein, er hat vollkommen Recht: die höheren geistigen Gaben, das Denken, Urtheilen, Unterscheiden bis in das Genaueste und nach den kleinsten Theilen, das ist der Vorzug, wodurch sich der Mensch von den übrigen lebenden Geschöpfen unterscheidet. Freilich den eigentlichen sondernden Unterschied zwischen Mensch und Thier macht erst die Erkenntniß und Anbetung Gottes, zu welcher nur der Mensch, kein anderes Geschöpf auf Erden sich erheben kann; freilich haben einzelne Gattungen unter den Thieren geistige Kräfte, welche uns in Erstaunen setzen; aber auch durch seinen Verstand, durch die Schärfe, die Tiefe und den Umfang desselben unterscheidet sich der Mensch wesentlich und deutlich vom Thiere. Das wirst du, mein Lieber, in der Schule oft genug und ausführlicher gehört haben, als ich es hier darstellen kann, doch mußte ich diesen Gegenstand auch hier mit wenigen Worten berühren, um der Lehre, welche ich dir zu geben beabsichtige, mehr Nachdruck zu geben.

Arbeite mit Nachdenken, fordere ich von dir und fordere dich dadurch auf, dich des Vorzuges vor den niederen Geschöpfen, mit welchem dich Gott beschenkt hat, stets bewußt zu sein, von demselben stets Gebrauch zu machen und demnach bei allen Geschäften, bei Allem, was du unternimmst, dich als denkenden Menschen zu beweisen. Das bist du dem Geber der guten Gabe schuldig; denn sie gebrauchen und recht gebrauchen, ist Dankbarkeit gegen Gott; sie nicht gebrauchen, sie mißbrauchen, ist Undank. Du bist es dir aber auch selbst schuldig; denn brauchest du die geistigen Gaben nicht, welche dich vor den niederen Geschöpfen auszeichnen und dich über dieselben erheben, so bist du auch nicht besser als jene. Du bist es dir aber auch schuldig um deines Fortkommens willen. Glaube: wer sein Geschäft mit Nachdenken treibt, der treibt es besser als der Gedankenlose; je besser aber der Mensch sein Geschäft treibt, desto besser gelingt es und desto mehr gereicht es ihm zum Vortheile.

Ich könnte dir nun eine Schilderung machen, wie manche Menschen bei ihren Geschäften ihre Denkkraft gleichsam ganz verleugnen, wie sie ohne Ueberlegung daran gehen, ohne Nachdenken darin fortfahren, ohne prüfenden Rückblick davon gehen; doch lieber will ich erläutern, warum Nachdenken zu Allem erforderlich sei, was Menschen vornehmen, und zu zeigen suchen, wie man mit Nachdenken arbeitet.

Warum nachdenken bei Allem? — 1. Um zu wissen, ob wir überhaupt das Rechte thun oder Unrechtes. Zwar für den, welcher des Erwerbes wegen arbeitet, scheint die Wahl dessen, was er thun will, immer schon von selbst gegeben oder bestimmt zu sein: er muß gerade das thun, was ihm aufliegt oder vorliegt, der Knecht, der Tagelöhner arbeiten, was ihnen aufgetragen wird, der Handwerker, was bestellt ist; aber grade der Handwerker hat doch gewöhnlich mehrere bestellte Arbeiten; ein Schneider z. B. hat ein Kleidungsstück von hellem, ein anderes von dunklem Zeug in Arbeit zu nehmen, für den Abend, wo bei künstlichem Lichte gearbeitet werden muß, das hellere zurück zu legen. Ein Knecht z. B. wird mit Pferd und Wagen ausgeschickt; er jagt gleich rasch darauf los und die Pferde ermüden ihm und er kömmt langsam zur Stelle; hätte er langsam angefangen, dann den Weg beschleuniget, so würde er rasch zur Stelle gekommen sein, ohne die Pferde zu ermüden. So findet sich bei jedem Berufe, bei jedem Geschäfte Vortheil und Nachtheil, welchen man durch klügeres oder durch weniger kluges Verfahren zu Wege bringt. Also schon darum ist Nachdenken nothwendig, damit wir wissen, ob wir das Rechte thun.

2. Um uns die Arbeit zu erleichtern, die Arbeit also zu beschleunigen und also mit gleichen Kräften und gleicher Anstrengung und in gleicher Zeit mehr zu beschicken. Ich sah es einst an, wie der Tisch zum Essen von einem Mädchen gedeckt wurde; die Hauptsache war endlich gethan, nachdem eine große Zahl von Gängen gemacht worden war; ich ward aufmerksam, und zählte, wie viele Gänge noch gemacht wurden, um die ganze Sache zu Stande zu bringen; die Hauptsache war, wie gesagt, gethan, und ich zählte noch sechs Gänge; nach beendigter Mahlzeit fingen drei Frauenzimmer zugleich an, den Tisch abzuräumen und mit einem Male nahmen diese Alles fort, so daß der Tisch bloß da stand. Vergleiche! Urtheile! So im Kleinen; ebenso im Großen. Das Nachdenken soll zuweilen ein Vordenken sein. Ein Schlösser — ein Beispiel aus den letzten Tagen — war auf's Land gegangen, um zu irgend einer Sache Maaß zu nehmen; er ward aber auch in einem anderen Hause zu einer Arbeit, nämlich dem Oeffnen eines Schlosses, aufgefordert, hatte jedoch die dazu nöthigen Werkzeuge nicht bei sich; es schien einem Zeugen also recht, ihm zu sagen, daß er immer, wenn er zu Land gehe, ein und das andere Werkzeug, namentlich Dieteriche, bei sich führen müsse, um in Fällen wie der genannte, das Verlangte leisten zu können und — Verdienst zu haben.

3. Nachdenken ist drittens bei der Arbeit nöthig, damit sie gut werde. Meinst du, daß alle Menschen, welche dasselbe Geschäft treiben, gleichgut arbeiten? — Der Eine hat mehr Geschick als der Andere. Woher aber das größere Geschick? — Das hat er durch die Aufmerksamkeit, welche er Jeglichem widmet, durch das Nachdenken, womit er Alles betreibt. Meinst du, daß irgendein Geschäft kein Nachdenken, keine Aufmerksamkeit, keine Ueberlegung erfordere? — Es giebt kein solches; nicht das einfachste und alltäglichste kann ohne Hülfe des Geistes gethan werden. Möge der Landmann das Feld bestellen,

der Zimmermann das Haus bauen, möge der Tagelöhner dreschen oder pflügen, der Knecht fahren oder eggen, die Magd waschen oder spinnen, — zu Allem gehört Ueberlegung, Aufmerksamkeit, Nachdenken. Ein Knecht z. B. egget; er ist angewiesen, wo, wie und in welcher Zeit er es thun solle; arbeitet er nun bedachtsam, so fängt er auf dem entferntesten Theile des Stückes oder Feldes an, nimmt zuerst die trockneren, dann die feuchteren Stellen, richtet sich so, daß er nicht zu kurze, nicht zu lange oder nicht anfangs nur kurze, nachher nur lange Wendungen habe, beobachtet den Zug des Windes, arbeitet rascher, wo es leicht, langsamer, wo es schwer geht, arbeitet anfangs weder zu rasch noch zu langsam, damit er weder früh noch spät die Pferde übertreibe. Das sind aber lauter Dinge, welcher Jeder von selbst weiß, der die Sache nur irgend unter Händen gehabt hat! — Richig, mein Lieber; Jeder sollte sie wenigstens wissen; aber gehe nur auf das Feld und siehe zehn Knechte eggen so wette ich, du wirst einen darunter sehen, der nicht so thut, wie gethan werden soll; vielleicht ist er noch zu unerfahren; vielleicht aber und viel wahrscheinlicher fehlt es an dem, ohne welches keine Arbeit gethan werden sollte, am Nachdenken. So kann jeder Arbeiter sein Geschäft besser oder schlechter betreiben; arbeitet er für Andere, so werden sie leicht erkennen, wie er seine Sachen macht, und er wird entweder ein beliebter oder unbeliebter, ein gesuchter oder ungesuchter Arbeiter sein, wird vielleicht Brot haben, vielleicht auch nicht, vielleicht einen guten Dienst, vielleicht einen schlechten; arbeitet er aber in seinem eigenen Geschäfte, so kann der Schade nicht ausbleiben, wenn er nicht arbeitet wie er arbeiten soll; aber der Vortheil bleibt auch niht aus wo gut, d. h. mit Nachdenken gearbeitet wird. Darum, mein Freund, willst du deinen Erwerb künftig sichern, so fange schon jetzt in jungen Jahren an, Alles, was du treibst, auch das Kleinste und Einfachste und Gewöhnlichste, mit Nachdenkn zu treiben. Du wirst da Manches sehen, was du bis dahin nicht sahest, Manches erkennen, was dir bisher verborgen war, Manches anwenden, was du noch nicht thatest, Manches unterlassen, was du bisher für gut hieltest: du wirst richtiger, leichter, vollkommner arbeiten, auf jeden Fall aber für dein Glück arbeiten! Deshalb arbeite mit Nachdenken!

Siebente Lehre.

Arbeite unverdrossen.

Unverdrossen zu arbeiten ermahnte ich schon, wo vom Ernst und Eifer im Arbeiten die Rede war. Da gab es Gelegenheit zu unverdrossenem Arbeiten aufzufordern für den Fall, daß Herren, oder überhaupt Befehlende, schwere anhaltende Arbeit fordern. Noch wichtiger ist Unverdrossenheit bei der Arbeit, wenn das Schwierige, Ermüdende, Lähmende in der Sache selbst liegt, welche wir vorhaben, und unsere Kräfte kaum genügen wollen. Bei Geistesarbeiten will manchmal das Verstehen, das Begreifen nicht kommen; Manches will nicht in das Gedächtniß hinein und glaubt man es endlich inne zu haben, so ist's doch wieder entfallen oder sitzt nicht fest, oder ist nicht bestimmt und lebendig im Gedächtnisse vorhanden; da findet sich denn der Ueberdruß, ein gewisses Mißfallen an der Sache, ein gewisses Zürnen mit uns selbst; da aber ist es Zeit, dich zu bewachen, dich zur Unverdrossenheit zu ermahnen; denn lässest du nach, so verlierst du leicht die Lust zur Sache ganz, lässest sie liegen, machst sie dir also nicht zum Eigenthume und entbehrst also etwas, was angenehm, nützlich oder nothwendig ist; die noch schlimmere Folge aber ist die, daß du dich vielleicht gewöhnst, etwas unbeendigt zu lassen, von einer Sache zur andern abzuspringen, am Ende also wohl von vielerlei Dingen etwas verstehst und kannst, aber von keinem Dinge viel, kein Ding ganz. Der Mangel an Unverdrossenheit bewirkt bei gar Manchem diese traurige Folge; der aber schließt sich unmittelbar die andere traurige Folge an, daß es dann mit dem Fortkommen nicht recht geht, wenn man nichts recht, also überhaupt nichts versteht.

Nicht weniger ist Unverdrossenheit nöthig bei körperlicher Arbeit. Auch die will nicht immer von Statten gehen, wie wir es wünschen; auch die will nicht zu Ende kommen, sobald wir es wünschen. Sollen wir aufhören, wenn wir das finden? — Nein, durchaus nicht; unverdrossenes Arbeiten wird uns dennoch die Schwierigkeit überwinden lassen; unverdrossener Wille erhält die Kraft lebhaft und frisch; lässest du aber die Arbeit liegen, so geschieht es zu deinem Schaden, wenn du in eigener Arbeit stehst, oder du wirst getadelt, wenn ein Fremder dir die Arbeit anwies; in jenem Falle entgeht dir der Verdienst, in diesem der Dienst früher oder später oder doch das Vertrauen, die Gunst des Herren; der Nachtheil und zuletzt die Reue ist immer gewiß.

Nur in einem Falle möchte zuweilen Abgehen von der Arbeit erlaubt sein, wenn sich Verdrossenheit einstellt; das ist nämlich bei geistigen Arbeiten, weil da ein verdrossener Geist gleichsam stumpf, ganz zur Sache unfähig wird, nichts ausrichtet und sich also vergeblich abmühet. Wenn dem so ist, so rathe ich für den Augenblick zwar die Arbeit einzustellen, aber auch nur auf einen Augenblick, d. h. auf sehr kurze Zeit, unterdessen aber nichts Anderes zu ergreifen, sondern unmittelbar zu derselben Arbeit zurück zu kehren. Noch mehr aber rathe ich, allen Gefühlen dieser Art ihren Einfluß zu benehmen, oder vielmehr sie selbst nicht zu dulden, sondern durch strenge Selbstbeherrschung alles an sich Ungebührliche und in seinen Wirkungen Schädliche abzuhalten, wenn es kommen will, zu entfernen, wenn es sich eingewohnt hat. Und das wird eben dadurch geschehen, wenn man thut, was ich erst anrieth, nämlich, daß man immer zu derselben Arbeit zurückkehrt. Sollte Einer bei körperlicher Arbeit — was ich aus eigener Erfahrung nicht beurtheilen kann — auch gleichsam ein Unfähigwerden (bei wirklicher Ermüdung oder Erschöpfung der Kräfte) wahrnehmen, so wird er dasselbe zu beobachten haben, was für den, mit Geistesarbeiten Beschäftigten gesagt ist. — Es ist also nöthig und gut, unverdrossen zu bleiben, schädlich, aber auch zugleich schimpflich, verdrossen zu werden; daher also: arbeite unverdrossen.

Ein ermunterndes Beispiel möge hinzugefügt werden. Mein Vater hatte ehedem einen alten Mann als Ochsenhirten, der im Sommer bis zur Ernte bequeme Tage hatte, im Winter aber hatte er nicht allein eine ziemlich große Anzahl von Ochsen, sondern auch eine Menge junger Pferde zu warten, — was wohl reichlich Mannes-Arbeit war; Koch aber, so hieß der Alte, war immer in guter Ordnung und wenn es hieß: Koch, er muß noch dies oder das thun, so war er immer bereit und flink bei der Hand und hatte auch immer noch die Zeit dazu übrig. So viel vermag Fleiß, Regsamkeit und guter Wille! Nie habe ich den Alten verdrossen zu oder bei der Arbeit gesehen, er war überhaupt stets heiter.

Achte Lehre.

Arbeite anhaltend und ausdauernd.

Diese Lehre soll dich abhalten, daß du nicht leicht, nicht ohne Grund von einer Sache zur anderen abspringest, und dich ermahnen, jede einmal angefangene Sache bis zur Vollendung durchzuführen, nicht eher zu der zweiten überzugehen, ehe du die erste gänzlich abgethan hast, es müßten denn dringende Umstände dich zwingen, oder die Zeit der nothwendigen Ruhe eintreten; ferner soll diese Lehre ermahnen, jede Sache in möglichst kurzer Zeit zu beendigen, soweit Zeit und Kräfte es irgend gestatten. Nichts führt leichter zum Ueberdrusse am Arbeiten, also zur Trägheit, zum Müßiggange, zur Tagedieberei, nichts — es sei denn Müßiggang überhaupt und Trägheit — hält die Beschickung der Geschäfte mehr auf als das öftere willkürliche Unterbrechen der Arbeit, als das Abspringen von einer Arbeit zur anderen; nichts dagegen erhält den rechten Sinn für die Arbeit besser, nichts fördert das Geschäft mehr als anhaltender, ausdauernder Fleiß. Sehr nöthig ist es, gegen jene Fehler — nämlich öfteres willkürliches Unterbrechen der Arbeit und Hin- und Hergehen zwischen verschiedenen Arbeiten — zu warnen. Mancher fängt die Arbeit mit großem Eifer an; aber bald schwindet der Reiz der Neuheit, er fühlt halb und halb ein Bedürfniß nach Ruhe, will einmal aus der Thür sehen oder dies oder das thun, was nicht lange aufhalten soll, und er legt den Hobel oder Nadel, die Feder oder das Buch nieder; ehe er sich's aber versieht, ist der Tag dahin und gethan ist wenig; Mancher fängt in der einen Stunde Eins, in der anderen Stunde ein Anderes an; er möchte gern viel beschaffen und es ist so viel und mancherlei zu thun, daß er nicht weiß, was er zuerst angreifen soll: Dies möchte er gern fertig haben und auch Jenes bald beschicken; so geht er bald an diese, bald an jene Arbeit und vollendet keine. Und das Uebel bleibt für Beide selten aus: sie verlieren die rechte Lust zur Arbeit und bringen es nie zu einer rechten Kunst im Arbeiten! Auch das Arbeiten an sich ist eine Kunst.

Was nun thun, damit man diese Fehler nicht annehme oder sie ablege, damit man also anhaltend und ausdauernd arbeiten lerne? Zuerst mache es, wie bei jedem Fehler geschehen soll: suche zu erkennen nicht allein, wie unwürdig es ist, sie zu haben und nicht abzulegen, wenn man sie entdeckt, sondern auch, welchen Nachtheil sie bringen. Berechne dir, wie viele Zeit du gewinnst oder verlierst, je nachdem du anhaltend bei einer Sache arbeitest oder die Arbeit unterbrichst und entweder die Zeit ganz verlierst, oder zum Theil, indem du zwischen mehreren Arbeiten wechselst, wie vielen Schaden es bringt, keine Sache zu Stande zu bringen, wie vielen Nutzen, nach einander alle zu beseitigen oder zu vollenden. Damit diese Rechnung dich nicht trüge, so nimm nur zwei Tage und gleich viele Stunden, arbeite am ersten Tage nur an zwei verschiedenen Sachen unter öfterem Wechsel, am andern aber ohne Unterbrechung und ohne Wechsel an einer Sache allein; wahrscheinlich findest du dann, daß du am zweiten Tage mehr zu Stande bringst als am ersten; zweitens, nimm immer zuerst die Arbeit vor, welche dir am meisten Vergnügen macht, verhältnißmäßig am leichtesten ist und am schnellsten sich vollenden lässet, und so gehe allmälig zu der schwereren und immer schwereren über; fordern aber dringende Umstände, daß eine Sache durchaus eher gethan werden muß als jede andere, und kann also nicht nach Belieben zwischen dem Leichteren und Schwereren gewählt werden, so greife sie immerhin an und arbeite mit unverwandtem Blicke, so lange die Kräfte nicht versagen so lange die Zeit es zulässet, so lange, bis du vollendet hast: wenn du sitzest, so stehe nicht auf, wenn du stehst, so gehe nicht umher, ohne dich zu fragen: warum? wozu? und die Antwort wird dich wahrscheinlich wieder an den Platz bringen; denn sie wird lauten: um nichts, zu nichts. Drittens will ich dir noch das

Mittel empfehlen, wodurch ein berühmter Mann, Namens Strombeck, sich zur Ausdauer anhält. Er schreibt, er habe bei schweren, ausgedehnten Arbeiten sich immer vorgerechnet: so und so viel hast du schon gethan, so und so viel hast du nur noch nach, und da habe ihn denn die Freude, schon viel gethan zu haben, und die Hoffnung, bald zu vollenden, ermuntert und gestärkt. Ein Anderer macht es grade umgekehrt; er denkt immer daran, wie viel noch zu thun übrig sei und wie lange Zeit er schon gearbeitet habe, ohne doch die Sache abzuthun, und so befeuert ihn denn auch diese Betrachtung zu lebhafter und anhaltender Anstrengung. Wähle, was dir am besten gefällt. Viertens, gewöhne, gleich, ohne Zögern am Morgen, gleich, ohne Zögern nach jeder unwillkürlichen Unterbrechung zur Arbeit zu greifen. Mancher Mensch verliert schon viele Zeit, ehe er überhaupt zur Arbeit kömmt; die frische Lust und der gediegene, feste Ernst geht aber so leicht mit verloren und vollenden kann man gewiß nicht, ohne anzufangen. Man kann nicht zweien Herren dienen, nicht zugleich arbeiten und der Ruhe pflegen, nicht zugleich arbeiten und Geist oder Auge anders wohin richten. Darum arbeite anhaltend und ausdauernd.

Neunte Lehre.

Arbeite unermüdlich.

Es ist Schwachheit, bei der Arbeit leicht zu ermüden, aber auch ein wirklicher Fehler. — Des Menschen Kräfte haben ein Maaß; er bedarf der Ruhe, des Schlafes, der Erholung, der Stärkung. Daher kann es nicht meine Meinung sein, dich aufzufordern, daß du ununterbrochen Tag und Nacht arbeiten sollest; aber die Aufforderung, unermüdlich zu arbeiten, hat dennoch einen verständigen Sinn. Das Ermüden bedeutet eine Abspannung, ein Nachlassen der Kräfte, sowohl der geistigen als der körperlichen; daher das Bedürfniß und Verlangen nach Ruhe und Schlaf, nach Speise und Trank zur Erholung und Stärkung. Später tritt Ermüdung ein für den kräftigen und lebhaften und eifrigen Menschen, früher für den schwachen und schlaffen, aber auch für den unlustigen und trägen. Du z. B.

hast einen lebhaften und kräftigen Geist und zugleich einen kräftigen und geschmeidigen Körper; du kannst daher deinen Kräften nach und ohne Nachtheil für die Gesundheit viel und lange arbeiten; du kannst auch, wenn du willst, dich mit wenigen Stunden Schlafes behelfen und wohl einmal des Schlafes ganz entbehren, kannst das auch allenfalls eine Zeitlang fortsetzen, ohne dich sehr angegriffen zu fühlen oder deiner Gesundheit ernstlich zu schaden. Solche ungewöhnliche, übermäßige Anstrengungen fordere ich nun allerdings nicht, nicht für immer, wenn ich sage, du sollest unermüdlich arbeiten; aber ich meine, du sollest eine geraume, angemessene Arbeitszeit hindurch ohne Ermüdung arbeiten, d. h. weder eine zu kurze Arbeitszeit dir ansetzen, noch während derselben irgend lässig arbeiten, als wärest du schon ermüdet, auch in den letzten Stunden nicht lässiger als in den früheren, sondern so lange du arbeitest, mit gleicher Lebhaftigkeit und Kraft arbeiten.

Einen festen Maaßstab, welcher für Alle und für Alles paßt, kann es in dieser Hinsicht nicht geben; denn verschieden sind ja die Menschen und ihre Kräfte, verschieden die Geschäfte und die Anstrengung, welche sie fordern; daher also auch verschieden die Arbeitszeit. Ein allgemeiner Maaßstab kann etwa folgender sein. So lange du fühlst, daß deine Kräfte nicht wirklich nachlassen und versagen, so lange kannst und sollst du arbeiten, nicht auf den ersten Anflug von Müdigkeit die Arbeit niederlegen; fühlst du aber die Kräfte wirklich abnehmen oder sich erschöpfen, so mußt du aufhören, mag auch noch Lust und Trieb zur Arbeit vorhanden sein; dann muß Ruhe und Schlaf folgen; eintheilen aber mußt du die Arbeitszeit so, daß du etwa vor Mittag (d. h. der wirklichen Tagesmitte) so viel arbeitest als nach Mittag, lieber aber in der Frühe anfangen, als tief in die Nacht hinein arbeiten. Die Morgenstunde hat Gold im Munde! Vorzüglich aber in Rücksicht auf die Gesundheit und Lebensdauer ist diese Vorschrift und ihre Befolgung wichtig. Oder du kannst auch diesen Maaßstab nehmen: im Sommer bedarf der Mensch (der ausgewachsene) fünf bis sieben, im Winter sechs bis acht Stunden zum Schlafe, je nachdem sein Geist und Körper beschaffen sind; die übrige Zeit ist zur Arbeit und zu dem, was sonst noch Zeit in Anspruch nimmt, Essen und Trinken, Ankleiden u. s. w., auch allenfalls zur kurzen Erholung (nur nicht zum Schlafe!) in der Mitte des Tages; zur eigentlichen Arbeit bleiben dann übrig 10 bis 12 oder 12 bis 14 Stunden. In diesen Stunden mag jedem Berufe genügt werden können, mag aber auch die gewöhnliche Kraft des Menschen verbraucht werden. Abgesehen von der Art der Beschäftigung, mögen einzelne Menschen nicht im Stande sein, so lange zu arbeiten; andere dagegen mögen noch länger arbeiten können; in einzelnen Zeiträumen und in einzelnen Ständen kann dem Menschen auch mit wenigerem Schlafe genügt sein und kann er länger schwere Arbeit verrichten; z. B. die Landbewohner schlafen während der Sommermonate gewöhnlich kaum fünf Stunden und arbeiten in der Ernte oft sechszehn, ja achtzehn Stunden. Ich konnte hier nur von dem sprechen, was im Allgemeinen möglich und nöthig ist und was für dich paßt: du kannst nach deinen Kräften und in Rücksicht auf deine Berufsarbeiten arbeiten, wie ich angegeben habe; würdest du aber längere Zeit hindurch diese Arbeitszeit bedeutend ausdehnen, so wäre allerdings zu fürchten, daß deine Gesundheit dadurch Schaden litte. Glaube aber nicht, daß zu viel von dir gefordert sei. Zwar bist du bisher ein so langes Arbeiten nicht gewohnt gewesen und wirst deshalb anfangs sehr oft mit Ermüdung zu kämpfen haben; aber gieb Acht: nach wenigen Wochen oder Monaten wirst du vollkommen genügen können und sogar finden, daß du allenfalls noch mehr thun, noch länger arbeiten könntest. Gewohnheit und guter Wille, welche Macht haben sie! Arbeite also unermüdlich! Von einem Manne habe ich noch gestern gehört, daß er täglich 16, 18, auch wohl 20 Stunden gearbeitet habe und zwar immer in Geistesarbeiten, welche anstrengender und ermüdender sind als körperliche, und das soll er viele Jahre hindurch ausgehalten haben, jedoch seine Gesundheit dadurch wesentlich beeinträchtiget worden sein. Von einem Manne in England (Brougham) ward vor mehreren Jahren in den Zeitungen geschrieben, daß er oft 23 Stunden arbeite und nur eine Stunde schlafe. Der alte Fritz (König Friederich der Zweite von Preußen) soll nie mehr als fünf Stunden geschlafen haben; dasselbe erzählt man von dem berühmten, vor einigen Jahren in Rostock verstorbenen Arzte und Professor Vogel. Beide Männer wurden alt und behielten in ihrem hohen Alter die Gewohnheit bei, viel zu arbeiten und wenig zu schlafen und auch wenig zu essen; beide brachten es weit; in Alter, in Werken und Thaten, in Ruhm!

Zehnte Lehre.

Sei immer thätig.

Diese Lehre wird dich vielleicht überraschen und in Verwunderung setzen; doch sie ist eine der wichtigsten für alle diejenigen, welche in einem bürgerlichen Berufe Fortkommen und Wohlstand erringen wollen. Sie muß also ausgesprochen werden, obgleich ich selbst als nothwendig erkenne, mich darüber näher zu erklären, wenn nicht meine Lehre als eine unanwendbare angesehen werden soll.

Daß ich nicht eine unaufhaltsame, ununterbrochene Thätigkeit meine, welche nicht rasten noch ruhen, nicht essen noch schlafen lässet, das kannst du schon aus der voraufgehenden Lehre entnehmen; dort nämlich sprach ich davon, daß der Mensch manche arbeitsfreie Stunde haben solle, und so wiederhole ich hier: der Mensch soll nicht ein Sklave des Broterwerbes sein, der nur darauf einzig und allein ausgehet und um dessentwillen sich Ruhe und Schlaf entziehet mehr, als nöthig und der Gesundheit zuträglich ist: der Mensch lebt nicht, um zu arbeiten, sondern arbeitet, um zu leben.

Warnen soll diese Lehre vor jeglichem Müßiggange, ermahnen und anleiten, die Zeit recht auszukaufen. Manche Menschen bringen erstaunlich viel zu Stande, manche erstaunlich wenig; bei manchen Menschen findest du reiche Schätze, sowohl zählbare als unzählbare (welche zugleich unbezahlbar sind); andere siehst arm an äußeren Gütern und zugleich arm an geistigem Gute; wo aber einer ungewöhnlich viel leistet, da darfst du sicher darauf rechnen, daß er die Zeit sparsam benutze, und eben so sicher darfst du rechnen, daß, wer viele Zeit ungenützt verloren gehen lasse, auch keine bedeutende Früchte seines Wirkens und Schaffens wird aufweisen können. Wer zwölf Stunden arbeitet, beschafft mehr, als wer sechs Stunden arbeitet, dieser müßte denn doppelt fleißig oder doppelt geschickt sein; wie aber, wenn Fleiß und Geschicklichkeit gleich sind? Verliere nur eine Stunde täglich, wie groß wird die Summe am Ende deines Lebens sein! Und wie mancher verliert täglich mehr als eine Stunde!

Was soll aber der Mensch denn immer thun? Erstens soll er die Geschäfte seines Berufes verrichten, welche er thun muß; zweitens Geschäfte, welche er außerdem noch thun kann. Besonders nöthig ist diese immerwährende Thätigkeit, diese kluge und sparsame Benutzung der Zeit für den Hausvater; wenigstens verbürge ich mich, daß in dem Hause, wo der Hausvater immer thätig ist, mehr Wohlstand gefunden wird als da, wo der Hausvater sich gern auf die Ruhebank legt. Es ist Feierabend gemacht, das Handwerkszeug (oder Schaufel und Spaten oder womit du sonst arbeitest) niedergelegt; aber da giebt es nun noch so mancherlei zu thun: es hat sich irgendwo ein Nagel gelöst, ein Stein ist aus der Wand oder dem Dache gefallen, der Hausfrau ist ein Stück Geschirr zerfallen und dies noch und das noch; der fleißige, achtsame Hausvater bringt dergleichen Dinge wieder in Ordnung; der träge, unachtsame thut es nicht; aber er muß nun entweder Geld ausgeben oder das Haus kömmt in Unordnung und die Ausgabe wird endlich noch größer, auf jeden Fall aber der Wohlstand geringer. So kann ein Vater z. B. schon dadurch sparen, daß er seinen Kindern selbst Spielzeuge macht, und wie schön wird dadurch das Verhältniß zwischen Vater und Kind und wie holt der Vater sich gleichsam die Kindheit zurück, wenn er auf diese Weise spielend für das Kind arbeitet und selbst mit ihm spielt! Auch dem Kinde bringt es äußeren Gewinn: es sieht, wie dies und das gemacht wird, und lernt es machen; es sieht, wie man seinen Bedürfnissen selbst genügen kann und lernt, seine eigenen Bedürfnisse selbst zu befriedigen. — Der Knecht, wie findet er eine immerwährende Beschäftigung? — Man sieht sie an den langen Winterabenden zwei, drei Stunden ohne alle Beschäftigung; ist das des Menschen würdig? warum will er nicht spinnen, stricken, Körbe flechten u. dgl.? In anderen Gegenden spinnen Männer wie Frauen; die Hirten auf dem Felde stricken (knütten), flechten Körbe, schnitzen Löffel u. dgl. Warum will der Knecht sich nicht z. B. die hölzernen Pantoffeln selbst machen, welche er gebraucht? Arbeite nur erst für dich, so wirst du auch geneigt werden, für den Herrn zu arbeiten in der angezeigten Weise! arbeite nur zu des Herren Vortheil, so wird sich dein eigener Vortheil schon daraus ergeben! — Du z. B. widmest dich einem Handwerke; nimm dir nun den Grundsatz mit in die Lehre, daß noch nicht die Zeit völliger Ruhe und Unthätigkeit eintritt, wenn die Feierabendstunde schlägt, sondern daß sie dann erst eintritt, wenn du dich zum Schlafen legst. Der Meister fordert während des Feierabendes keine Arbeit mehr; aber wenn du ihm noch diese oder jene kleine Handreichung thätest, wenn du etwa der Meisterin einen Gang abnähmest oder sonst einen kleinen Dienst anbötest, sollte dir das übel genommen werden? sollte es dir zum Schaden gereichen, wenn du auf diese Weise dir ein freundliches Wohlwollen erwirbst? Oder bietet sich etwa im häuslichen Leben keine Gelegenheit zu solchen Diensten? Der Dichter Schiller sagt: winkt der Sterne Licht, ledig aller Pflicht, hört der Bursch die Vesper schlagen (d. h. wenn der Sterne Licht winkt und die Vesper schlägt, so ist der Bursche aller Pflicht ledig); er setzt hinzu: Meister muß sich immer plagen. Der Meister m u ß: ihn zwingen, die Verhältnisse, will er anders ein tüchtiger Meister und ein wohlbestallter Hausvater sein; des Burschen Verhältnisse und Beruf geben ihm freien Feierabend: er m u ß n i c h t; aber was Andere nicht von dir fordern, das fordere selbst von dir, was Andere nicht von dir fordern dürfen, das lege dir selbst auf! Du thust es für Andere: aber glaube mir: zugleich immer für dich selbst; denn du gewinnst dadurch Wohlwollen und Liebe, vielleicht auch höheren Lohn und — was eine Hauptsache ist: du gewöhnst dich zu einer unermüdeten Thätigkeit, wie ich sie oben beschrieben habe, und erntest davon dann Früchte, wenn du einst in deinem eigenen Brote stehst. — Für das weibliche Geschlecht, für Hausmütter, Töchter und Dienstmädchen, bedarf es gewiß keiner Anweisung, wie sie sich zu beschäftigen haben, um immer thätig zu sein; wohl aber darf ich die Bemerkung aussprechen, daß ich öfter Gelegenheit gehabt habe, den rechten Eifer, die recht stetige Thätigkeit hier und da, in vornehmen und geringen, in geringen und vornehmen Häusern zu vermissen; aber ein unthätiges Frauenzimmer ist ein noch unleidlicherer Anblick als ein unthätiger Mann.

Von dem, was zum Erwerbe dient, haben wir zu sprechen; doch liegt es nahe, jetzt etwas Anderes herbei zu ziehen, wiewohl auch späterhin sich dazu Gelegenheit bieten wird. Es wird gefragt; wie z. B. die langen Winterabende und die Sonntage mit einer nützlichen und anständigen Beschäftigung ausfüllen, um sagen zu können, man sei immer thätig? — Werke für das äußere Leben habe ich beispielsweise schon angewiesen und wer nur will, wird deren leicht noch mehrere finden; jetzt will ich nun auf Werke für das innere Leben hinweisen. Die geringen Leute in Stadt und Land lernen oft so wenig in der Jugend und auch dies Wenige vergessen sie zum größten Theile noch wieder, sobald die Schuljahre dahin sind! du frägst: wie den Abend, den Sonntag hinbringen? — Nimm doch ein Buch und übe dich im Lesen, damit du das Lesen nicht wieder verlernest, damit du das Lesen und das Verstehen des Gelesenen besser lernest! des Menschen höchster Vorzug und die schönste, erhebendste Beschäftigung ist es, Gott zu erkennen und ihn zu verehren. Wie wissen aber manche Menschen so wenig von Gott! wie sind sie so stumpf, so kalt und roh in ihren Gefühlen gegen den, von dem sie Alles haben, von dem sie selbst gemacht sind! O, es ist besser, ein Kapitel in der Bibel zu lesen, Gesangbuch und Katechismus wieder durchzulernen, als auf der Faulbank zu liegen, als lustige Thorheiten oder thörichte Lustigkeit zu treiben! Was hülfe es dem Menschen, wenn er die ganze Welt gewönne und nähme doch Schaden an seiner Seele!

Ich möchte dir nun auch gern glaubhaft machen, daß man nicht allein immer thätig sein müsse, sondern es auch sein könne. Daß ich nicht ein Arbeiten ohne alle Unterbrechung meine, wiederhole ich nochmals; ich meine aber: von der Zeit des Aufstehens bis zu der Zeit des Schlafengehens soll der Mensch immer in geordneter Thätigkeit sein, bis auf die kurzen Zeiträume, welche auf Speisen, Ankleiden u. dgl. verwandt werden müssen. Der Mensch kann die fortwährende Beschäftigung aushalten; das liegt schon in dem Zustande des Wachens; denn so lange der Mensch wacht, d. h., sobald der Schlaf in der Frühe des Tages in Wachen übergeht, bis dahin, daß ernstliche Müdigkeit zum Schlafen auffordert, hat er die Kraft, thätig zu sein; da ist der Geist des Körpers Herr und der Körper muß arbeiten, wenn der Geist es verlangt; der Geist aber arbeitet gern eine solche Zeit hindurch; abgestumpft, der Ruhe bedürftig wird er nur, wenn eine ausgedehnte Zeit hindurch Anstrengung für ihn Statt gefunden hat. Haben nun Geist und Körper beide die Kraft zur Arbeit, warum sollte man denn nicht thätig sein können? Nur Gewohnheit, schlechte Gewohnheit läßt uns auch in der Zeit des Wachens ein Bedürfniß, ein Verlangen nach Ruhe fühlen! Ist aber das Arbeiten wirklich nicht mehr möglich, so wird Abspannung oder Stumpfheit es ansagen. Schwache, kränkliche, krank gewesene und noch nicht völlig genesene Menschen müssen jedoch ausgenommen werden; auch allenfalls solche Menschen, deren Beruf sie zwingt, den nächtlichen Schlaf abzukürzen und statt dessen am Tage einige Zeit zu schlafen; auch einige Berufsarten, welche sehr starke Anstrengungen in der Zeit des Arbeitens fordern, können berechtigen, der Erholung und Stärkung am Tage einige Zeit zu widmen. Das Gesagte soll im Allgemeinen und zwar in Beziehung auf gesunde Menschen gesagt sein. Die Erfahrung, welche jeder machen kann, wenn er nur aufmerksam beobachtet, lehrt, daß im Wechsel der Beschäftigung, wo sogar eine Anstrengung einer andern Anstrengung folgt, eine gewisse Erholung gegeben wird. Ein Mensch verrichtet z. B. Feldarbeit und ermüdet sich dabei, so daß er nicht mehr mit gleicher Frische und Lebhaftigkeit fortarbeiten könnte (nur muß er nicht übermüde oder todtmüde geworden sein), geht nun zu Hause und braucht dazu etwa eine halbe Stunde und fühlt sich, zu Hause angekommen, schon nicht mehr so müde, so angegriffen wie vorher, obgleich doch das Gehen auch eine Anstrengung ist; im Hause füttert er nun noch Kuh und Schwein und immer fühlt er sich noch nicht müder, als er schon im Felde war. Worin hat das seinen Grund? — darin, daß die Arten der Anstrengung wechselten. Ach, es wird Mancher zu so erhöheter Thätigkeit gezwungen und es scheint dem, der es nicht gewohnt ist zu sehen, fast unmöglich, Jahr ein Jahr aus oder doch Monate hindurch solche Thätigkeit fortzusetzen. Und doch ist es möglich. Was kann der Mensch doch, wenn er will oder muß! Wie viel mehr Wohlstand, wie viel weniger Armuth würde es geben, wenn alle Menschen arbeiten wollten, so viel sie können, arbeiten für sich selbst! Aber wie wenige Menschen thun das so ganz! Selbst Menschen, deren Verhältnisse sie dazu zwingen, sind doch nicht so immerwährend thätig, wie sie sein könnten! Es giebt wohlhabendere und ärmere Tagelöhner; woher? — der eine übertrifft den anderen an dieser Thätigkeit, — anderer Gründe nicht zu gedenken! Jetzt als Knecht oder Magd, als Lehrling und Gesell kannst du noch bei deiner mangelhaften Thätigkeit bestehen und merkst hinsichtlich des Wohlergehens vielleicht noch keinen deutlichen Unterschied zwischen dir und anderen; wenn du aber dereinst dein eigenes Haus hast und eigene Wirthschaft, dann mußt du entweder thätiger werden oder es wird dir schlecht gehen! Uebrigens kann ich Beispiele zu meiner Lehre beibringen. Ich wohnte in einer Stadt, in welcher ich mich früher aufhielt bei einem Bürger, und hatte also hinlänglich Gelegenheit, diesen Mann zu beobachten; nach längeren Jahren bin ich in dieselbe Gegend, nicht aber an denselben Ort zurückgekommen und besuche meinen alten Freund oft; in allem finde ich ihn wie früher, nur, versteht sich, nicht im Alter. Dieser Mann, nun 66 oder 67 Jahre alt, fängt am Morgen, sobald er aufgestanden ist, an zu arbeiten und so siehst du ihn den ganzen Tag und einen und alle Tage arbeiten, nur nicht an den Tagen, an welchen wir alle ruhen sollen, an den Sonntagen und Festtagen. Der Mann also ruhet nie? — Eigentlich nie; sein Arbeiten ist seine Erholung. Er ist Uhrmacher; ehe er sich des Morgens an den Tisch setzet, verrichtet er häusliche Geschäfte, wie der Hausstand eines Bürgers sie mit sich bringtt; dann setzt er sich an den Tisch und arbeitet mit seltener Emsigkeit bis Mittag und Abend da ist, nur daß er dann und wann wieder nothwendige häusliche Geschäfte besorgt; kurz: er geht von einer Arbeit zur anderen. Vergnügungen liebt er nicht und sucht er nicht; nur in Sommertagen gönnt er es sich zuweilen, doch selten, auf's Angeln auszugehen. Er hat einen ganz hübschen Wohlstand erworben und ist überhaupt einer der zufriedensten, glücklichsten Menschen, den ich kenne, aber auch in allen Stücken ein überaus braver, rechtschaffener Mann.

Hier habe ich nun gewissermaßen die Aufforderung ausgesprochen, mit der Beschäftigung zu wechseln; früher warnte ich dagegen; doch habe ich mir nicht widersprochen; denn ich habe hier nicht in der Art auffordern wollen, die Beschäftigung zu wechseln, daß keinem Geschäfte eine anhaltende unverdrossene Thätigkeit gewidmet werden solle, sondern in der Art, daß die eigentliche, feste Arbeitszeit dem Hauptgeschäfte unseres Berufes gewidmet und während derselben mit allem Fleiße gearbeitet werden solle; dann aber soll nebenher, was sonst nöthig oder nützlich ist, gethan werden, damit keine Kraft unbenutzt bleibe, keine Zeit verloren gehe. Nein, davor hüte dich am allermeisten, das Hauptgeschäft willkürlich zu verlassen! Glaube jedoch nicht, viele Zeit oder nur einige Zeit während des Wachens zur Erholung zu bedürfen; in deinem Berufe wenigstens und so lange du gesund und kräftig bist, ist es nicht nöthig. Mache es dir zum Grundsatze, immer beschäftigt zu sein! Und siehst du mich oder andere Männer meines Standes zuweilen unbeschäftiget, so rechne es mir und den Anderen nicht als Trägheit und Müßiggang an, so daß du etwa meinen möchtest, ich könne wohl Lehren geben, sei aber nicht geneigt oder im Stande, sie selbst anzuwenden; nein, bei meinem Berufe, und so bei manchem anderen, muß man spazieren gehen oder leichte körperliche Arbeiten verrichten, weil sonst die Gesundheit nicht erhalten werden kann, und überdem darf ich dir sagen, daß Männer, welche sich hauptsächlich mit Geistesarbeiten beschäftigen, auch dann oft nicht ruhen, wenn sie zu ruhen scheinen. Ich war

z. B. einmal in früherer Zeit beschäftiget, meine Predigt, welche ich auswendig gelernt hatte, im Kopfe zu wiederholen und überzudenken; dabei konnte ich wohl im Garten auf und abgehen und also, während ich mit dem Kopfe arbeitete, dem Körper durch Aufenthalt und Bewegung im Freien eine Erquickung zukommen lassen; als ich nun so recht lebhaft beschäftigt war, hörte ich ein kleines Mädchen zu einem anderen Mädchen sagen: ach, könnte ich es doch auch einmal so weit bringen, daß ich, ohne zu arbeiten, spazieren gehen könnte! So wurde ich beneidet. Wer aber war in diesem Augenblicke und in dieser Hinsicht mehr zu beneiden, der Beneidete oder die Neiderinn? So arbeitet denn der Kopf oft gerade am lebhaftesten, wenn gänzliche Geschäftslosigkeit Statt zu finden scheint und oft sucht und findet man da, wo man nur Zerstreuung und Erheiterung zu suchen scheint, auch das, was in den Beruf einschlägt und sogar unter Scherz und Spiel sammelt der lebhafte Kopf, wie die Biene aus allen Blumen Honig saugt, Nahrung für den Geist. Ich kann dir jedoch auch ohne Prahlerei versichern, daß geistige Anstrengung weit mehr ermüdet als körperliche. Gönne mir deshalb eine oder einige freie Stunden! Und dir selbst rathe ich: bist du erst in der Kenntniß deines Faches so weit gediehen, daß du das Gewöhnliche sicher und in vollem Umfange inne hast, so benutze auch die von eigentlicher Arbeit freie Zeit, welche der Beruf zuweilen giebt, zum Nachdenken über das, was dir unter Händen ist: du wirst davon gute Folgen vermerken. Und im Uebrigen verleugne nie, daß du einen Kopf hast, der dir zum Denken gegeben ist! Und hast du nicht grade über Sachen deines Berufes nachzudenken, so denke über die höheren Angelegenheiten, welche uns Allen gemeinsam sind, über die Angelegenheiten der Seele, der unsterblichen Seele! Auch das ist eine Thätigkeit; aber thätig sei immer!

Hiemit habe ich nun die Lehren über das Arbeiten oder über den Betrieb deines Berufes beschlossen. Du wirst dabei im Stillen vielleicht gedacht haben: es wird viel gefordert. Ich gestehe zu, daß ich viel fordere, aber nicht zu viel; denn Alles, was ich gefordert habe, kann nicht allein gute Früchte haben, hat nicht allein gewiß gute Früchte, wenn es geleistet wird, sondern ist sogar nothwendig, unabweisbar. Willst du aber arm sein, willst du dir mit dürftiger Lage genügen lassen, dann freilich bedarf es der großen Anstrengungen nicht; willst du aber dich aus der großen Armuth herausreißen, willst du dir einen achtbaren und behaglichen Wohlstand erwerben, so nimm meine Lehren und Rathschläge zu Herzen! Viel fordere ich; aber ich biete auch viel: Brot und Ehre und zugleich erwirbst du mit das schöne Bewußtsein, ein tüchtiger Mann zu sein, der dessen werth ist, was die Welt ihm giebt. Das aber ist ein würdiges Bewußtsein, werth zu sein dessen, was die Welt giebt, wenn wir die Fülle empfangen, ja noch mehr werth zu sein, als uns die Welt giebt, und giebt sie uns nicht, dann doch der Gabe würdig zu sein! Viel fordere ich, aber nicht zuviel; denn Alles, was ich fordere, kannst du leisten und was der Mensch kann, das soll er; hier aber handelt es sich nur um dein eigenes Bestes.

Elfte Lehre.

Sei umsichtig und vorsichtig.

Zwei Menschen gingen denselben Weg, der eine etwa eine Stunde früher, der andere eine Stunde später. Es war zu Ausgange des Winters, als gerade der Schnee wegthauete und die Wege, wie man sagt, tief waren. Auch der Weg, den unsere beiden Leute zu gehen hatten, war so ziemlich mit Wasser übertrieben. Der Eine kam sehr beschmutzt nach Hause; nicht allein die Stiefel, sondern auch die Beinkleider trugen deutliche Spuren des nassen Weges. Der Andere kam so wenig beschmutzt an, daß man, wenn man ihm die Füße und Kleider besah, kaum an tiefe Wege denken konnte. Welcher von Beiden hatte klüger und vortheilhafter gehandelt? — Nun, da ist kein Zweifel; denn daß es häßlich ist, sich zu beschmutzen, daß Zeit dazu gehört, Stiefel und Kleider wieder zu reinigen, daß Stiefel und Kleider desto leichter vergehen, je mehr sie solchen zerstörenden Einflüssen ausgesetzt werden, — das Alles leidet ja gar keinen Zweifel. — Sehr wahr, mein lieber Freund. Hier siehest du aber an einem sehr einfachen Beispiele, was es heiße, umsichtig sein. Jener Zweite von unseren Leuten war es gewesen; er hatte fein aufmerksam zugesehen, wohin er trat, oder vielmehr, wohin er treten wollte, und hatte sich immer die trockenen Stellen gewählt; darin nun hatte er sich klug bewiesen; er hatte aber auch vortheilhaft gehandelt, wie wir eben schon ausgemacht haben. Demnach ist es gut, umsichtig zu sein. Laß uns aber von dem Kleinen, was in diesem Beispiele liegt, absehen; laß uns einmal in dieser Erzählung (die jedoch wirkliche Thatsache ist) ein bloßes Bild sehen. Man vergleicht so oft das menschliche Leben mit einer Reise; da haben wir denn, indem wir durch das Leben gehen, auch einen Weg zu machen und zwar einen langen Weg; — den Lebensweg; man kann irren auf diesem Wege; deshalb müssen wir wohl zusehen, daß wir gleich den rechten Weg einschlagen und uns in demselben fortwährend erhalten; er ist bald fest und eben, dieser Weg, bald aber auch wieder beschwerlicher und mühsamer; deshalb müssen wir suchen, daß wir die Beschwerden umgehen; oftmals werden wir dann die Beschwerden ganz umgehen können; gelingt das aber auch nicht immer, so werden wir doch leichter uud sicherer fortkommen als diejenigen Menschen, welche nur so darauf lostappen. — Worin besteht nun eigentlich die Ansicht und was soll sie leisten? — Sie besteht darin, daß wir zu jeder Zeit mit aufmerksamen Blicken um uns sehen, ob sich nicht da oder dort etwas Gutes, Nützliches oder Angenehmes darbiete, was wir mit unseren Kräften und auf rechtliche Weise erlangen könnten; sie soll uns zugleich die Mittel und Wege anzeigen, durch und auf welchen wir am leichtesten und gewissesten unsere Zwecke erreichen; sie wird uns demnach unsern Beruf, die Leistung unserer Pflichten erleichtern und doch zugleich uns die Früchte unseres Strebens sichern und den reichsten Lohn unserer Mühen und Anstrengungen schaffen, wird uns demnach weiter fördern als Andere, welche aus Mangel an Aufmerksamkeit die gleichen Vortheile unbenutzt lassen. Vortheile also soll sie uns verschaffen.

Sehr nahe verwandt der Umsicht ist die Vorsicht, besteht aber jene in dem genauen Aufmerken auf etwanige Vortheile, die wir gewinnen können, so besteht diese, die Vorsicht, in dem genauen Aufmerken auf Nachtheile, die wir vermeiden können; jene also bringt Vortheile, diese verhütet Nachtheile oder Schaden. Ist die Umsicht empfehlenswerth, weil sie so schöne Früchte trägt, ist sie nothwendig, weil ohne ein kluges Aufmerken auf günstige Umstände und Gelegenheiten nicht viel geschafft werden kann, so ist doch die Vorsicht noch viel nothwendiger; denn Schaden stiften wir nicht allein uns selbst, wenn wir nicht wohl aufmerken, nicht stets prüfen, ob wir denn auch das Rechte thun, sondern auch unsere Nebenmenschen stiften oder verursachen uns mannigfachen Schaden theils absichtlich, theils unabsichtlich; die Vorsicht aber wehrt diese Beschädigungen durch das Thun und Treiben anderer Menschen, durch Umstände und Verhältnisse von uns ab; sie ist eine Nothwehr unter den Anfechtungen des Lebens. Und ist die Umsicht ersprießlich, weil sie uns zu Vortheilen verhilft, so ist gewiß die Vorsicht ersprießlich, nicht allein deshalb, weil sie Schaden und Verlust, Aerger und Verdruß, Beschämung und Reue verhütet, sondern hauptsächlich noch deshalb, weil sie eine feindselige, erbitterte Stimmung gegen die Nebenmenschen verhütet. Ja, die Menschen thun uns mancherlei Uebles, stiften uns manchen Schaden, bereiten uns vielen Verdruß! doch meistens verursachen wir uns Alles selbst; und ist auch unser Thun und Lassen nicht gerade von der Art, daß unmittelbar und nothwendig Schlimmes für uns daraus hervorgehen muß, so ist es doch nur gar zu oft so beschaffen, daß das Schlimme erfolgen kann; die Vorsicht nun ist es, welche diese weniger verschuldeten Nachtheile verhütet; die Vorsicht ist es, welche bewirket, daß auch die Nebenmenschen und daß überhaupt Umstände und Verhältnisse uns wirklich weniger Schaden zufügen; ihr also verdanken wir es denn auch mit, wenn wir nicht Ursache zu haben glauben, gegen unsere Nebenmenschen erbittert zu sein, und also eine wohlwollendere Stimmung gegen sie bewahren. Wie höchst wichtig ist sie also!

Umsicht und Vorsicht sind zwei Tugenden, welche, — wie jedes Gute — ihre guten Früchte tragen, nicht allein am inneren Menschen, sondern auch für das äußere Leben. Ihr Nutzen aber tritt besonders dann erst hervor, wenn wir als selbstständige Mitglieder ins bürgerliche Leben eingetreten sind, wenn wir erst unser eigenes Haus, unseren eigenen Betrieb haben; da werden unsere Verhältnisse mannigfaltiger, unsere Bedürfnisse größer und vielartiger, unsere Obliegenheiten ernster und schwieriger. Unser Brot soll uns unser Beruf geben; Nachdenken und Fleiß soll uns dasselbe vergewissern; aber laß dazu noch die Umsicht kommen, merke mit Aufmerksamkeit auf jeden Vortheil, welcher in den Betrieb deines Berufes einschlägt, und nimm ihn rasch und sicher wahr, — merke auf jeden Vortheil, welcher sich für das häusliche und bürgerliche Leben überhaupt darbietet, — laß dazu noch die Vorsicht kommen und weiche mit derselben möglichst allen Nachtheilen und Beschädigungen aus, so wirst du desto gewisser ein gutes Fortkommen in der Welt haben. — Vorzugsweise, sage ich, werden die Umsicht und die Vorsicht nothwendig und ersprießlich, wenn wir erst als selbstständige Mitglieder in der bürgerlichen Gesellschaft leben; sie werden es gleichwohl aber auch schon früher; in jener späteren Zeit handelt es sich um wichtigere Sachen, — Vortheil oder Nachtheil sind da von größerer Bedeutung; gleichwohl aber kannst du dir auch schon in jüngeren Jahren Schaden oder Gewinn, Verdruß oder Vergnügen schaffen, je nachdem du Umsicht oder Vorsicht anwendest oder es daran ermangeln lässest. Darum gewöhne dich von Anfang an dazu!

Wie werde ich aber umsichtig und vorsichtig? Auf dieselbe Weise erwirbst du dir diese Eigenschaften und Vorzüge wie alle übrigen: durch Wollen, durch Uebung. Wolle es nur sein, so wirst du es sein können! Manchen Menschen ist freilich das umsichtige, vorsichtige Wesen gleichsam angeboren oder es hat sich an ihnen gleichsam unmerklich entwickelt; meistens aber können wir durch genauere Nachforschung ermitteln, daß sie durch den Einfluß der Erziehung und andere nöthigende Einflüsse das geworden sind, was sie sind. Erziehe dich selbst, wenn deine früheren Erzieher dieses Stück der Bildung vernachlässiget haben! das ist immer die beste (d. h. wirksamste) Erziehung, welche wir uns selbst geben! Beneide aber diejenigen nicht, welche durch

Verhältnisse, Umstände, Lebenserfahrungen zu recht umsichtigen und vorsichtigen Menschen geworden sind; sie haben wahrlich manchen Schmerz erdulden, manches Trübe durchmachen müssen! Warte aber nicht, bis das spätere Leben dir Umsicht und Vorsicht lehre; dann würdest du zuvor noch manches Herbe erfahren, noch manchen Kampf kämpfen müssen! Klug werden durch eigene Erfahrungen oder eigenen Schaden ist zwar gut; klug werden aber durch die Erfahrungen und den Schaden Anderer ist besser!

Zwölfte Lehre.

Suche immer die Schuld in dir selbst, wenn dir etwas mißlingt.

Es gehört schon eine hohe Stufe sittlicher Bildung dazu, daß die Menschen sich immer selbst schuldig finden, wenn sie Schuld haben. Diesen Satz sprach vor längeren Jahren ein Mann gegen mich aus, welcher aber diese Stufe der Bildung doch noch nicht erreicht hatte, obgleich er schon 62 Jahre alt war und man eine solche Bildung wohl von ihm erwarten und fordern durfte; ich rechnete ihm aber diesen Gedanken damals hoch an; erstens nämlich war es der erste allgemeine Gedanke von einiger Bedeutung, welchen ich von ihm hörte (er war übrigens ein Mann von ganz guten gelehrten Kenntnissen), und zweitens hatte ich nicht gar lange vorher eben diesen Gedanken zum ersten Male selbst gehabt und hatte geglaubt, in demselben eine große Wahrheit zu besitzen. Jetzt aber erkenne ich ihn nicht mehr als Wahrheit an; denn nicht eine h o h e sittliche Bildung gehört dazu, sich schuldig zu finden, wenn man es ist, sondern nur eine s e h r g e r i n g e, nur der A n f a n g a l l e r s i t t l i c h e n B i l d u n g gehört dazu: Wahrheitsliebe. O nein, es ist so schwer nicht, seine Schuld selbst zu erkennen; es gehört dazu nur die Aufrichtigkeit gegen sich selbst. Man sieht aber doch, daß manche Menschen so selten die eigene Schuld erkennen, wenn es ihnen unwohl ergeht oder wenn sie etwas versehen oder wenn sie sich mit Anderen entzweiet haben, ja daß sie kaum durch alle möglichen Vorstellungen und Beweise davon zu überzeugen sind! — Ja wohl sieht man das; aber eben sieht man auch daraus, daß sie sich durch verständige und wohlmeinende Nebenmenschen nicht von ihrer Schuld wollen überzeugen lassen, daß es bei ihnen auch bloßer Mangel an Wahrheitsliebe und Aufrichtigkeit ist, weshalb sie sich nicht wollen überzeugen lassen; sie wollen die Wahrheit nicht sehen, anerkennen, aussprechen; mögen sie auch in allen übrigen Dingen vielleicht weniger Wahrheitsfeinde sein, — in diesem Stücke sind sie es. — Diese längere Vorrede lasse dir recht wichtig sein, mein lieber Freund! So oft dir etwas mißlingt oder wenn es dir gar überhaupt unwohl ergeht, so suche zuerst immer die Schuld davon bei dir selbst und so lange du noch davon dich nicht überzeugen kannst, daß in den meisten Fällen, daß fast immer, ja fast ohne Ausnahme in dir selbst die Ursache des Mißlingens liege, so lange glaube, daß es nur die geringe Wahrheitsliebe sei, wegen welcher du die Wahrheit nicht finden könnest.

Ist es wirklich so? verschuldet der Mensch seine Leiden, sein Unglück, das Mißlingen seiner Unternehmungen, das schlechte, mangelhafte Gerathen seiner Arbeiten und Leistungen immer selbst, er selbst allein? — Wohl nicht in allen Fällen, mein Lieber, wohl nicht immer, aber in den meisten, in fast allen Fällen! Höre nur, wie die Menschen sprechen, wenn es Einem übel ergeht im Leben; er wird bedauert, man klagt auch wohl über schwere Zeiten, macht einzelne Umstände oder Unglücksfälle namhaft, welche ihn zurücksetzten; aber es werden sich auch immer Stimmen genug finden, welche ihn beschuldigen, daß er sich sein Ergehen selbst zubereitet habe. Hart sind die Menschen vielfach in ihren Urtheilen, oft aber damit nur gerecht! Wir wollen so strenge nicht sein gegen Andere; aber gegen uns selbst wollen wir strenge sein: dann dürfen wir es auch wohl einmal gegen Andere sein; auf uns also laß uns das zurückwenden, was man so gewöhnlich auf Andere anwendet; wo es uns also übel ergeht, da wollen wir die Schuld in uns selbst suchen! Zweitens führe ich zum Beweise, daß dies gethan werden müsse, einen Landmann an; mehrfach hat er es gegen mich ausgesprochen: wo ich kein gutes Korn baue oder sonst den gewünschten Erfolg nicht sehe, da habe ich noch immer gefunden, daß ich selbst die Schuld hatte. Dieser Mann beweiset überall sehr gute Einsichten, hat seine Bildung durch mehrjähriges Studium auf Universitäten erhöhet und treibt seinen Ackerbau mit ausgezeichnetem Erfolge. Drittens mache ich dir mein eigenes Beispiel namhaft. So recht schwere Schicksale, eigentliches Unglück hat mich noch nicht betroffen in meinem Leben; jedoch habe ich Schicksale gehabt, welche mich wohl hätten beugen können; ich darf aber zu meiner Beruhigung sagen, daß diese nicht von mir verschuldet waren; dagegen habe ich geringere Schäden, so mancherlei Unannehmlichkeiten und Verdrießlichkeiten auszustehen gehabt, daß mir auch dadurch manche Stunde des Lebens verbittert ist; war ich denn daran schuldig? — Meistentheils! und hatte ich nicht ganz allein die Schuld, so wär ich doch auch nicht ganz unschuldig.

Warum sollen wir aber so ernstlich bemühet sein, immer uns schuldig zu finden? es kann ja dadurch das Unangenehme, welches wir zu bestehen haben, nur noch schmerzlicher werden! — Allerdings, mein lieber Freund, ist es auch mir immer schmerzlich, sehr schmerzlich gewesen, wenn ich fand, daß ich mir das Unangenehme auf irgend eine Art selbst verursacht hatte; erstens aber ist es ja an und für sich schon Pflicht, die Wahrheit zu suchen und anzuerkennen; nicht aber können wir dadurch, daß die Wahrheit uns in einem oder dem anderen Falle unangenehm ist, von dieser Pflicht entbunden werden; es sollte uns aber die Wahrheit in keinem Falle unangenehm sein; denn zweitens lernen wir eben dadurch desto mehr uns vor unangenehmen Dingen, vor schlimmen Folgen unserer eigenen Handlungen zu bewahren; wir werden also dadurch zu unserem Glücke geführt. Erinnerst du dich noch daran, daß wir bei der fünften Frage von Menschen sprachen (s. S. 61.), an denen gleichsam das Unglück zu haften schiene? Möchten doch diejenigen, welche da immer seufzen und klagen, daß das Unglück sie verfolge, möchten sie doch nur immer recht untersuchen, möchten sie nur immer ernstlich bemühet sein, zu erforschen, wie vielen Theil sie an ihrem eigenen Unglücke haben, wie sehr sie meistens selbst ihre betrübenden Schicksale verschulden! Darum laß uns, wenn uns etwas mißlingt oder wenn es uns überhaupt übel ergeht, immer zuerst die Schuld in uns selbst suchen; dann werden wir meistens die wahren Ursachen finden und werden künftig immer weniger selbst verschulden, was uns schmerzt, unglücklich, — arm macht! (vergleiche auch S. 24.)

Dreizehnte Lehre.

Frage gern.

Ueber das Fragen giebt es drei Sprichwörter: fragen steht frei, durch fragen wird man klug, durch fragen kömmt man selbst nach Rom. Du magst hierin einen Beweis finden, für wie wichtig man von Alters her das Fragen gehalten hat; denn nur für Dinge, Beobachtungen, Wahrheiten, welche eine gewisse Wichtigkeit haben, haben sich sprichwörtliche Redensarten gebildet. Diese drei Sprichwörter nun sollen uns leiten, die Sache des Fragens mit einander abzuhandeln.

Das erste heißt: fragen steht frei, und giebt also eine Ermunterung zum Fragen. Wißbegierde ist überhaupt dem Menschen eigen; daher frägt im Allgemeinen Jeder gern; aber Mancher ist blöde: er früge gern; aber er wagt es nicht, wagt es nicht bei Jedem und zwar grade bei denen, welche ihm die beste Antwort geben könnten; deshalb ermuntert das Sprichwort, indem es lehrt: fragen steht frei. So frage denn auch du getrost überall und jeden Menschen, wo es dir an Erkenntniß fehlt und eigenes Nachdenken nicht zureichen will; nur hüte dich vor unbescheidenen Fragen, damit du Niemanden beleidigest, und vor albernen Fragen, damit man nicht Ursache habe, dich zu verspotten. Unbescheiden frägt vornehmlich derjenige, welcher nach Dingen frägt, die ihn nicht angehen; albern frägt derjenige, der nach Dingen frägt, welche sich von selbst verstehen oder dem ersten Nachdenken von selbst offenbar werden. Kindern verzeiht man Alles, was sie sprechen und fragen; aber vom Erwachsenen fordert man, daß er eher denke als spreche, eher überlege, als frage.

Das zweite Sprichwort heißt: durch fragen wird man klug, und lehrt den Nutzen des Fragens für die Ausbildung des Verstandes. Wer seinen Verstand recht tüchtig ausbildet, der sorgt damit für sein Wohlergehen. Daher frage viel, damit du recht klug werdest! laß nicht von dir gesagt werden, was in einem anderen Sprichworte ausgedrückt wird; es flog ein Gänschen wohl über den Rhein und kam als Gänserich wieder heim. Dieses letzte Sprichwort aber bedeutet: ein Einfältiger, der nicht klug zu werden sucht, bleibt einfältig, ob er auch älter wird und welche Gelegenheit zum Klugwerden sich ihm auch darbietet. Wer aber mit rechter Lernbegierde um sich schauet und auf Alles achtet, was ihm vor die Augen kömmt, wer frägt, wo er selbst keine Auskunft weiß, dem wird es nicht fehlen, daß er klug werde. Um aber durch Fragen belehrt zu werden, ist es auch nöthig, solche Leute zu fragen, welche das Ding recht verstehen. Merke dir das auch: frage gern die, welche ihre Sachen klug und gut machen, nicht aber Jeden, der sich für klug ausgiebt.

Das dritte Sprichwort heißt: durch fragen kömmt man selbst nach Rom. Rom ist eine entfernte Stadt in dem Lande Italien; den Weg dahin weiß der Reisende nicht, — was man nämlich nennt den Weg wissen oder kennen; aber man frägt sich von Ort zu Ort und kommt endlich glücklich nach Rom. Du selbst hast gewiß schon oft Wege erfragt und bist durch Frage und Antwort richtig geleitet worden. Da siehst du, welchen Nutzen das Fragen hat für Richtiggehen, für Wohlergehen. Denn Nutzen hat es nicht allein für Reisende, sondern in aller und jeder Beziehung. Wie man aber auch wohl irre geleitet wird, wenn man einen Weg erfrägt und entweder die Bezeichnung des Weges nicht richtig und genau und fest merkt oder keine rechte Antwort erhält, so kann man auch bei anderen Dingen irre geleitet werden; daher wieder der Rath: frage verständige, ehrbare, wohlwollende Leute, welche dir rechten Bescheid geben, merke dir die Antwort genau, prüfe aber dennoch ihre Wahrheit und Richtigkeit. Und dazu kömmt noch die Hülfslehre: laß dir die Belehrung und den Rath Anderer nicht vergeblich gegeben werden. Es giebt Menschen, die gern und viel um Rath fragen und anscheinend Belehrung suchen; man räth ihnen das Beste, belehrt sie auf das Vollständigste; aber zu einem Ohre herein, zum anderen wieder heraus: sie handeln nachher doch unüberlegt oder thöricht und thun oft grade das Gegentheil von dem, was klügere Leute angerathen haben. Nun, das ist ihr eigener Schade; aber sie finden nachher oft keinen Rath wieder. Daß du eben so handeltest, möchte ich doch nicht gern, weil ich an deinem Wohlergehen Freude habe, dein Uebelergehen mich betrüben würde.

Ich habe nun gelehret: frage gern, und dich dadurch ermahnen wollen, den Rath erfahrener, verständiger, wohlwollender Leute zu suchen und zu benutzen; je wichtiger die Sache, desto mehr rathe ich: frage. Nun giebt es aber auch recht viele wohlmeinende Leute, welche Unerfahrenen oder Irrenden gern zuvorkommend Belehrung und Rath anbieten. Fern sei es von dir, solche schöne Gabe zu verschmähen! Was aus gutem Herzen kömmt, soll stets mit Dank angenommen und, wenn es gut ist, angewendet werden. Oft haben aber Fremde mehr Wohlwollen und gewiß eben so oft mehr Einsicht als diejenigen, welche uns nahe stehen; daher siehe nicht darauf, wer etwas sagt, sondern was er sagt; nur auf den Rath der Narren höre nicht, es sei denn, daß sie einen klugen Rath gäben; denn auch ein blindes Huhn findet zuweilen ein Korn!

Vierzehnte Lehre.

Rede und schweige zu rechter Zeit.

Am Reden und am Schweigen erkennt man den Weisen, d. h. an dem, was ein Mensch redet, gleichfalls aber daraus, daß er unter Umständen nicht spricht, sondern schweigt, erkennt man, daß er weise sei. Die Weisen rechnet man zu den Glücklichen; natürlich hat denn ihr Reden und ihr Schweigen auch einen wirksamen Antheil an ihrem Glücke.

Du sollst also reden und schweigen wie ein Weiser, damit es zu deinem Glücke beitrage. Weisheit in allen Dingen und in jeder Art ist allerdings ein Schatz, welcher nur mühsam gehoben wird; aber die Weisheit, welche in reden und schweigen besteht, läßt sich wohl bald erwerben. Ich ermahne dich dazu, indem ich dir die Lehre gebe: rede und schweige zu rechter Zeit.

Wann ist es Zeit, zu reden? Kaum brauche ich aufzufordern zum Reden; denn die meisten Menschen sprechen nur gar zu gern und verfehlen sich weit öfter und viel schwerer im Reden als im Schweigen, so daß es nöthiger ist, zum Schweigen aufzufordern, als zum Reden. Doch will ich darüber einige Winke geben.

1. Wenn du gefragt wirst, dann rede, rede aber mit Wahrheit. Reden ohne Wahrheit ist Sünde. Die Wahrheit aber sollst du reden, selbst wenn es zu deinem Nachtheile oder deiner Beschämung geschehen müßte. Nur in einem Falle rede nicht, wenn du gefragt wirst, nämlich dann, wenn derjenige nicht zum Fragen berechtiget ist, welcher frägt. Wer nach Dingen frägt, welche ihn nicht angehen, oder nach Dingen, welche nicht gesagt werden dürfen oder welche besser ist nicht zu sagen, dem soll keine Antwort gegeben werden.

2. Rede, wo du Jemanden in Irrthum siehst Freilich ist hiebei wieder dreierlei zu berücksichtigen. Erstens nämlich kömmt es darauf an, wem man Belehrung oder Aufklärung geben soll oder kann; nicht alle Menschen hören die Wahrheit gern, nicht alle lassen sich von Jedem belehren; darum überlege, ob du dem gegenüber, zu welchem du reden willst, auch zum Reden berechtigt bist: nicht aber denke: was geht es mich an! nicht denke: der Mensch ist mir fremd! Zweitens, nimm Zeit und Ort wohl wahr, wenn du Jemanden auf Irrthum aufmerksam machen willst. Mancher dankt es, wenn man ihm unter vier Augen ein wohlmeinendes Wort sagt, und macht es sich zu Nutze; wollte man ihn aber vor aller Welt belehren, so würde man ihn erzürnen und wahrscheinlich vergeblich reden. Drittens sprich zu denen, welche du auf Irrthümer aufmerksam machen willst, zart und schonend. Warum dem Menschen unnöthiger Weise wehe thun?

3. Wo du etwas zum Besten wenden, wo du einen Abwesenden, zumal einen Unschuldigen vertheidigen kannst, da rede. Nur ermahne ich auch hier wieder, die oben bereits ausgesprochenen Rücksichten nicht zu vernachlässigen; doch soll die Klugheit auch nicht zur Feigheit werden; doch soll auch öffentlich und dem zürnenden Gegner gegenüber für Abwesende und Unschul-

dige geredet werden, nur sei der Muth nicht von der Klugheit verlassen! Wirf dich aber auch nicht zum Vertheidiger für Jeden auf! sprich auch da, wo du für Andere sprichst, mit Bescheidenheit, Ruhe und Würde, damit man erkenne, du wollest nur das Recht und die Wahrheit, — damit man nicht glauben dürfe, du wollest überall nur widersprechen!

4. Rede auch da, wo es zu deinem eigenen Besten ist: wo du Belehrung nöthig hast, frage; wo du einen Wunsch, ein Anliegen hast, bitte; wo es sein muß und sein kann, vertheidige dich. Ueber das Fragen habe ich in der vorausgehenden Lehre gesprochen, verweise dich also jetzt darauf zurück. Zum Bitten aber aufzufordern, ist nöthig, weil manche Menschen entweder zu blöde sind, oder auch aus einem gewissen Eigensinne und Hochmuthe nicht bitten wollen, wie sehr sie auch wünschen, wie nöthig sie auch haben, was zu erbitten ist. Nun aber wollen wiederum manche Menschen gebeten, wenigstens aufgefordert sein, wenn sie für Andere etwas thun sollen, und man kann ihnen die Ehre wohl geben; manche aber fürchten, wie gern sie auch unaufgefordert dienen, daß ihre Zuvorkommenheit nicht willkommen sein oder abgewiesen werden möge. Daher ist es rathsam, zu bitten, wo wir erlangen wollen. — Dich vertheidigen darfst du auch, ja mußt du unter Umständen, wenn sich falsche Beschuldigung erhebt; aber für sehr viele Menschen ist es ein Stein des Anstoßes und Falles. Wir setzen zuerst den Fall, daß du als Gleicher Gleichen gegenüber stehest. Da wird Vertheidigung immer erlaubt und immer Pflicht sein; doch vertheidige dich nur mit der Wahrheit und in solcher Weise, daß dir das Vertheidigen nicht selbst wieder zum Vorwurfe werde, d. h. mit Bescheidenheit, mit Ruhe! Stehst du aber als Untergeordneter einem Vorgesetzten oder Herren gegenüber, so darfst du nur in zwei Fällen sogleich, auf der Stelle, indem du beschuldiget wirst, zur Vertheidigung reden; erstens nämlich, wenn dein Herr oder Vorgesetzter in einer Stimmung oder Verfassung ist, daß er Gegenrede hören und die Wahrheit aufnehmen kann; zweitens, wenn die Beschuldigung gleichsam unmöglich, der Fehltritt oder das Vergehen, dessen du beschuldiget wirst, deinem

bisherigen Betragen und der Gesinnung, welche sich darin darlegt, durchaus widerspricht und zugleich so hart ist, daß sie dich an deiner wahren Ehre kränkt. Du bist z. B. ein durchaus ehrlicher Mensch, wirst aber des Diebstahles beschuldiget; da darfst du, da mußt du reden. Rede aber auch dann nicht mehr, als nöthig ist; begnüge dich, wofern du deine Unschuld nicht vollständig beweisen kannst, mit der einfachen, festen Versicherung des Gegentheils; betrage dich nicht also, daß du dadurch noch verdächtiger wirst oder den Herrn erst zum Zorn reizest oder noch mehr erzürnest. Ist aber die Beschuldigung nicht der Art, ist es möglich, vielleicht sogar wahrscheinlich, daß du dich wirklich verfehlt habest, so siehe, in welcher Verfassung oder Stimmung dein Vorgesetzter ist und schweige, wenn er schon im Zorne ist, ob du auch fälschlich beschuldiget werdest — du wirst schon nachher Gelegenheit finden, dich zu rechtfertigen, — rede aber allenfalls auch sogleich, wenn du hoffen kannst, Gehör zu finden. Wie aber der Untergeordnete dem Vorgesetzten, der Diener dem Herrn überall Achtung, Ehrerbietung schuldig ist, so möge er bedacht sein, sie auch in diesem Falle zu beweisen; nicht möge er denken: du hast Recht, dein Herr Unrecht: jetzt darfst du den Mund vollnehmen, dem Herrn unbescheiden, unartig, grob begegnen. Pfui! eine schlechte Gesinnung! und ein Betragen, welches keine gute Früchte trägt! — Einer Frau aus der Gemeinde, welche mir einst bei Gelegenheit eines anderen Gespräches mittheilte, daß ihr Sohn sich bei einem Herrn vermiethet habe, welcher als ziemlich wunderlich und oft hart bekannt war, gab ich folgende Lehre für ihren Sohn: ermahne sie ihn zu dem größesten, treuesten Fleiße und zur strengsten Aufmerksamkeit auf Alles, was seinen Dienst betrifft; dann wird der Herr ihn nicht leicht tadeln, nicht leicht hart behandeln, selbst wenn er auch einmal zürnt; tadelt ihn dennoch der Herr ein und das andere Mal auch unverdienter Weise, so muß er es still hinnehmen, ohne sich zu entschuldigen, ohne Wort gegen Wort zu setzen; vielleicht erkennt später der Herr, daß er ihm Unrecht gethan hat, und macht es auf eine oder die andere Art gut; wenn aber auch nicht, so lass' ihn stets bedenken, wie oft er sich wohl verfehlt, ohne daß der Herr es sieht, ohne daß er dafür gestraft wird; so nehme er denn einmal die unverdiente Strafe hin für eine nicht empfangene, welche er ein ander Mal verdient hatte. Ja, wenn überall der Vorwurf oder die Strafe folgte, wo sie verdient ist, wie viel mehr würde dann getadelt und gestraft werden! denselben Rath gebe ich dir und Allen, welche in gleichen oder ähnlichen Verhältnissen stehen.

Wann ist es Zeit, zu schweigen?

1. Schweige, wenn du mit Recht, wenn auch nur mit halbem Rechte getadelt wirst. Sehr dringend rathe ich, in diesem Falle zu schweigen. Wer gegen gegründeten Tadel sich auflehnt, der muß entweder die Wahrheit verletzen oder die Achtung, welche er anderen Menschen schuldig ist, — gewöhnlich beides zugleich; das aber ist Sünde und bringt keinen Gewinn, sondern nur Schaden. Das Einzige, was du in diesem Falle zu reden berechtiget und zugleich *verpflichtet* bist, ist, die Wahrheit zu bekennen, um Verzeihung zu bitten und Besserung zu geloben. Das thue denn und du wirst Ehre und Vortheil davon haben und — ein besserer Mensch werden! — Es hat freilich nicht jeder Mensch das Recht, uns zu tadeln, wo wir es verdient haben, und wir dürfen nicht *einem Jeden* dieses Recht einräumen; wo du aber in solchem Falle nicht getadelt sein willst, da weise den Tadler einfach ab, ohne die Sache selbst zu berühren; doch merke zweierlei: 1) sprich nicht zu leicht einem Menschen, nicht zu vielen Menschen das Recht ab, dich zu tadeln, schon darum, daß du dich des Fehlers recht bewußt werdest und dich besserest; 2) es ist zuweilen äußerer Rücksichten wegen nöthig und in der Sache zulässig, einen Tadel auch von einem unberechtigten Tadler hinzunehmen. Ein allzu empfindlicher Mensch wird nicht geliebt!

2. Schweige, wo ein Geheimniß ist oder sein soll! Es sind erbärmliche Menschen, die ihre Zunge so wenig zügeln können, daß kein Geheimniß bei ihnen sicher aufgehoben ist. Ich sage aber auch: *wo ein Geheimniß sein soll*; denn *oft versteht sich dieses von selbst* und es wird uns von den Betheiligten nicht ausdrücklich aufgelegt; dennoch bleibt es Pflicht,

auch solche Geheimnisse zu bewahren. Du sollst aber selbst gewisse Geheimnisse haben, wenigstens Manches, was dich angeht, nicht allen Menschen, Einzelnes keinem Menschen oder nur ganz vertrauten anvertrauen; dazu rechne ich Herzens- oder Gefühlsregungen, häusliche Angelegenheiten und Begebenheiten u. dgl a. Wer solche Dinge aller Welt mittheilt, verliert an Achtung, bereitet sich Kränkungen und manchen äußeren Schaden. Man spreche nicht zu viel von sich selbst und seinen Angelegenheiten! man sei dagegen auch kein Geheimnißkrämer, der Alles geheim halte, kein ganz verschlossener Mensch, der sich Niemanden offenbare!

3. Schweige, wo Zank und Streit ist oder zu entstehen drohet! Die Vorschrift empfiehlt sich durch sich selbst; es scheint aber, als ob sie von den wenigsten Menschen recht verstanden oder für anwendbar gehalten werde; da doch Zank und Streit so viel ist und man ihm so wenig aus dem Wege geht. Mache du es anders!

4. Schweige, wo die Thoren, die Spötter, die Unzüchtigen, die Lästerer reden! Schweige, schweige, wo solche Zungen reden! Es ist keine Ehre und kein Gewinn, in ihre Reden einzustimmen! Besonders stehen in üblem Rufe die Klatschschwestern; es giebt aber nicht bloß weibliche, sondern auch männliche Klatschschwestern oder Klatschweiber; ehrt man die weiblichen nicht, so sind die männlichen gewiß verächtlich! Nimm die Sache nicht zu leicht: Klatschen heißt Alles ausplaudern, was man irgend von Anderen und ihren Angelegenheiten weiß, die Wahrheit entstellen, der Wahrheit die Lüge unterschieben, Anderen den Ruf benagen, Anderen die Ehre abschneiden. Nicht, weil ein Lästerer unbeliebt, gehaßt, verachtet ist, sollst du es ihm nicht gleichthun, nein, weil sein Thun Sünde ist! — Das Klatschen ist ein ziemlich allgemeiner Fehler (d. h. man findet ihn vielleicht bei der Mehrzahl der Menschen), unzüchtige Reden gehören, so zu sagen, zur Tagesordnung; Achtbares, ja das Heilige verspotten, erregt kaum noch Abscheu; glaube aber darum ja nicht, mein theurer Freund, daß es deshalb nicht doch große Fehler wären! Alberne Reden zu führen (Narrentheidinge zu trei-

ben, wie der fromme Luther es ausdrückt), ist freilich kein sündhaftes Reden; aber es macht den Menschen lächerlich, weil es etwas Unwürdiges ist. Nimm daher den Grundsatz an: rede nur, was gut und nützlich ist, oder soll auf Vergnügen Rücksicht genommen werden, so rede doch nur Solches, was nicht mit Recht getadelt werden kann; in's Besondere über andere Menschen rede nur das Gute, was ihnen zum Vortheil gereicht, das Schlechte, das Böse kömmt doch wohl rund! Bist du aber vielleicht Lehrer oder Erzieher oder warnender Freund oder gar Zeuge der Wahrheit, so hast du andere, höhere Pflichten und es entbindet dich die höhere Pflicht von der geringeren: doch was in solchem Falle Pflicht ist, ist in anderem Falle unerlaubt. Rede, wenn es Pflicht ist! schweige, wenn es Pflicht ist!

Ich bin überzeugt, daß du die hier ausgesprochenen Lehren als richtig und wohlbegründet anerkennen wirst, und glaube eben so sehr, daß du ihren Nutzen für's Leben anerkennen wirst. Ich hielt die Weisheit theurer denn Königreiche und Fürstenthümer und Reichthum hielt ich für nichts gegen sie, spricht der weise Salomo, deshalb suche, weise zu werden. Ein wichtiger Theil der Weisheit ist aber, reden und schweigen zu rechter Zeit!

Funfzehnte Lehre.

Sei gehorsam mit Willigkeit.

Nicht für überflüssig halte ich diese Lehre, nicht grade, weil ich glaubte, du möchtest, wo du zu gehorchen hast, keinen willigen Gehorsam beweisen, sondern weil ein williges Gehorchen bei Vielen nicht gefunden wird, die gehorchen müssen, und weil es auch wirklich manchmal schwer ist, es zu beweisen. — Auch du wirst, so jung du bist, schon manches Beispiel von Ungehorsam, von mürrischem trägem Gehorsam gesehen haben bei Kindern gegen ihre Aeltern, bei Dienstboten gegen ihre Herren, bei Lehrlingen und Gesellen gegen ihre Meister, bei Tagelöhnern und Untergeordneten anderer Art gegen ihre Vorgesetzten. Hat dir das gefallen? meinst du, daß dadurch Liebe, Wohlwollen, Gunst erworben wird? — Gewiß nicht! wohl aber das Gegentheil! Williger Gehorsam hilft zum Fortkommen! dessen sei gewiß!

In den meisten Fällen ist es häßliche Eigenschaft des Gemüthes, wo der Gehorsam rechter Art fehlt. Sei also aufmerksam auf dich selbst, daß sich dir diese häßliche Eigenschaft nicht anbilde! In manchen Fällen freilich wird der Gehorsam auch schwer gemacht durch die Weise der Vorgesetzten, durch die Art ihres Befehlens wie durch die Art ihrer Forderungen; denn wer da stets mit hartem, gebieterischem Wesen unter den Untergebenen einhergeht, wer Treue und Fleiß auch nicht mit einem guten Worte oder freundlichen Blicke lohnt, wer seiner üblen Laune stets den Zügel schießen lässet und wohl den Einen entgelten lässet, was ein Anderer verschuldet hat, wer obendrein sehr viel fordert, oft zu unrechter Zeit fordert, das Unrechte oder das Rechte auf unrechte Art befiehlt, — der macht allerdings den Dienst sauer; aber die heilige Schrift lehrt: ihr Knechte, seid gehorsam euren Herren, nicht allein den gütigen und gelinden, sondern auch den wunderlichen. Das paßt so ganz hierher; merke dir also diesen Spruch und wende ihn auf deine Verhältnisse an: er wird dich recht führen. Laß' es dich nicht verdrießen, ob es spät oder früh gehe; sei nicht störrig, ob du auch zuweilen unfreundlich behandelt werdest; glaube dich nicht allzu tief verletzt, wenn du auch einmal einen unverdienten Tadel erleidest, nimm auch den ruhig hin und halte dich überall so, daß man eher etwas gegen dich zu bereuen habe, als daß du etwas gegen Andre zu bereuen habest, zumal gegen deinen Brotherren oder Vorgesetzten! Freilich heißt es: wie man in den Wald ruft, so schallt es heraus; aber wolltest du Unfreundlichkeit mit Unfreundlichkeit, Härte mit Trotz, Ungerechtigkeit mit Ungehorsam vergelten, — was hättest du dann voraus vor denjenigen, über welche du dich beklagest, welche du tadeln zu dürfen meinest? hättest du dann die Forderung der Schrift erfüllt: du sollst Böses mit Gutem vergelten? oder jene obige, daß man auch dem wunderlichen Herren gehorsam sein soll? Viel klagen die Herrschaften über die Dienstboten, viel die Dienstboten über die Herrschaften; gewiß haben beide Theile Schuld und geben Ursache zur Klage; aber daß viele Herrschaften erst durch das Betragen ihrer Dienstboten, namentlich durch ihre Störrigkeit.

ihren Trotz, ihren unlustigen, trägen Gehorsam, zu einem unfreundlichen Benehmen, zur Härte veranlaßt werden, — das ist wohl nicht zu leugnen. Gehorche mit Willigkeit jedem Herren, jedem Vorgesetzten, damit du ohne Schuld und Verantwortung seiest, damit du nicht den Zorn des harten Herren auf dich ladest, nicht die Liebe des gütigen, gelinden Herren von dir abwendest. Betrage dich nicht allein als Dienstbote so, sondern auch in jedem anderen Verhältnisse, wo es sich anwenden läßt oder gefordert wird, Wahrlich, es wird dir Gewinn bringen!

Sechszehnte Lehre.

Schicke dich überall, wo du bist, in Hausweise.

Da gebe ich dir eine sehr wichtige Lehre! du kennst wohl das Gedicht, welches von einem Knechte erzählt, dem nichts gut genug im Hause war: das Bett nicht weich genug, die Butter nicht frisch genug, die Suppe nicht warm genug; als nun eines Tages eine Erbsensuppe auf den Tisch gesetzt war, ließ er den Löffel hineinfallen und zog ihn wieder heraus mit den Worten: hängst du dran, so eß' ich dich. Dieser Knecht errichtete nach einigen Jahren einen eigenen Hausstand; jetzt aber wollte er doch Erbsen essen und kam zum früheren Herren, um einen Scheffel oder ein Faß davon zu kaufen, dieser ging mit ihm an den Erbsenhaufen, steckte die Schaufel hinein, und zog sie leer wieder heraus mit den Worten: hängst du dran, so meß' ich dich. Da ward's dem Knechte leid, was er früher gethan hatte; die Thränen sprangen ihm aus den Augen; er demüthigte sich und bat um Verzeihung. — Beispiele, wie Dienstboten und andere Hausgenossen mit dem Häuslichen unzufrieden sind, siehst du alle Tage, wenn du darauf achtest; aber Beispiele, daß spätere Zeit zur Erkenntniß führt, siehest du auch oft, genug, wenn du darauf merkest; denn die, die einst am fremden Tische so lecker, so wählerisch waren, finden oft nachher den eigenen Tisch viel, viel dürftiger besetzt. Sei du nicht so, sondern schicke dich in Hausweise — mit Essen und Trinken und allem Uebrigen, was die häuslichen Verhältnisse mit sich bringen. Soll das ganze Haus sich nach Einem richten? und wenn, wie sollte das Haus sich einrichten, wenn jeder neue Hausgenosse das Haus erneuern und jeder Einzelne es nach seinem Belieben gestalten wollte! Soll Hausvater und Hausmutter sich nach dem Dienstboten richten? — das wäre Unbilligkeit! das hieße die Würde des Hausvaters und der Hausmutter gar sehr verkennen! Wer sich aber als einzelner Hausgenosse nicht in Hausweise schicken will, der wird — nach dem Ausdrucke des gemeinen Lebens — nirgends durchkommen, wäre er auch sonst fleißig und tüchtig genug!

Siebenzehnte Lehre.

Sei friedlich.

Friede ernährt, Unfriede verzehrt. Wahr genug ist dieses Sprichwort; Nachbaren z. B. können sich manches Angenehme und manchen Vortheil gegenseitig zuführen, wenn sie einträchtlich bei einander wohnen; manchen Schaden aber, wenn Unfriede zwischen ihnen ist. So erscheint denn auch die Ermahnung, welche in diesem Sprichworte liegt, kräftig genug; denn wer möchte nicht lieber den Vortheil als den Schaden. Wichtig ist der Friede also zunächst für Nachbaren, welche sich nahe wohnen, wichtiger noch für Eheleute. Wenn du zwei Pferde an den Wagen spannst, das eine aber zieht hierher, das andere dorthin, so wirst du schlecht fahren; so wird es im Hause schlecht stehen, namentlich auch nicht leicht blühender Wohlstand sein, wenn Eheleute nicht friedlich mit einander sind. Friedlich zu sein, ist aber für Jeden und für jedes Verhältniß zu empfehlen; wer mag einen Dienstboten halten, welcher stets mit den Mitarbeitern Zank und Streit anspinnt? wer mag bei einem Herren dienen oder arbeiten, der dem Diener jedes Versehen zum Verbrechen, jeden Fehler zur Sünde macht und nur ihn schindet und plagt, ihn bei unerheblicher Veranlassung plötzlich aus dem Dienste stößt, ihm den Lohn vorenthält? wer mag mit einem Menschen zusammen gehen oder gemeinschaftlich arbeiten, der bei jeder Gelegenheit und aus den unbedeutendsten Ursachen Streit erhebt? willst du also wohl fortkommen, so nimm einen friedlichen Sinn an und gewöhne dich zu einem friedlichen Betragen. Thust du das als junger Mensch, als Dienstbote, als Geselle, so wirst du nachher auch leicht eine friedliche Ehe führen und mit den Nachbaren friedlich leben und jetzt wie dann erfahren, daß Friede ernährt, Unfriede verzehrt.

Frage aber den Unfriedfertigen, wie es doch komme, daß er so oft Zank und Streit hat und du wirst ihn reden hören, als habe er gar nicht darum hin gekonnt, als sei er so schrecklich gereizt worden, — kurz: als habe er durchaus keine Schuld. Das ist die gewohnte Weise fast aller Menschen: immer wollen sie sich selbst für schuldlos ausgeben; selten sind die Menschen, welche frei und willig ihre Schuld anerkennen, wenn sie Statt findet. Erkennt man aber auch seine Schuld nicht an oder gesteht sie nicht ein, so bleibt sie dennoch. So auch bei dem Unfriedfertigen; es liegt an ihm, daß er so oft Zank und Streit hat; wenigstens ist Einer selten ganz unschuldig, wenn zwei sich zanken; Schuld hat der Mann, Schuld hat die Frau, wo Hader und Zwietracht ist, und in anderen Verhältnissen ist es nicht anders. Also erstens: entschuldige dich nicht, wenn du Unfrieden hast und es dir deshalb nicht wohlgeht, als habest du keine Schuld daran; zweitens: sei nicht unfriedfertig, weil dich das als unsittlichen Menschen ausweiset!

Achtzehnte Lehre.

Sei höflich gegen Jedermann.

Höflichkeit kostet nichts. Das wirst du doch zugeben? Höflichkeit macht beliebt. Auch das bestreitest du wohl nicht? Also sei höflich. Im Frühjahre ging ich durch einen nahe gelegenen Ort dieser Gemeinde spazieren; nicht weit vorauf ging ein junger Mensch aus der Fremde, welcher als Handwerksgesell, wie ich nachher von ihm erfuhr, seinen ersten Ausflug in die Welt machte; er ging an einigen Kindern vorüber, welche in der Nähe des Weges spielten und den Wanderer freundlich mit einem guten Tag und durch Abziehen der Mützen begrüßten; ich folgte gleich nach und wurde als guter Bekannter um so mehr von den Kindern auf gleiche Weise begrüßt; als ich den Handwerker bald eingeholt und begrüßt hatte, redete ich ihn an: Sie wurden da ebn von den Kindern zuvorkommend gegrüßt; gefiel Ihnen das wohl? — O ja wohl, antwortete er. Sehen Sie, sagte ich, Höflichkeit gefällt; ich setzte aber auch hinzu: Höflichkeit kostet nichts. Ob er sich diese Lehre gemerkt hat, weiß ich nicht; ich wollte es aber nicht versäumen, ihm eine Lehre zu geben, welhe ihm wohl nützen und welche er auch von einem Fremden wohl annehmen konnte. Einzelne kleine gute Eigenschaften entchuldigen oft andere Fehler; deshalb muß man auch das Geringste nicht versäumen, was uns Liebe und Wohlwollen erwerben kann: denn ganz frei von Fehlern werden wir doch immer nochnicht; haben wir aber große gute Eigenschaften und die geringern gefälligen Eigenschaften daneben, so ist es desto gewisser, daß wir uns Achtung, Liebe, Wohlwollen erwerben.

Sei aler höflich gegen Jedermann. Manche Menschen sind aber ausnehmend höflich — die Artigkeit selbst, wie man zu sagen pflegt — gegen Höhere; gegen Ihresgleichen mäßigen sie sich schon bedeutend; gegen Geringere sind sie ungeschliffen, grob, roh! Pfui! da kömmt die Höflichkeit nicht aus dem Herzen und ist eine verachtliche Waare! Warum gegen den Höheren höflich und artig sein? weil du Nutzen davon erwartest? kann der Geringere dir nicht auch nützen? nützt er dir nicht oft mehr und lieber als Jener? ist denn nicht der Geringere auch Mensch, also immer eben so viel wie du? ist es nicht dir auch angenehm, wenn ein Geringerer sich dir höflich erweiset? ist es nicht für ihn eine noch größere Freude, wenn du ihm höflich und artig begegnest? Höflich sein, wo es um Vortheil geht, ist keine Ehre! höflich sein, wo es Pflicht ist, das verdient noch kein Lob! höflich sein aus freiem Willen und mit freundlichem Herzen, das ist schön!

Neunzehnte Lehre.

Sei gefällig und bei jeder Dienstleistung freundlich.

Die Gefälligkeit kostet allerdings etwas, nämlich immer einige Mühe; aber oft kann man mit geringer Mühe Anderen auch große Freude und großen Nutzen verschaffen, sich selbst aber großer Dank bereiten; giebt es aber auch keinen Dank, so muß man dennoch gefällig sein; denn wofern wir das Gute bloß um Lohn thun wollten, so haben wir schon unsern Lohn dahin nach der Lehre dessen, der recht lehrete, nämlich darin, daß man uns ansieht und lobt als gefällige Leute. Bleibt aber auch, wie gesagt, in einzelnen Fällen der Dank aus und schmerzt es, daß die freundliche Gesinnung nicht erkannt oder nicht nach ihrem ganzen Werthe geschätzt wird, so bleibt doch im Ganzen der Dank und der Lohn nicht aus. Wie manches Saamenkorn auf den Weg und unter die Dornen und auf das Steinichte fällt und zertreten wird, oder ersticket oder von den Vögeln gefressen wird und also keine Frucht bringet, wie aber im Ganzen dem Säen doch immer eine Ernte folgt, so hat auch jedes Gute, welches wir thun, seinen gewissen Lohn. So auch die Gefälligkeit, die Dienstfertigkeit. Wir freuen uns dessen selbst, wenn wir gern gedient haben; es ist ein schöner Lohn, wenn die Menschen ein solches Zutrauen zu uns haben, daß sie, bekannt oder unbekannt, Freund oder fremd, mit ihren Wünschen zu uns kommen! aber es bleibt auch die Vergeltung an anderen Früchten nicht aus; denn mit welchem Maaße ihr messet, mit demselben Maaße wird man euch messen. Oft freilich bleibt der Lohn des Guten lange aus; aber auch die Ernte folgt nicht sogleich auf die Saat, sondern die Frucht keimet erst, wächst, blühet, reifet, ehe sie geerntet wird. Daher laß' uns immer gefällig sein, wo wir nur können; die Gefälligkeit ist eine schöne Tugend; die Ungefälligkeit eine häßliche Eigenschaft, ein großer Mangel; denn wer tadelt nicht ein Kind, welches gegen Bruder und Schwester ungefällig ist? wer liebt und lobt nicht den gefälligen Nachbaren?

Man sei gefällig gegen Jedermann, nicht bloß da, wo Gunst Höherer und allenfalls Gegendienst zu erwarten ist, gefällig besonders gegen diejenigen, mit welchen wir eng verbunden sind, mit welchen wir uns täglich berühren, gegen Geschwister, gegen Hausgenossen, gegen Mitarbeiter u. s. w.; aber laßt uns auch gefällig sein gegen Nachbaren und Mitbürger, gegen Einheimische und Fremde ohne Ausnahme. Je ferner uns ein Mensch steht, je weniger Recht, zu fordern er hat desto mehr bedarf er oft unser und unserer Dienstleistungen. Du, mein junger Freund, gehst in die Lehre zu einem Handwerker. Wie manche Gelegenheit wirst du haben, gefällig zu sein gegen Meister und Meisterin, gegen Gesellen und Lehrling! Versäume es nicht: es wird dir nicht unvergolten bleiben!

Gefällig laßt uns sein mit Zuvorkommenheit! das macht uns manchen Dienst mehr möglich, als wenn wir uns immer erst fordern lassen. Ich kenne freilich das Beispiel, daß ein Mann stets zu Gefallen war, sobald man ihn darum ersuchte, niemals aber, so viel ich weiß, der Bitte oder der Aufforderung zuvorkam und daß dessen Gefälligkeit hoch geschätzt wurde, und ich kenne das Beispiel eines Anderen, der sich nicht erst bitten ließ, sondern gern seine Dienste anbot, und weiß, daß dessen Dienste nicht so hoch angerechnet wurden; dennoch blieb der Letzte, wiewohl er Beides oft zu vergleichen Gelegenheit hatte, bei seiner Weise. War es recht oder unrecht.

Laßt uns denn endlich jede Dienstleistung mit Freundlichkeit begleiten! Kleine Gaben gewinnen durch die Art, wie sie gegeben werden, oft hohen Werth; der Werth großer Gaben wird oft sehr gemindert, wenn dem Empfänger bei'm Darreichen irgend wehe gethan wird. So auch die Gefälligkeit: jeder Dienst, welcher mit Freundlichkeit gethan wird, gewinnt doppelten Werth. Wie aber ihr thuet, so wird man euch wieder thun!

Zwanzigste Lehre.

Sei zuverlässig.

Vertrauen ist ein schönes Band unter den Menschen. Vielleicht trägt kein Gefühl, welches Menschen gegen Menschen hegen, mehr dazu bei, das gegenseitige Verhältniß unter Menschen zu einem schönen zu machen, als das Vertrauen. Wie wohl ist dem Volke, welches Vertrauen zu seinem Fürsten hat! wiewohl dem Fürsten, welcher sich mit unbedingtem Vertrauen seinem Volke hingeben darf! Wie ganz anders reiset es sich, wenn der Wanderer sich seines Lebens und seiner Habe versichert halten darf, und wie ganz anders, wenn er fürchten muß, aus jedem Schlupfwinkel den Räuber hervorstürzen zu sehen, der ihm die Habe nehmen und allenfalls das Leben selbst raubewill! Vertrauen ist ein schönes Band für alle Verhältnisse des Lebens, ein nothwendiges Band, wo der Mensch sich bei'm Menschen glücklich fühlen soll; Vertrauen müssen Mann und Weib, Aeltern und Kinder, Bürger und Mitbürger, Herrschende und Dienende zu einander haben!

Vertrauen gründet sich einerseits auf Glauben, andrerseits auf Glaubhaftigkeit oder Zuverlässigkeit. Vertrauen hegt nur der, welcher Glauben hat an den Menschen, welcher vorherrschend Gutes von dem Nebenmenschen erwartet; der argwöhnische Mensch, der stets von vorn herein ohne bestimmte Ursache Arges, Schlechtes erwartende Mensch hat in seiner engen Seele keinen Raum für ein herzliches, festes Vertrauen. Vertrauen verdient nur der Mensch, welcher die Ueberzeugung von sich zu erwecken und zu erhalten im Stande ist, daß Wohlwollen, Treue und Aufrichtigkeit, Wahrhaftigkeit, redlicher Pflichteifer sein Herz erfüllen. Du, mein junger Freund, trittst jetzt in die Welt; du kennst sie wenig; du wirst mannigfach auf die Schlechtigkeit und Verderbtheit der Menschen aufmerksam gemacht und vor Täuschung, Betrug, Falschheit und Hinterlist gewarnt worden sein; du wirst aber, wie es in jungen Gemüthern immer Statt zu finden pflegt, in dir selbst eine Stimme vernommen haben, welche dir zurief: weil manche Menschen schlecht sind, sind es nicht alle, weil kein Mensch ganz rein und ohne Fehler ist, ist nicht jeder grundschlecht, verdorben bis in die innerste Tiefe des Gemüthes, — eine Stimme, welche dich ermahnte, die Lehren Erfahrnerer nicht unbeachtet zu lassen, dennoch aber dein Gemüth dem Vertrauen, dem Glauben an die Menschheit offen zu halten. O daß dir die vielleicht von einem kränkelnden Gemüthe eingeprägte Vorsicht oder Aenzstlichkeit im Umgange und Verkehre mit den Menschen nicht ganz die schöneren Gefühle, welche im Menschen gern den Bruder suchen und lieben wollen, erstickt haben möge! O daß das eigene Gefühl, welches dich liebend und vertrauend zum Mitmenschen hinzieht, stets, wenn du Schlechtes an den Menschen gefunden hast, leiten möge, auch das Gute an ihnen aufzusuchen, wenn

Mängel dir fühlbar geworden sind, auch die Tugenden zu sehen! Wenn die grämelnde Klugheit der angeblich Klugen dir das Herz erkälten will, dann möge der auch durch trübe Erfahrungen nicht erschütterte Glaube an den Menschen dir das Herz warm halten! Gelingt es dir aber, in dir das Vertrauen zum Menschen zu erhalten, o so strebe nicht weniger, das Vertrauen der Menschen zu dir zu erwerben und zu erhalten! Glaube mir: du wirst damit einen schönen Schatz erwerben, einen Schatz, welcher mehr werth ist als baares Geld, der aber doch auch zu Brot und Gelde hilft! darum sei zuverlässig! laß' dich stets wohlwollend gegen alle Menschen, treu gegen die dir verbundenen, aufrichtig, wahrhaft, in der Pflicht eifrig erfinden! denn darauf gründet sich das Vertrauen. Nur der Mensch gewinnt Vertrauen im allgemeinen Sinne des Wortes und zwar allgemeines Vertrauen bei Allen, welcher sich wohlwollend gegen seine Nebenmenschen erweiset, welcher das Beste Anderer gern und nach Kräften befördert. Nur der gewinnt Vertrauen, welcher ohne falschen Schein seine Gesinnungen offenbart, wie sie in ihm wohnen, der nicht Liebe und Wohlwollen heuchelt, wo ihm das Herz kalt ist, der nicht das Schlechte gut und das Gute schlecht nennt aus Menschenfurcht oder um Vortheiles willen. Nur der gewinnt Vertrauen, welcher festhält an denen, welche ihm das Schicksal zugeführt hat, und nicht mit Gesinnungen wechselt, wie mit dem Kleide, welcher anvertrauete Geheimnisse und Güter in Herz und Hand wie in verschlossener Lade bewahret. Nur der gewinnt Vertrauen, welcher aussagt, was er weiß, welcher berichtet, wie er gehört und gesehen hat, nicht der leichtsinnige, nicht der freche Lügner, welcher mit der Wahrheit spielt. Nur derjenige gewinnt Vertrauen, welcher Ernst und Unverdrossenheit beweiset, wo es seine Pflicht gilt. So strebe denn, mein theurer junger Freund, das Vertrauen der Menschen, das Vertrauen aller Menschen zu gewinnen! Hast du es gewonnen, so ist dir der Weg zum Glücke gebahnt!

Was soll ich dich noch weiter aufmerksam machen auf die Abwege, auf Gesinnungen und Handlungen, welche das Vertrauen stören! was soll ich dir noch mit vielen einzelnen Zeichen den rechten Weg anzeigen, welcher zum Vertrauen führt Nimmst du nur das Wenige, was ich hier schon gesprochen in Acht und ist es dein ernster Wille, dir in jedem Verhältnisse, sei es als Herr oder Diener, als Hausvater oder Mitbürger, als Freund oder Genosse, Vertrauen zu erwerben, so wird es dir schon gelingen. Ueberdem wirst du stets in dir einen Warner vernehmen, wenn du etwa etwas vornehmen wolltest, was dir das Vertrauen entziehen oder ihm den Weg zu dir abschneiden könnte; dein Gefühl ist dazu richtig gebildet, dein Verstand hinlänglich aufgeklärt. Nur noch warnen will ich dich mit kurzen Worten gegen den Einfluß des verführenden Beispieles, welches dir oft genug gegeben werden wird, und den Einfluß verführerischer Rede, welche dich oft genug irre zu leiten suchen wird; aber wie du nicht auf die Reizungen zum Bösen und Verkehrten, welche aus dem eigenen Fleische kommen, achten und ihnen nicht folgen sollst, so folge nicht, wenn den außen schlechtes Wort oder Beispiel dich vom rechten Pfade verlocken will! denke immer daran, was das Vertrauen der Menschen dir werth ist und daß es nimmer von selbst kömmt, sondern erworben sein will durch ernstliches Werben! Glaube endlich auch nie, daß durch erborgten Schein wahres Vertrauen erworben werde! Zwar magst du Unerfahrene, Leichtgläubige täuschen; aber die Klügeren werden dich immer recht beurtheilen; zwar magst du den Anfang des Vertrauens durch erborgtes Wesen gewinnen; aber ein volles, unbedingtes Vertrauen gewinnst du dadurch nie und bald wirst du dabei auch das schon gewonnene wieder verlieren.

Ein und zwanzigste Lehre.

Sei durchaus ehrlich!

Ich sage mit Absicht: sei **durchaus** ehrlich. Ich will also nicht insoweit zur Ehrlichkeit ermahnen, daß du kein Dieb und Betrüger von Fach oder von Handwerk werdest, wie man sagt, sondern vielmehr dazu, daß du bis in's Kleinste und Einzelnste hinein ehrlich sein sollest, obgleich eigentlich ja auch schon die kleinste Unehrlichkeit entweder ein Diebstahl oder ein Betrug ist.

Im strengsten ehrlich ist aber derjenige, welcher auch nicht den geringsten Vortheil will und nimmt, welcher ihm nicht mit Recht zukömmt, oder auch nicht den geringsten Genuß vom Gute Anderer sich schafft, welcher ihm nicht vom Eigenthümer selbst erlaubt und freigestellt ist. Du kannst schon merken, worauf ich ziele. Beim Handel würde derjenige betrügen nach dem Urtheile aller Menschen, welcher eine fehlerhafte Sache wie eine gute verkaufte und dafür den Preis nähme, welcher nur für eine völlig gute Sache gegeben wird: aber auch derjenige betrügt im strengen Sinne des Wortes, welcher mehr nimmt, als die Sache werth ist, den Käufer also übertheuert und sei es auch nur um ein Geringes. Vortheil muß der Kaufmann nehmen, sonst kann er nicht bestehen; darum arbeitet er; aber nimmt er ungebührlichen Preis, so handelt er unrecht und ist nicht mehr im strengsten Sinne ehrlich. Der Handwerker betrügt, wenn er übermäßigen Preis nimmt, wenn er schlechte Arbeit liefert und doch guten Preis nimmt, wenn er zu seinen Lieferungen schlechte Zuthaten verwendet und doch guten Preis nimmt. Namentlich kömmt es bei Handwerkern oft vor, daß sie Arbeiten mit versteckten, unerkennbaren Fehlern liefern, möge es an den Zuthaten oder an der Bereitung liegen. Laß' die Menschen zusehen, was sie kaufen und bezahlen und empfangen, sagt der Leichtsinnige; aber nur ein Leichtsinniger sagt so und gesteht eben damit nimmer sein Unrecht; der ehrliche Mann mißbraucht das Vertrauen des Nebenmenschen nicht. Man vertrauet, oder man kennt die Sache nicht so genau oder — läßt sich lieber übertheuern und betrügen, als daß man Aufhebens davon macht, geht aber zu einer anderen Stelle. So geht es z. B. mir gerade jetzt. Ein Handwerker, ein sonst guter Arbeiter, hat mir eine Sache geliefert, welche nicht mit gehöriger Sorgfalt gearbeitet ist und zu der auch nicht die besten Zuthaten gegeben sind; der volle Preis wird natürlich gefordert werden und ich werde ihn zahlen; denn lieber leide ich einen Schaden, als daß ich Jemanden sage, er habe mich betrogen; werde ich aber meine Kundschaft dem Manne entziehen? — ich glaube nicht; denn ich wechsle nicht gern mit Handwerkern: ich mache ja wohl auch

Fehler und man setzt mich nicht gleich ab; aber wenigstens wird jener Mann immer den Schaden haben, daß ich ihn nicht empfehlen kann; nach mehreren ähnlichen Vorgängen würde ich mich natürlich auch von ihm wenden. Derjenige hat endlich immer den meisten Schaden, welcher zum Schaden Anderer handelt!

Ich will nun noch auf einige besondere Stücke meine Rede hinleiten, weil sie Gegenstand vieler Klagen sind. Sehr viel hört man Herrschaften klagen über Naschhaftigkeit der Dienstboten, besonders der weiblichen. Auf keinen Fall ist Naschhaftigkeit eine lobenswerthe Eigenschaft. Nun mag es allerdings großen Reiz haben, von Allem zu kosten, was Schmackhaftes und Leckeres vor die Augen kömmt; aber der Dienstbote hat nicht das Recht, zu nehmen, was und wieviel ihm gefällt (thut er es ohne der Herrschaft Bewilligung, so stiehlt er), sondern er muß sich mit dem begnügen, was ihm die Herrschaft giebt (und die meisten Herrschaften geben wirklich dem Dienstboten von Allem ab), muß sich auch zufrieden geben, wenn er von Manchem gar nichts erhält; denn über die Sache des Herren zu verfügen, ist des Herren Sache und der Diener kann nicht fordern: dies will ich haben, das will ich haben; nur zum Sattwerden darf er gesunde und reinliche Nahrung verlangen; erhält er die nicht, dann hat er Recht, sich zu beklagen; aber damit erhält er noch nicht das Recht, nach eigner Willkür zu nehmen, was ihm nicht gegeben wird. — Wie aber auch männliche Dienstboten zuweilen naschhaft sind, davon sah ich in den letzten Tagen ein etwas starkes Beispiel. Zu einer Gesellschaft war ein Herr gekommen, welcher sich von einem Bedienten begleiten ließ; da es in dem gastlichen Hause willkommen war, einen Aufwärter mehr zu haben, so ward mit des Herren Bewilligung dieser Diener zum Aufwarten herangezogen; der nun besorgte sich selbst so gut, daß er nicht nur, wie sich endlich ergab, überhaupt reichlich Wein trank, sondern auch grade von dem besten Wein eine ganze Flasche für sich bei Seite brachte und allein ausleerte, natürlich ungeheißen und ungefragt. Heißt das ehrlich sein oder stehlen? Ehrlich währt am längsten, sagt das Sprichwort; deshalb sei ehrlich bis in's Einzelste und Kleinste, so wirst du Ehre haben, wirst, sei es als Dienstbote oder in anderen Verhältnissen, gern gesehen und gut gehalten werden. Gestohlen Brot schmeckt auch gut, sagt freilich ein anderes Sprichwort; aber ein drittes Sprichwort sagt auch: der Krug geht so lange zu Wasser, bis der Henkel bricht. Die Diener, welche des Herren Gut veruntreuen, sei es auch nur in kleinen Dingen, werden nicht eben den treueren vorgezogen, werden nicht eben besonders empfohlen werden, wenn sie es etwa später nöthig haben, nicht begünstigt oder unterstützt. Die Strafe ist nach einem Gedichte eine hinkende alte Frau; sie kann das Laster und die Sünde nicht immer sogleich erreichen; aber sie folgt und holt am Ende doch den Verbrecher ein. Glaube mir: auch kleine Vergehungen finden ihre Strafe, so oder so. Die Leckergäume, die Näscher vernaschen und verleckern auch gar zu oft das Ihrige und darben dann im eigenen Hause schmählich, sie, die es im fremden Hause nicht gut genug haben konnten. Aus schlimmer Angewöhnung wird leicht ein Laster; das Laster aber führt zum Verderben. Eine schlimme Angewöhnung bahnt der anderen, ein Laster dem anderen den Weg. Ehrlich sollst du sein im Kleinen und im Großen noch vielmehr, nicht bloß im Großen sondern auch im Kleinen. Wenn beides, dann bist du ehrlich, vollkommen ehrlich. Das sei!

Unter den Leuten geringen Standes herrscht hier und da die Meinung, als sei der sogenannte Mundraub, d. h. der Raub an Dingen, welche für den Mund sind, keine Sünde, kein Verbrechen. Ich möchte doch wissen, worauf diese Meinung sich gründet! Wer ohne Erlaubniß fremdes Eigenthum nimmt, sei es, was es sei, der stiehlt und sündigt. Warum nehmt ihr denn nicht am offenen Tage, vor aller Leute Augen? warum fühlt ihr euch beschämt, gedemüthigt, wenn man euch entdeckt und zur Rede stellt? warum lauft ihr davon und lasset gewöhnlich die Beute fallen, wenn man euch bei der That von ferne nahet? soll etwa deshalb ein solcher Raub kein wirklicher und sündlicher Diebstahl sein, weil man euch darüber nicht vor Gericht stellt und bestrafen lässet? — O, da irret ihr gewaltig: man leidet lieber einen kleinen Schaden, als daß man euch vor Gericht stellte und euch als Diebe brandmarken ließe. Das ist der Grund! Aber solche Dienstboten, solche Tagelöhner, solche Nachbaren liebt man nicht; man entfernt sie, wo man kann, oder entzieht ihnen das Vertrauen, welches man ehrlichen Menschen schenkt, und legt Schloß und Riegel vor, wo man ihnen Gehen und Verkehren nicht wehren kann. Ebenso sollen viele Menschen auch den Holzdiebstahl nicht für einen eigentlichen, sündlichen Diebstahl halten. Der Holzdiebstahl aber wird doch von den Gerichten oft genug gestraft! aber da sagen sie wieder: was frei aus Gottes Erdboden wächst, das gehöret Jedem zu. Ei, ist denn der Wald auch wirklich frei, d. h. ohne Bemühung eines Menschen, aus dem Erdboden aufgewachsen? — Oft erfordert es Mühe, Kunst und Kosten genug, einen Wald hervorzubringen. Und ist denn der Boden nicht eines Menschen Eigenthum? nicht also auch die Sache, welche darauf wächst, eines Menschen Eigenthum?

So findet man unter Ungebildeteren auch wohl die Meinung, als ob man den Landesherren bestehlen und betrügen dürfe, ohne daß es eine Gewissenssache wäre, als ob des Landesherren Gut Jedermanns Gut sei. Aber gesetzt, das, was dem Landesherrn gehört, gehöre auch allen Landeseinwohnern mit zu, so hätte dennoch kein einzelner Landeseinwohner das Recht, sich nach Belieben davon zu bedienen oder dem Fürsten das vorzuenthalten, was ihm zukömmt, sondern nur der Fürst hat das Recht, davon zu geben und zu bewilligen. Wie vielfach werden die Landesherren bestohlen und betrogen! Thue nie dergleichen! Wer sich in einem Stücke als gewissenlos zeigt, von dem vermuthet man, daß er es auch in anderen Stücken sein werde und trauet ihm nicht; wer in einem Stücke sein Gewissen betäubt, der thut es bald auch in mehreren und geht zunächst innerlich, dann aber auch äußerlich dem Verderben entgegen!

Noch Eins. Vielfach werden Herrschaften dadurch bestohlen und betrogen, daß diejenigen, denen sie ihre Geschäfte oder Geld anvertrauen, entweder aus Gleichgültigkeit, Nachlässigkeit und Trägheit des Herrn Vortheil nicht wahrnehmen und also dem Herren Schaden zufügen oder auch sich selbst Vortheile auf des Herren Rechnung verschaffen. Man läßt dich z. B. eine Sache zu Markte bringen; du bist verpflichtet, den höchsten Preis für die Sache zu schaffen; thust du es nicht, so betrügst oder bestiehlst du deinen Herren. Man giebt dir Geld, irgend etwas einzukaufen; kaufst du schlechte Waare oder bezahlst du zu hohen Preis oder bedingst du dir selbst einen Vortheil aus, oder kaufst du ein, wo man dir für dich selbst stillschweigend einen Vortheil zugesteht, oder bezahlst so hoch, daß du dadurch dir selbst einen Vortheil sicherst, — so bestiehlst oder betrügst du den, welcher dir Geld anvertrauete. Ehrlich währt am längsten! Und ist es noch so fein gesponnen, es kömmt doch endlich an die Sonnen!

Zwei und zwanzigste Lehre.

Der Sache des Herren nimm dich an, als wäre es deine eigene.

Fromme Erzählungen berichten von frommen Dienern, denen ein besonderer Seegen Gottes gefolgt sei. Alles, was ihnen übergeben wird, gelingt und gedeihet. So z. B. erzählt die heilige Schrift von dem frommen Joseph als Diener des Königs Pharao in Aegypten. Sind solche Erzählungen wahr oder erdichtet? — Sie sind wahr; denn nicht allein liegt es in dem Wesen der Sache, daß die Werke der Frommen gesegnet werden, weil sie mit Fleiß und Treue arbeiten, nichts unterlassen, was dem Werke förderlich, nichts thun, was hinderlich ist; sondern es ist ja auch den Frommen Segen von Gott verheißen und des Herren Wort ist gewiß. Und die Erfahrung lehrt und bestätiget es. Siehe hin auf die treuen Arbeiter und siehe, ob ihre Arbeit Fortgang und Gedeihen habe; vergleiche aber Arbeiter, welche es nicht so redlich meinen, und du wirst finden, daß an ihren Schritten und ihren Händen wenig Segen haftet! Welch' eine Freude muß es aber für den Menschen selbst sein, wenn ihm seine Werke gelingen und immer auf's Beste gelingen! Und wie wird ein Diener geschätzt, wie gesucht und belohnt werden, dem überall der Segen Gottes folgt! und wie wird er gesegnet werden, wenn er einst sein eigner Herr wird!

Deshalb, mein junger Freund, nimm dir die Lehre zu Herzen: wo dir Fremdes anvertrauet wird, da nimm dich der Sache an, als wäre es deine eigene!

Und wie habe ich darnach zu thun?

1. Treibe dich selbst zur Arbeit früh und spät;

2. Was dir aufgetragen wird, thue immer sogleich; überhaupt ist es eine gute Gewöhnung, auch in eigenen Sachen, nie etwas aufzuschieben. Der Aufschub einer guten That hat Manchen schon gereut!

3. Mache Alles so gut, als du irgend kannst;

4. Hilf zu Nutzen und Vortheil, behüte vor Schaden und Verlust, hilf zur Freude und zum Wohlergehen, behüte vor Leid und Uebelergehen, so viel du irgend kannst;

5. Gehe schonend und sorgsam mit den anvertraueten Sachen des Herren, z. B. seinem Vieh, um.

6. Anvertrautes Geld bewahre treu und verwende nichts zu deinem Nutzen.

In den verschiedensten Verhältnissen und in den verschiedensten Lagen findet diese Lehre ihre Anwendung. Der Landesherr soll sich der Sache des Volkes, die Obrigkeit des Wohles der Stadt, wie der Diener sich der Sache des Herren, der Sohn sich der Sache des Vaters annehmen, als wäre es seine eigene. Die Ehrlichkeit, die Treue (Zuverlässigkeit) habe ich dir vorgestellt als Pflicht; auch das, was diese Lehre fordert, muß ich dir als Pflicht vorstellen; denn es ist die Ehrlichkeit, die Treue auf der höchsten Stufe. Wie viel verrauet der Herr dem Diener, wie viel in näheren Verhältnissen immer ein Mensch dem anderen an! nicht aber zwingen ihn bloß die Noth und die Umstände dazu, sondern er thut es auch mit dem guten Glauben, daß er seine Sache guten, treuen Händen übergeben habe. Wer dieses Vertrauen nicht erfüllt, der täuscht, der betrügt! Und ist nicht in näheren Verhältnissen Einer von dem Anderen zu fordern berechtiget, daß ein Jeder dem Nächsten möglichst Gutes zu verschaffen, möglichst Schlimmes abzuwenden suche? denn wie ich mich gern möglichst wohl befinde, so will es auch mein Nächster; was aber ich will, daß mir die Leute thun sollen, das muß ich ihnen auch thun, muß ich ihnen erst thun!

Einen wackeren Diener beschreibt der Dichter Schiller sehr schön.

Ein treuer Knecht war Fridolin
Und in der Furcht des Herrn
Ergeben der Gebieterin,
Der Gräfin von Savern.
Sie war so sanft, sie war so gut;
Doch auch der Launen Uebermuth
Hätt' er geeifert zu erfüllen
Mit Freudigkeit um Gottes willen.

Früh von des Tages erstem Schein,
Bis spät die Vesper schlug,
Lebt' er nur ihrem Dienst allein,
That nimmer sich genug,
Und sprach die Gräfin: mach' dir's leicht,
So ward ihm gleich das Auge feucht:
Er meinte seiner Pflicht zu fehlen,
Durft' er sich nicht im Dienste quälen.

Dem will ich einige Beispiele aus näheren Verhältnissen hinzufügen. Mein Vater ließ mich einst, als ich noch Schüler war, von Hause nach dem Orte meines Aufenthaltes zurückreiten und sandte einen Knecht nach, welcher das Pferd am nächsten Tage zurückbringen sollte; später ward ich befragt, ob ich den Knecht am Tage seiner Rückreise lange aufgehalten habe; ich hatte ihm jedoch den Bescheid gegeben, am Morgen mit Tagesanbruch fortzureiten; er war aber erst spät Abends zu Hause gelangt mit dem Angeben, lange in der Stadt aufgehalten worden zu sein; auf eingezogene nähere Nachrichten ergab sich denn aber, daß dieser Mensch einen weiten Umweg zu seinen Verwandten gemacht und dort das Pferd mehrere Stunden (es war Winterszeit) im Freien habe stehen lassen; das Pferd war krank geworden. Dieser Diener hatte seinen Dienst nicht mit Treue verwaltet, hatte sich nicht der Sache seines Herren angenommen, als wäre es seine eigene. — Ein anderer Landmann hatte einen Knecht, welcher sich ausgezeichnet gut betrug; er machte den Knecht zum Vogt, den Vogt endlich zum Wirthschafter und hielt ihn wie einen Freund und Bruder; aber er bekannte auch frei, daß er zum großen Theile diesem Manne den ausgezeichneten Fortgang und außerordentlich hohen Ertrag seiner Wirthschaft zu verdanken habe. Ei du frommer und getreuer Knecht, du bist über Wenigem treu gewesen: ich will dich über Vieles setzen. Das Wort sagt Christus freilich zunächst von geistigen Dingen; es läßt sich aber auch mit Fug auf die zeitlichen Angelegenheiten anwenden; denn wahrlich, wer im Kleinen treu erfunden wird, der wird über Größeres gesetzt! Darum nochmals das Wort: nimm dich der Sache deines Herrn an, als wäre es deine eigene!

Drei und zwanzigste Lehre.

Halte dich gesund.

Die Gesundheit ist eins der wichtigsten Güter, um des Lebens froh zu werden. Die übrigen äußeren Lebensgüter geben das, was Freude machen soll; die Gesundheit macht, daß der Mensch es genießen kann. Und wer alles Uebrige hat, die Gesundheit aber entbehrt, der entbehrt doch immer, was allem Uebrigen wenigstens gleich kömmt, vielleicht noch besser ist. Höchst werthvoll ist daher die Gesundheit für jeden Menschen. Besonders wichtig ist sie aber noch in's Besondere für den, welcher durch eine anhaltende und oft anstrengende Thätigkeit den Lebensunterhalt erwerben soll. Welches Geschäft willst du treiben, was erwerben, wenn Schmerz und Leiden dir die Kräfte rauben, wenn Krankheit dich auf das Lager wirft? Vollkommen gesund ist vielleicht nicht ein Mensch (wenigstens hört man das von Aerzten sagen); aber gesund im gewöhnlichen Verstande des Wortes oder von solchem körperlichen Befinden, daß er zu ungestörter Arbeit fähig ist und keine Schmerzen leidet (welche den Geist trüben, das Herz beschweren und den Körper ermatten), kann jeder Mensch sein, welcher gesund geboren und nicht späterhin entweder durch Schuld der Wärter und Pfleger oder durch Unglücksfälle seine Gesundheit eingebüßt hat. Und in diesem Sinne sind die meisten Menschen gesund, nur diejenigen nicht, welche zwar nicht durch Schuld Anderer und nicht durch Un=

glücksfälle, sondern durch eigene Schuld die Gesundheit verloren haben.

Die Gesundheit ist, sage ich, nothwendig für Alle diejenigen, welche in bürgerlichen Gewerben ihr Brot erwerben sollen; sie ist es in doppelter Weise; erstens nämlich muß man gesund sein, um arbeiten und also erwerben zu können; zweitens aber macht Krankheit Ausgaben nöthig, verzehrt schnell das Erworbene, führt leicht zum Tode und wird also Veranlassung, daß die Angehörigen den Versorger verlieren und also in Noth, Dürftigkeit, Armuth gerathen. Daher kann ich dir, junger Freund, und jedem Menschen nicht dringend genug rathen, die Gesundheit wie einen theuren Schatz zu bewahren, Alles zu vermeiden, was sie stören und untergraben, Alles zu thun, was sie erhalten, befestigen, erhöhen kann! Halte dich gesund, so bist du reich! — ein Wort, welches nicht im strengsten Sinne wahr, aber doch nicht ganz ohne Wahrheit ist.

Zweierlei will ich zunächst noch hinzufügen. Erstens nämlich die Versicherung, daß es jedem Menschen bei allen den Geschäften, welche in unserem Vaterlande (Mecklenburg) betrieben werden, möglich ist, die Gesundheit zu erhalten und selbst eine schwache Gesundheit zu befestigen, einen empfindlichen, für schädliche Einflüsse sehr empfänglichen Körper zu stärken; nur versteht es sich, daß eine mangelhafte Gesundheit nicht jedes Geschäft erlaubt, z. B. ein Mensch mit schwacher Brust darf nicht ohne Gefahr Müller oder Goldschmied sein; ein mit Anlagen zur Gicht behafteter Mensch darf nicht Töpfer sein u. s. w. Wenn aber solche Rücksichten bei der Wahl des Berufes beobachtet sind und darnach der Beruf richtig und zweckmäßig gewählt worden ist, so kann man versichert sein, daß keine von allen Berufsarten, welche hier zu Lande ihre Ausübung finden, der Gesundheit unmittelbar nachtheilig sei oder nur hindere, die Gesundheit zu befestigen und zu erhöhen. Es kömmt also nur auf den Menschen selbst an, daß er gesund sei und bleibe.

Zweitens will ich warnen, wegen der Gesundheit nicht ungebührlich ängstlich zu sein. Es giebt Menschen genug, welche sich einbilden, krank zu sein, ohne daß sie es wirklich sind, oder die da meinen, daß kleine Fehler oder Mängel an der Gessundheit große Krankheiten seien. Einbildung ist ärger als die Pestilenz, sagt ein altes derbes Sprichwort. Es giebt denn auch viele Menschen, welche übertrieben ängstlich sind, ob ihre Gesundheit auch Schaden nehme, oder übertrieben bemüht sind, sie zu erheben und zu stärken. Beides ist ein großer Fehler, eines Theils macht sich der Mensch dadurch unnöthige Sorge und Plage; andern Theils hindert ihn diese Aengstlichkeit und Sorgenhaftigkeit mannigfach an Geschäften und endlich schadet die übertriebene Aengstlichkeit sogar der Gesundheit. Deshalb ist es nöthig, davor zu warnen. Und mit Recht kann davor gewarnt werden; denn der Mensch kann viel ertragen, Kälte und Hitze, Anstrengung, Hunger und Durst; nur muß auch hierin kein Uebermaaß Statt finden; nur muß, wo schädliche oder entkräftende Einwirkungen Statt gefunden haben, dem wirklichen Schaden vorgebeugt werden, der Anstrengung Ruhe und Stärkung folgen. Geschieht aber das, so wird die Gesundheit nicht allein nicht beschädiget, sondern sogar befördert; denn durch Uebung wächst jede Kraft, so auch die des Körpers, so auch die Kraft des Körpers, schädlichen Einwirkungen sich ohne Gefahr, ohne wirklichen Schaden auszusetzen. Wer dagegen allzu ängstlich ist, wer durchaus nicht darauf ausgeht, sich körperlich abzuhärten, wer auch dafür nicht sorgt, daß die Empfindlichkeit des Körpers wenigstens nicht zunehme, der wird ganz verweichlichen und zuletzt kaum noch frische Luft, viel weniger einen Trunk frischen Wassers ertragen können. In unserer gegenwärtigen Zeit scheinen die Menschen wirklich mehr als in früheren Zeiten an körperlicher Schwäche zu leiden und viel mehr von Krankheiten heimgesucht zu werden. Deshalb ist es nöthig, zu ermahnen, daß ein Jeder das theure, so leicht verlorene, so schwer wieder zu gewinnende Gut der Gesundheit bewahre, und ich habe dazu ermahnt. Aber eben so sehr findet sich auch in unserer Zeit, daß viele Menschen sich ohne Ursache für schwach und krank halten oder durch kleine Uebel am Körper in große Furcht gesetzt werden. Deshalb ist es nöthig, auch davor zu warnen, und ich warne dich davor. Bilde dir nicht ein krank zu sein, wenn du es nicht bist: Einbildung ist ärger als die Pestilenz! Eben so wenig glaube es recht zu machen, wenn du einen etwas empfindlichen und schwächlichen Körper vor jedem Einflusse rauher Witterung, vor jeder Anstrengung, vor jedem möglicher Weise schädlichen Genusse bewahren wolltest. Das ist vielmehr völliger Irthum und schadet mehr, als es nützt. Nur vernünftig bei der Abhärtung wie bei jedem Wagnisse!

Es möchte dir nicht unnütz sein, wenn ich dir einige Vorschriften über die Pflege der Gesundheit gäbe. Deshalb will ich es mit wenigen Worten thun, wiewohl ich bestimmt genug fühle, daß eines Theils jetzt nicht die Zeit für uns ist, diesen Gegenstand in voller Ausführlichkeit abzuhandeln, und ich andern Theils nicht im Stande bin, so gut dich zu belehren, wie es ein Arzt thun würde und wie es wegen der Wichtigkeit der Sache wohl nöthig wäre. Die gemeinsten aber zugleich hauptsächlichsten Lehren über die Gesundheitspflege sind folgende.

1. Stehe jeder Zeit früh auf, in der Jugend wie in späteren Jahren, im Winter sowohl als im Sommer. Die Morgenstunde hat Gold im Munde! Wer früh anfängt zu arbeiten, verlängert sich den Tag. Aber auch in Beziehung auf die Gesundheit darf gesagt werden: die Morgenstunde hat Gold im Munde. Meine eigene Erfahrung und vieler tausend Menschen Erfahrung beweiset es. In der Jugend schläft der Mensch gern und es kostet ihm Mühe, aus dem Bette zu kommen; stehe du aber früh auf: diese Mühe belohnt sich an der Gesundheit. Im hohen Alter genießt der Mensch wieder gern einer längeren Morgenruhe und sie mag ihm zuträglich sein; doch giebt es auch wieder viele Beispiele, daß Menschen bis in ihr hohes Alter hinein früh aufstanden und sich dabei wohl befanden, besonders aber sich vor der Gebrechlichkeit und vielen Krankheiten bewahrten, welche sonst das hohe Alter heimzusuchen pflegen. Im Sommer erleichtert schönes Wetter, heller Sonnenschein und heiterer Himmel das frühe Aufstehen. Es ist Sünde, sagte neulich ein Arzt zu mir, den schönen Morgen zu verschlafen; er sei, sagte er, um fünf Uhr aufgestanden; einen anderen Stadtmann traf ich an demselben Morgen nach sieben Uhr noch im Bette; ich war be-

reits eine Stunde weit zur Stadt gekommen und hatte daselbst schon Geschäfte gemacht. Echte Langschläfer schlafen auch im Sommer weit in den Tag hinein, doch steht im Sommer wohl mancher Mensch — wenn auch nur manchmal — früher auf; aber auch im Winter ist das frühe Aufstehen angenehm, sehr angenehm, wenn man daran gewöhnt ist, und gewiß zur Erhaltung oder Herstellung frischer, kräftiger Gesundheit eben so zuträglich und nothwendig als im Sommer.

2. Arbeite am Abend nicht zu tief in die Nacht hinein, noch halte dich überhaupt tief in die Nacht hinein wachend... Es ist wahr: bei manchen Geschäften arbeitet es sich leicht und gut bei später Tageszeit; aber ich habe die Erfahrung gemacht, daß es sich am frühen Morgen eben so leicht und gut arbeitet, wenn man erst daran gewöhnt ist; es ist wahr: einen eigenen Reiz hat die nächtliche Zeit, besonders in Gesellschaft, wo man der Unterhaltung pflegt, und bei Vergnügungen oder Lustbarkeiten überhaupt; deshalb sieht man es denn auch so allgemein, daß die meisten Vergnügungen bis tief in die Nacht ausgedehnt werden; aber eben das, was die Nacht so angenehm macht, macht sie auch so schädlich. Es werden nämlich die Nerven und das untere Seelenvermögen (dazu gehört das Gefühl) in stärkere Spannung und lebhaftere Thätigkeit gesetzt: jedes Gefühl wird lebendiger und kräftiger und dadurch wird die Denkkraft wieder lebhafter aufgeregt, daher arbeitet der Geist lebendiger und rascher und ist mehr zum Schaffen geneigt; daher ist zugleich jede Empfindung lebhafter und kräftiger, aber diese Spannung führt zur Abspannung, endlich zur Entkräftung und Abstumpfung, zu Schwäche und Krankheit; aber die Empfindungen werden auch sinnlicher und — die finstre Nacht läßt manchen bösen Gedanken keimen, manche unlautere Begierde erwachen, manche schlimme That vollführt werden! der helle Tag reizt nicht dazu! die Nacht ist keines Menschen Freund! Wohl ist das Sprichwort nicht ursprünglich in diesem Sinne gesagt; aber merke es dir auch in diesem Sinne: Gesundheit und Leben, Ehre und Gewissen haben auch in der Nacht ihren Feind.

3. Sei mäßig im Essen und Trinken, mäßig und vorsichtig

bei Vergnügungen. Ein Forscher findet die Ursachen so vieler Krankheiten, so allgemeiner Schwächlichkeit und Kränklichkeit hierin, der andere darin; aber gewiß gehört es zu einer der Hauptursachen der vielen und schweren Krankheiten, daß im Essen und Trinken nicht rechtes Maaß gehalten wird. Ich will gar nicht davon sagen, wie oft ein Mensch durch einen einzigen Trunk seine Gesundheit völlig einbüßt und lebenslänglich entbehrt (Beispiele dazu könnte ich dir allein aus meiner Gegend mehrere anführen), nicht davon sagen, daß unmäßige Esser sich bei der Mahlzeit so überladen, daß das Leben selbst unmittelbar in Gefahr kömmt, sondern vielmehr, das will ich dir bemerken, daß vielleicht die Mehrzahl des Menschen sich täglich durch Essen und Trinken schadet. So mäßig im Genusse, wie es eigentlich sein sollte, sind wohl wirklich wenige; die Einwohner unsers Landes werden aber sonst von allen Ausländern beschuldigt, viel zu reichlich, viel zu gut zu essen. Der Mensch bedarf zur Erhaltung des Lebens und selbst zur Erhaltung der körperlichen Kräfte wirklich wenig. Glaube daher nicht, daß du an Kräften zunehmen oder gar bedeutend zunehmen werdest, wenn du recht stark issest; merke dir vielmehr die alte Lehre: grade wenn es dir am besten schmeckt, höre auf zu essen.

Bei den Vergnügungen aber mäßig und vorsichtig zu sein, ist eine Vorschrift, welche sich so sehr von selbst versteht, daß es eigentlich gar nicht nöthig wäre sie auszusprechen; aber sie muß deshalb sehr ernstlich in Erinnerung gebracht werden, weil sie so vielfach vergessen, so selten strenge befolgt wird. Bei dem Tanze namentlich erhitzt man sich; schon die übermäßige Erhitzung ist sehr nachtheilig; noch viel nachtheiliger, oft tödtlich ist nachfolgende Erkältung. Erkältung aber tritt ein, wenn ein sehr erhitzter Mensch sich plötzlich der Kälte oder nur starker Kühlung aussetzt, noch gewisser, wenn er sich anhaltend darin aufhält; sie tritt aber auch innerlich ein, wenn in diesem erhitzten Zustande kaltes Getränk oder kalte uud kältende Speise genossen wird. Oft folgt auf der Stelle Tod, oft lähmende Schlagflüsse, oft Reißen in den Gliedern oder anderer Schmerz; in den meisten Fällen wird freilich eine so starke unglückliche Folge nicht augenblicklich wahrgenommen; aber sie bleibt kaum je ganz aus. Wovon kömmt es, daß in mittleren Jahren so manche Menschen kraftlos, hinfällig, lebensüberdrüßig, zum thätigen Leben untüchtig sind? Wie Mancher beseufzet in späteren Tagen die Unbedachtsamkeit der Jugend! darum sei vorsichtig bei deinen Vergnügungen und vergiß rechtes Maaß nicht! Hast du Zeit, bis zur Mitternacht oder noch später dich dem Vergnügen zu überlassen, so hast du auch noch eine Stunde Zeit, an dem Orte des Vergnügens zu verweilen und dich langsam und vorsichtig abzukühlen; oder hättest du dazu keine Zeit, so hättest du sie auch nicht so lange zum Vergnügen haben sollen, sondern mußtest dieses früher einstellen. Findest du Lust daran dich bis zum peinigenden lechzenden Durste zu erhitzen, so mußt du auch wissen, daß du einen solchen Durst eine Zeit lang ertragen kannst, um nicht eher zu trinken, als bis einigermaßen wieder Abkühlung eingetreten und das Blut etwas wieder in ruhigen Fluß gekommen ist; könntest du aber einen solchen Durst nicht einige Zeit ertragen, so solltest du ihn dir auch nicht verursachen! Lieber aber erleide doch eine kurze Qual und erhalte deine Gesundheit, als daß du schnell deine Gesundheit verderbest, ja das Leben selbst auf's Spiel setzest. —

Vor dem Genusse starker Getränke, welche so leicht und vielleicht immer schädlich werden, habe ich dich jetzt nicht ausdrücklich warnen wollen, weil in der Aufforderung zur Mäßigkeit in Speise und Trank diese Warnung eines Theils schon mitgegeben ist, andern Theils ich aber doch späterhin noch ausführlicher darüber sprechen will.

4. Halte dir einfache Kost. Die einfache Kost ist die zuträglichste. Ich nehme das Wort einfach hier aber in weiterem Sinne; theils nämlich meine ich wirklich damit solche Kost, welche nicht aus zu vielen oder überhaupt vielen Bestandtheilen zusammengesetzt ist, theils solche, in der nicht zu viel Fett und — wenn möglich — gar keine ausländischen Bestandtheile (Gewürze) enthalten sind, theils Mahlzeiten, welche aus wenigen, am besten einem Gerichte oder Gange bestehen. Dir auseinander zu setzen, warum das Einfache zu empfehlen, das Ent-

gegengesetzte zu vermeiden sei, möchte uns eines Theiles zu weit führen, andern Theiles aber möchte ich dazu kaum im Stande sein, du wirst mir also auf's Wort glauben müssen, daß gut sei, wozu ich rathe, schädlich, wovor ich warne. In unser Leben hat sich besonders so viel Fremdes eingeschlichen und nicht in den Häusern der Vornehmen allein hat es die Herrschaft, sondern auch in die Häuser der Geringen dringt es mehr und mehr ein, daß man nicht genug, nicht dringend genug davor warnen kann, weil es nicht allein die Kosten des Lebensunterhaltes vervielfacht und erhöhet, sondern auch meistens in der Art, wie wir es verwenden, der Gesundheit nachtheilig ist. Dieser Nachtheil ist doppelt; eines Theils schaden die Genüsse der ausländischen Bestandtheile an unsern Speisen unmittelbar der Gesundheit, indem sie meistens nur stark reizende Wirkung haben, auf der andern Seite halten sie uns ab von Genüssen, welche zuträglich sind. Der Kaffee z. B. (ich schließe die Getränke mit ein) mag schaden oder nicht — in neuerer Zeit wird die Schädlichkeit desselben wieder stärker behauptet — so nimmt er doch dem Besseren die Stelle; wenn wir, wie man früher that, des Morgens bloß Milch tränken oder eine kräftige Morgensuppe äßen, so würden wir uns wahrscheinlich besser befinden. Ich kenne Menschen, welche durchaus keinen Kaffee trinken, und habe gefunden, daß diese gesunder und k r ä f t i g e r sind, als die meisten Menschen in gleichen Verhältnissen. Daher einfache und inländische Speisen und Getränke! Besonders empfehle ich Milch am frühen Morgen, für die andern Tageszeiten aber, wenn Durst zum Trinken mahnt, frisches, klares Wasser.

5. Halte dich reinlich am Leibe. Ein besser erzogener oder gewöhnter Mensch liebt zwar gewöhnlich von selbst die Reinlichkeit; aber ich will sie doch eigens empfehlen, nicht allein deshalb, weil sie noch nicht allenthalben im nur allernothwendigsten Maaße gefunden wird, sondern weil man sie im Allgemeinen überhaupt nicht so sehr schätzt und beobachtet, wie es sein sollte und könnte. Demnach erstens: wechsle häufig die Leibwäsche. Was du für Seife mehr ausgiebst und vielleicht an Leinwand

mehr verbrauchest, ersparst du am Arzte und an Arznei; und wenn auch dieses nicht wäre, so giebt die frischere, behaglichere Gesundheit, die frischere Arbeitskraft dafür reichlichen Ersatz. Zweitens: wasche den ganzen Körper recht oft mit kaltem Wasser. Ich würde das Baden empfehlen; aber das erfordert mehr Zeit und man hat dazu nicht überall zusagende Gelegenheit: sonst aber mache ich ausdrücklich darauf aufmerksam, daß es sehr zuträglich ist. Das Waschen mit kaltem Wasser muß gleich am Morgen vorgenommen werden, so wie man aus dem Bette steigt; man muß rasch dabei sein, zur Zeit einzelne Theile des Körpers waschen und gut wieder trocknen, dann aber schnell sich ankleiden und an die Arbeit gehen (es muß aber Arbeit sein, welche den Körper in Bewegung setzt) oder einen Spaziergang machen. Ich kann aus eigner Erfahrung versichern, daß bei Beobachtung der genannten Vorsichtsmaaßregeln niemals Erkältung dabei eintritt, daß aber die Gesundheit sich wesentlich dabei hebt; selbst auf die Seele hat es einen erheiternden Einfluß. Man kann und muß es thun im Winter sowohl wie im Sommer, doch wer sich fürchtet, thue es lieber nur im Sommer. Gleichfalls sei man beim Baden sehr vorsichtig. Vor vier Jahren lernte ich einen jungen, schönen und sonst gesunden, aber fast blinden jungen Mann kennen, schon einige Jahre lang war er des vollen Augenlichtes beraubt gewesen; vor wenigen Wochen war ein junger Mensch von 20 Jahren in meinem Wohnorte schwer krank und wurde nur mit Mühe am Leben erhalten; beide hatten sich durch Unvorsichtigkeit beim Baden ihre Uebel zugezogen: sie waren, ohne genügend abgekühlt zu sein, in's Wasser gegangen. Auch das Waschen der Füße mit kaltem Wasser gleich beim Aufstehen (auch allenfalls zu anderer Tageszeit) ist sehr zuträglich, aber die Füße müssen während des Waschens oder Badens stark gerieben und der ganze Vorgang so schnell beendiget werden, daß die Füße nicht kalt werden, also auch schnelles und kräftiges Abtrocknen und dann ein Spaziergang oder Bewegung der Füße bei einer Arbeit folgen. Ein junger Mensch soll wahnsinnig geworden sein, dadurch, daß er die stark erhitzten Füße an der Pumpe, also mit sehr kaltem Wasser überströmen und wahrscheinlich nicht allein plötzlich, sondern auch völlig kalt werden ließ. Die Gesundheit ist es werth, alle Aufmerksamkeit und Vorsicht anzuwenden.

6. Halte in deiner Wohnung stets frische, gesunde Luft und bringe deinen Körper so viel als möglich in die frische, freie Luft. In den Häusern der Wohlhabenden und Gebildeten weiß man den Werth der frischen Luft zu schätzen und gewiß trägt auch die tägliche und völlige (und täglich öftere) Lüftung der Wohnungen bei ihrer sonst häufig ungesunden Lebensweise dazu bei, daß sie doch im Allgemeinen so ziemlich gesund, wenigstens aber nicht viel mehr von Krankheiten heimgesucht sind, als die geringeren Leute. Bei den Armen und Ungebildeten vermißt man fast durchgehends nichts mehr als frische, gesunde Luft im Hause. Ich habe es gehabt, daß ich in solchen Häusern Brustbeklemmung und Schwindel bekam, so wie ich aber das Fenster öffnen oder durch die Thür das Freie erreichen konnte, ward mir wieder wohl. Dabei wollen die Menschen gesund sein? — Aber gehe nur in viele solche Häuser: du wirst viele Kranke darin finden. Doch selbst bei bemittelten Bürgersleuten fehlt dieser Theil der Ordnung und Reinlichkeit manchmal gar sehr. Gewiß leidet die Gesundheit dadurch großen Nachtheil. Der Hauptgrund, daß die Wohn- und Schlafzimmer nicht hinreichend gelüftet werden, ist wohl Gleichgültigkeit gegen das Unangenehme des strengen, widerlichen Geruches, den die eingeschlossene Luft da, wo Menschen sich aufhalten, besonders in Schlafzimmern annimmt (eingeschlossene Luft nimmt immer, wo auch keine Menschen verkehren, einen unangenehmen Geruch an und ist der Gesundheit nachtheilig); wie schädlich eine solche Beschaffenheit der Luft sei, sehen sie nicht ein. Dann aber fürchten sie im Winter, die Zimmer zu sehr auszukälten. Das ist aber grade das Gegentheil. Die frische Luft wirkt erwärmend auf den Körper, die mit Dünsten überladene und wirklich wärmere Luft läßt doch leichter Kälte empfinden. Wenn mich frösteln wird im Zimmer, wo ich übrigens mäßig einheize, so öffne ich auf kurze Zeit das Fenster und gleich nachher befinde ich mich angenehmer. Wo man im Wohnzimmer schläft, sollte man stets vor dem Zubettegehen die Fenster auf

kurze Zeit öffnen. Ich öffne sie auch gern, wenn im Zimmer gegessen worden ist.

Wer nun durch die Geschäfte seines Berufes nicht ins Freie hinausgeführt wird, der sollte keinen Tag versäumen, einen Gang (wenigstens eine Stunde lang) in's Freie zu machen und Wind und Wetter nicht scheuen. Müßte er selbst eine Arbeitsstunde dazu hergeben, so würde er diesen Verlust in der Weise wieder einbringen, daß er sich frischer und kräftiger fühlte und also in der übrigen Zeit desto frischer und rascher arbeitete; aber wäre auch dieser Zeit- und Arbeitsverlust nicht gradezu zu ersetzen, so sollte man lieber seine Bedürfnisse etwas einschränken und des doch entbehrlichen Geldes etwas weniger nehmen und die Gesundheit erhalten. Viele erhalten sich allein durch den täglichen Spaziergang im Freien gesund; Mancher stellt dadurch seine Gesundheit wieder her; deshalb empfehlen ihn auch die Aerzte so dringend, doch — auch oft genug vergeblich und so fürchte ich, daß auch ich jetzt vergeblich rede vielleicht zu Vielen, vielleicht zu dir selbst. Du hast dir ein Handwerk gewählt, welches stehend und mit ziemlichen körperlichen Anstrengungen ausgeübt wird; würdest du aber z. B. Schneider oder Goldschmied oder desgl. werden wollen, so würde ich dir noch dringender rathen, dich der freien Luft nicht ganz zu entziehen. Lieber stehe eine Stunde früher auf. Schläfst du sonst vielleicht nur sechs Stunden, so schlafe, damit du eine Stunde zum Spaziergange frei habest, nur fünf Stunden; auch das genügt noch. Doch wer nur redlich und mit gesunder Kraft und fröhlichem Herzen arbeitet, der wird immer sechs, auch wohl sieben Stunden schlafen und doch genug arbeiten und erwerben können, um sich und die Seinigen mit Ehren zu ernähren.

7. Halte dein Wohnzimmer nicht zu warm, nicht zu kalt, das Schlafzimmer kalt, bei strenger Winterkälte etwas erwärmt. Ein zu warmes Zimmer schadet der Gesundheit sehr viel; aber auch ein zu kaltes schadet. Arme Leute sind oft nicht oder kaum im Stande, das Zimmer hinreichend zu erwärmen; aber ich weiß von armen Leuten, welche den Leib durch Kaffee oder gar durch Branntewein warm zu erhalten oder zu erwärmen

suchen. Wenn sie für das Geld, welches der Kaffee oder Branntewein kostet, Holz kauften und es in den Ofen steckten und dazu das Holz, wobei der Kaffee gekocht wird, wenn sie statt der vermeintlich erwärmenden Getränke kaltes Bier oder selbst kaltes Wasser tränken, so würden sie sich besser befinden. — In der Kälte zu schlafen, wird im Allgemeinen stets empfohlen; aber der Gesundheitszustand mancher Menschen macht es zuträglicher, bei strenger Winterkälte die Kälte im Zimmer etwas zu mildern. So ist es fast durchgehends bei alten Leuten. Ein ganz Gesunder, zumal in den rüstigen Jahren, schlafe jedoch lieber in einem ganz kalten Zimmer.

8. Schaffe dir, wenn dein Beruf es nicht schon von selbst mit sich bringt, Beschäftigung, welche dem Körper Bewegung und einige Anstrengung verursacht, das heißt mit anderen Worten: arbeite mit dem Körper der Gesundheit wegen. Den Spaziergang habe ich schon empfohlen, um zum Genusse der freien Luft einzuladen; auch der Bewegung und Anstrengung wegen, welche er vom Körper verlangt, kann er empfohlen werden. Aber manche Leute spazieren nicht gern, weil sie sich dabei nicht ansprechend beschäftigt wissen, weil sie sich dabei langweilen, manchen nützt der Spazierganz nichts (oder nicht viel), weil sie aus der Stube ihre Gedanken mit sich nehmen, sich gegen die äußeren Eindrücke verschließen, den Geist also nicht ruhen oder ihn nicht in eine Thätigkeit kommen lassen, welche ohne Anstrengung für ihn ist; sobald aber der Geist sich lebhaft und anstrengend beschäftigt, geht wenigstens ein großer Theil von dem heilsamen Einflusse verloren, welche frische Luft und Bewegung auf den Körper ausüben. Sehr viele Menschen mögen und können sich nicht überwinden, sich jeder Witterung auszusetzen; sie versäumen daher sehr oft den Spaziergang und zwar gerade dann, wenn er zur Abhärtung des Körpers am wirksamsten wäre. Daher sind leichte, doch einige Anstrengung für den Körper verursachende Arbeiten zu empfehlen. Manche nehmen auch wohl recht schwere körperliche Arbeiten vor, obgleich ihr eigentlicher Beruf sie von solchen Arbeiten ganz fern hält, z. B. Gelehrte nehmen Axt und Säge und machen Holz klein. Auch das ist

nicht zum Schaden, wenn nur dem Körper keine zu große Anstrengung abgefordert wird, besonders so lange er an solche Arbeit noch nicht gewöhnt ist, und wenn bei eintretender Erhitzung nur Erkältung sorgsam vermieden wird. Die Arbeiten, von denen wir jetzt sprechen, sind aber deshalb für den Körper unmittelbar heilsam, weil sie ihn ausrecken, Sehnen und Muskeln lösen, das Blut zu kräftigem Umlaufe nöthigen und stärkere Ausdünstung hervorrufen, die Eßlust mehren und die Verdauungskraft stärken; mittelbar aber wirken sie dadurch wohlthätig auf den Körper, daß sie dem Geiste Befreiung von der gewöhnlichen Anstrengung schaffen, ihn aber doch in einer leichten, gleichsam spielenden Thätigkeit erhalten. Deshalb werden Arbeiten dieser Art besonders den Gelehrten empfohlen, welche sich vorzugsweise mit den Wissenschaften beschäftigen und mit dem äußern Leben sich wenig berühren; sie sind aber eben sowohl Allen denen zu empfehlen, welche bei einem so genannten bürgerlichen Gewerbe einen Beruf haben, welcher sie sitzend und zum Theil ohne eigentliche körperliche Anstrengung beschäftiget. Können nun solche Geschäfte an solcher Stelle vorgenommen werden, daß man dabei der Stube und dem Hause entrinnt, — desto besser!

9. Verschmähe eine öftere Erheiterung nicht. Wie viel es zur Erhaltung und Förderung der Gesundheit beiträgt, wenn man heiter gestimmt ist, wie nachtheilig es auf die Gesundheit einwirkt, wenn man trübe, finster, mißmüthig gestimmt ist, mit Sorgen sich plagt, das Herz dem Kummer uud Grame hingiebt weiß Jeder: Seelenleiden drücken sich leicht und sehr sichtbar auf dem Gesichte aus. Deshalb brauche ich zur Empfehlung öfterer Erheiterung nichts weiter hinzu zu setzen. Nur will ich eines Theils denen, welche Mangel an Zeit als Ursache ansehen, sich selten oder gar keine Erheiterung erlauben zu dürfen, wiederum entgegensetzen, was ich schon öfter ausgesprochen habe: wer mit frischer Kraft und fröhlichem Herzen arbeitet, gewinnt durch kräftiges und rasches Arbeiten die verlorene Zeit reichlich wieder; andern Theils will ich vor dem Zuviel und dem Unrechten überhaupt warnen. Man suche Erheiterung, versäume

jedoch darüber das Eigentliche nicht, was von uns gefordert wird! man suche Erheiterung, aber keine rauschende Lust, keine betäubenden, verwirrenden Vergnügungen! jene, die Erheiterung, erfrischt und stärkt; diese, die rauschende Lust und ihre noch schlimmerer Schwestern, ermatten und schwächen. Vorzugsweise aber laßt uns Erheiterung suchen in der freien Gotteswelt und deren Genusse und lieber im stillen Kreise als bei Spiel und Tanz. Je einfacher die Freude, desto mehr erquickt und befriediget sie desto mehr begünstiget sie die Erhaltung, Befestigung und Stärkung der Gesundheit!

10. Setze Gesundheit und Leben nie muthwillig ein; aber wo Beruf, Menschenpflicht und Bürgerpflicht es fordern, darfst du unter Umständen das Ungewöhnliche nicht scheuen. Manche Menschen wagen Gesundheit und Leben, um eitel zu prahlen oder bloß aus Antrieb der Verwegenheit: sie wissen nicht, was sie thun: ein theures, unwiederbringliches Gut setzen sie auf das Spiel und begehen damit schwere Sünde. Davor will ich warnen. Ein Bekannter aus meiner frühen Jugend hatte, um seine Kräfte prahlend zu zeigen, ein schweres Gewicht gehoben; sogleich aber einen Schmerz in der Brust empfunden; er hatte dann noch einige Jahre sein Leben elend hingeschleppt und starb als 24= oder 25jähriger Mensch. Wie mancher kömmt auf ähnliche oder andere Weise um Gesundheit und Leben! Fordert aber die Pflicht ein Wagniß, dann darfst du wagen, was sonst nicht erlaubt ist, dann darfst du dich nicht feige, nicht zagend und zögernd zurückziehen.

Unter diesen Lehren für die Gesundheit wirst du, hoffe ich, keine finden, welche an sich unrichtig wäre und zu dem beabsichtigten Zwecke nichts beitrüge; ich hoffe aber auch, dir einige Fingerzeige gegeben zu haben, um durch dieselben auf das, was noth thut, aufmerksam zu werden und durch eigenes Nachdenken herauszufinden, was sonst noch nöthig und heilsam sein mag; eine vollständige Gesundheitslehre habe ich nicht geben wollen, noch können. Alle Lehren aber, welche sich auf die Gesundheit beziehen, sind mit Ueberlegung anzuwenden! mit Prüfung dessen, was gethan werden soll, und dessen, der es thun soll:

nicht Allen paßt Alles; doch bin ich wiederum der Meinung, daß vorstehende Lehren, mit empfohlener Vorsicht angewendet, keinen Menschen schaden können; jedoch nimm nie etwas ohne Prüfungen; wende nie etwas ohne die aufmerksamste Beobachtung des Erfolges an! Wer das zur Richtschnur in allen Dingen und Angelegenheiten nimmt, der wird selten fehlgehen.

Vier und zwanzigste Lehre.

Bete und arbeite.

Der Mensch lebt nicht, um zu arbeiten, sondern arbeitet, um zu leben. Der Mensch ist nicht allein sinnlichen, sondern auch geistigen Wesens, hat nicht allein sinnliche Bedürfnisse, sondern auch geistige, hat nicht allein Pflichten gegen den sinnlichen Theil seines Wesens, den Leib, sondern auch gegen den geistigen Theil; ja, der Geist ist mehr denn der Leib; daher sind die Pflichten gegen den Geist ernster und edler als die gegen den Leib. Der Mensch kann sich durch Fleiß und Kunst zu eigen machen, was die Erde hervorbringt; aber er kann nicht werden lassen, was nicht da ist oder wozu kein Keim, kein roher Stoff in und auf der Erde vorhanden ist: der Mensch kann säen, aber nicht wachsen lassen, kann ernten aber nicht reifen lassen, nicht die Witterung nach seinem Wohlgefallen lenken: der Mensch ist seiner selbst Herr; aber er ist abhängig von Einem, der über Alles und über Alle ist, von Gott. Der Mensch trägt in sich ein unverkennbares, unwillkürliches und vielleicht selbst unvertilgbares Verlangen, Gott zu erkennen und sich Gott, von dem er stammt, zu nahen. Der Mensch hat nicht ein auf die Erde und auf die Zeit seines Erdenlebens beschränktes Dasein, sondern reicht mit seinem Dasein über die Erde hinaus, in eine fernere Zeit hinüber: er ist unsterblich. Daher ist es der Mensch sich selbst schuldig, Höheres als das, was der Leib bedarf, Höheres als Nahrung und Kleidung zu erwerben: er muß, will er dem geistigen Theile seines Wesens Recht widerfahren lassen und genügen, auch die Bedürfnisse seines Geistes zu erkennen und zu befriedigen suchen; nur dadurch macht er sich zum wirklichen Menschen; nur dadurch erhebt er sich über das gewöhnliche Thier. Er muß, will er das innerste und tiefste Verlangen seines Gemüthes, welches ihn auf Gott hinweiset und zu Gott führt, verstehen und es nicht unbeachtet lassen, dasselbe nicht in untergeordneten Bestrebungen untergehen lassen oder gar gewaltsam unterdrücken, muß Erkenntniß Gottes suchen und die Gefühle, welche dem erkannten huldigen, in Gottes Verehrung ausströmen lassen; nur dadurch ist er Mensch; denn allein durch Gotteserkenntniß und Gottesverehrung scheidet sich der Mensch vom Thiere. Er muß, will er nicht einst vor dem Tode zittern oder wenigstens hoffnungslos sterben, sich Gewißheit, Trost und Hoffnung schaffen. Der Mensch ist es Gott schuldig, Erkenntniß von ihm zu suchen und ihm Verehrung darzubringen; denn er ist sein Schöpfer und Erhalter, sein Beschützer und Versorger. Wenn wir von einem Menschen etwas wollen, so sagt uns schon ein Gefühl der Schicklichkeit, daß wir ihm das Wort darum gönnen müssen: Gönne auch dem lieben Gott das Wort um seine Gaben! Aeltern geben den Kindern, ohne daß diese bitten, und doch wollen wir, daß Kinder ihre Aeltern bitten; Gott giebt von selbst ohne unser Gebet; aber doch sollen wir ihn bitten. Aeltern müssen geben, und doch soll das Kind dafür danken; Gott giebt uns, ohne zu müssen, aus lauter väterlicher, göttlicher Güte, ohne unser Verdienst und Würdigkeit; wir aber sollen mit Danksagung empfahen unser täglich Brot. Vergelten können wir ihm nicht, sondern nur danken. Daher, mein junger Freund, ermahne ich dich nicht allein die Güter des zeitlichen Lebens, die Bedürfnisse des Leibes zu erwerben; sondern ich ermahne dich: bete und arbeite; arbeite, daß du das Zeitliche erlangest; bete, daß du auch das Ewige erlangest!

Aber auch deshalb sollst du beten, daß dein zeitlicher Erwerb gesegnet werde. Ja, mein Freund, auch deinen zeitlichen Erwerb wird es fördern, wenn du Gott, den himmlischen Vater, fromm verehrest! Von ihm kömmt ja Alles: alle gute und alle vollkommene Gabe kömmt von oben herab, von dem Vater! Zwar läßt er regnen über Böse und Gute und läßt seine Sonne aufgehen über Gerechte und Ungerechte, zwar läßt er auch denen, die ihn nicht ehren, ihre Werke gelingen, zwar versagt und nimmt er ihnen nicht ihren zeitlichen Besitz, läßt hinreichend — soviel Geld und Gut glücklich machen kann — glücklich werden; aber sicherer möchte doch der Fromme auf den Segen Gottes rechnen können als der Unfromme, wohler möchte es jenem doch sein im Besitze und Genusse, besser möchte sich doch jener befinden bei Leiden und Verlust als dieser, jener, welcher sich durch seine inneren Schätze erheben kann über den Mangel oder Verlust der äußeren, welcher das Herz zu Demuth und Ergebung in Gottes Fügungen wenden kann. Daher, mein lieber junger Freund, rathe ich dir, den gottesfürchtigen Sinn in dir zu beleben und, soviel du irgend kannst, auszubilden; er regt sich in jedem Menschen von gesundem Geiste von selbst; nichts aber trägt in sich reicheren Lohn, nichts bringt mehr Segen, als wahre, innige Frömmigkeit. Deshalb ermahne ich dich: bete und arbeite!

Das Gebet ist die höchste Stufe der Gottesverehrung. Im Gebete erhebt sich das Gemüth zu Gott: Gott ist dem Betenden gegenwärtig und der Betende weiß sich in der Nähe Gottes, siehet ihn gleichsam mit dem Auge des Geistes und redet selbst zu ihm. Deshalb fassen wir auch wohl in das Wort beten alle Gottesverehrung zusammen und verstehen darunter Alles dasjenige, was der Mensch theils in ausdrücklicher Beziehung auf Gott thut, um ihm seine Verehrung zu bezeugen, theils in dem Bewußtsein thut, daß er vor Gottes Auge wandle, daß Gott wisse und richte, was er thut. So sagt man z. B. in diesem weiteren Sinne: das ganze Leben des Frommen ist ein fortwährendes Gebet. In diesem Sinne soll aber jedes Menschen Leben ein fortwährendes Gebet sein, d. h. ein Ausdruck wahrer, inniger Gottesverehrung; denn jeder Mensch ist es Gott und sich selbst schuldig, ihn zu ehren in Allem, was er denkt, will und thut. In diesem Sinne, mein theurer, junger Freund, soll auch dein ganzes Leben ein fortwährendes Gebet sein. So meine ich es, wenn ich sage: bete und arbeite.

Aber ich meine auch damit das Beten im engeren Sinne, die eigentliche Erhebung der Seele zu Gott, in welcher wir

Gott die Gefühle des Herzens in Worten vortragen. Dieses eigentliche Beten darf nicht unterlassen werden, weil sonst das fromme Gefühl sich leicht schwächt und trübt; wer nicht betet, beweiset, daß sein Gefühl gegen Gott nicht so lebendig und kräftig ist, wie es sein soll, seine Gottesverehrung also noch nicht rechter Art, in der Tiefe und aus der Tiefe des Herzens ist; das Gebet giebt dem übrigen Thun des Menschen Weihe; das Gebet schafft Rath, Trost, Muth und Stärkung; derjenige, welcher im Gebete vor Gott hintritt, reiniget das Herz von unlauteren Empfindungen und beschwichtiget die ungestümen Wünsche und Begehrungen; beten wendet zum Guten immer aufs Neue hin und nichts bewahret mehr vor Verirrungen und Schuld als ernstliches, tiefempfundenes Gebet: nicht leicht geräth ein Mensch, welcher gern und oft und mit dem Herzen betet auf die Wege der Unordnung und Verkehrtheit, des Lasters und der Sünde und wer selbst schon dahin gerathen ist, wird, wenn er nur anfängt, das Herz ernstlich zu Gott zu bekehren, die verkehrten und bösen Neigungen von sich entweichen sehen und er wird auch im äußerlichen Leben zur Ordnung, zum Rechten, zum Guten zurückkehren. So hilft denn auf diese Weise das Beten auch zum Brotgewinne und Broterhalten, bewahret vor Armuth, läßt den bereits Armgewordenen der Armuth wieder entkommen. Wie tiefe, wie fruchtbare Bedeutung hat also das Wort: bete und arbeite! Und wie tiefe Bedeutung hat es, daß Beides mit einander verbunden wird! Du sollst arbeiten, aber auch beten; du sollst beten, aber auch arbeiten! Denn ist die Arbeit ohne Gebet ohne Segen, wenigstens ohne den höheren Segen, welcher in die Ewigkeit hinüberreicht, so ist auch das Gebet ohne Arbeit ohne Segen; denn durch bloßes Beten kömmt kein Brot ins Haus. Aber das Beten soll das Erste sein und darum ist es voran gestellt: du sollst nicht arbeiten und beten, sondern beten und arbeiten. Das Gebet soll vorangehen, damit die Arbeit Segen habe; du sollst erst beten, damit du dessen gedenkest, daß das Brot und die Kraft, um das Brot zu arbeiten, von Gott gegeben werden müsse; du sollst um beides erst bitten, ehe du hoffest, daß es dir gegeben werde.

Wann soll ich beten? wie oft soll ich beten? — Bete, so oft du im Herzen einen Drang dazu empfindest; bete, so oft du der Hülfe, des Segens von Gott bedarfst. Jede Arbeit, jedes Geschäft mag erlauben, die Seele — wenn auch nur auf einen Augenblick — zu Gott zu erheben; freilich lange, alle deine Bedürfnisse umfassende, alle deine Herzensregungen aussprechende Gebete erlaubt nicht jede Zeit; dessen bedarf's aber auch nicht; es ist genug, daß du, wenn besondere Regung dich dringt, mit kindlichem Sinne Herz und Auge auf einen Augenblick zu Gott erhebest. Doch aber sollst du es auch bei diesem flüchtigen Beten nicht allein bewenden lassen, weil sonst so leicht das Beten wieder kein gehöriges bleibt; nein, du sollst auch so beten, daß du Alles, was dein Herz bewegt, vor Gott aussprechest, daß du über Alles, was du selbst willst und thust, und über Alles, was dir von außen kömmt, dich betend an Gott wendest! Zu solchen Gebeten nun ist es nicht immer Zeit; solche Gebete müssen mit einem gesammelten Gemüthe, in äußerer Stille zu gewählter Zeit geschehen. Daher, mein Freund, bete an jedem Morgen, wenn du die Augen aufschlägst; dann ist gewöhnlich die rechte Fassung des Gemüthes zum Beten vorhanden oder leicht zu erzeugen; dann pflegt auch äußerlich Ruhe und Stille Statt zu finden. Bete am Morgen, um dich für den angehenden Tag zu weihen, um dir für diesen Tag den Segen Gottes zu erflehen, um dein Werk, welches du vornehmen willst, vor Gott zu prüfen, ob es recht sei vor Gott, ob es deiner Pflicht genüge; bete am Morgen, um Gott für den Schlaf und den Schutz der Nacht zu danken. Eben so bete am Abend, wenn du dich zur Ruhe legest; auch dann sammelt sich leicht das Gemüth und äußere Stille herrscht. Dann prüfe dich vor Gott, wie du am Tage gewesen bist und was du gethan hast. Am Morgen und Abend kannst du, wie Christus leitet, am leichtesten in dein Kämmerlein gehen und vor Gott im Verborgenen beten. Aber beten sollst du wenigstens auch bei jeglicher Mahlzeit, damit du mit Danksagung genießest dein täglich Brot. Bete: du wirst den Segen davon wahrnehmen! Bete oft, bete gern: du wirst keine größere, keine edlere Freude kennen! — Damit du dich desto leichter erinnerst, des Morgens zu beten, will ich dir eine kleine Geschichte erzählen. Der Prediger kam eines Tages ziemlich frühe zu einem Hause in seinem Wohnorte; die Hausthür aber war noch nicht geöffnet, der Hausherr, ein Handwerker, eilte schnell herbei, sie zu öffnen; guten Morgen! sagte der Prediger freundlich, auch schon aufgestanden? — Ja wohl, antwortete jener, das ist ja des Morgens das Erste; das Erste ist doch wohl, sprach der Prediger, ein Vaterunser zu beten? — Ja, sprach jener wieder, das ist es allerdings und ich habe es auch gethan, dachte aber im Augenblicke nicht daran.

Das Beten, sagte ich vorhin, umfaßt alle Gottesverehrung. Daher verstehen wir in diesem weiteren Sinne auch darunter die Theilnahme am öffentlichen Gottesdienste, um an geweihtem Orte mit Gleichgestimmten in Gebet und Gesang das Opfer unserer Verehrung Gott darzubringen, durch die Predigt aber belehrt und zu frommer Verehrung Gottes erweckt zu werden. Wenn ich dir also die Lehre gebe: bete und arbeite, so will ich damit zugleich von dir fordern, daß du auch an dem öffentlichen Gottesdienste Theil nehmest. Von denen, welche sich entweder ganz davon ausschließen oder nur selten im Hause des Herren gesehen werden, wird Manches vorgebracht, wodurch sie sich zu rechtfertigen meinen, oder wenigstens vor der Welt rechtfertigen wollen; ich sage dir aber: wer sich entschuldiget, der gesteht auch schon seine Schuld ein; denn fühlte er nicht, daß Schuld — auch nur die kleinste Schuld — da wäre, so würde er sich ja nicht rechtfertigen wollen. Mögen aber auch Manche geschickt genug sein, da, wo man sie beschuldiget, so viel zu ihrer Entschuldigung beizubringen, daß diejenigen, zu denen sie sprechen nichts mehr entgegensetzen können, mögen daher auch diejenigen, welche zum Gottesdienste träge sind, sich deshalb auf das Geschickteste zu entschuldigen wissen, so glaube du doch immer, daß irgend etwas übrig bleiben müsse, was nicht entschuldiget worden ist und nicht entschuldiget werden kann, weil sonst das natürliche Gefühl, aus welchem die Anklage hervorgeht, verstummen müßte und, wenn es auch auf einige Zeit verstummt, nicht immer wieder erwachen und immer die alte Forderung wiederholen würde. Von dem Besuche des öffentlichen Gottesdienstes darf sich nur derjenige freisprechen, welcher leider gezwungen ist, es zu thun, nämlich der durch Körperschwäche oder Krankheit Verhinderte, es sei denn, daß auch ein Beruf dann und wann eine wirkliche Hinderung gäbe. Hiermit spreche ich denn ganz klar und bestimmt die Forderung aus, daß Alle ohne Ausnahme (außer den Bezeichneten) den öffentlichen Gottesdienst immer besuchen sollen, an jedem Sonntage und Festtage wenigstens einmal. Warum diese strenge Forderung? — Was überhaupt nicht zu entschuldigen oder oder nicht recht ist, das ist auch nicht zu entschuldigen, wenn es einmal geschieht. Freilich kann ein Mensch wohl unabwendlich behindert sein, an einem Sonntage oder Festtage am öffentlichen Gottesdienste Theil zu nehmen; dann liegt aber die Entschuldigung in der Sache, in dem Hindernisse selbst und es bedarf dann keiner weiteren Gründe; wer aber aus Willkür wegbleibt oder etwas zur Entschuldigung nimmt, was keine Entschuldigung ist, der bleibt immer des Gesetzes schuldig, d. h. er hat gegen ein göttliches Gesetz gefehlt. Ich weiß es, daß manche Menschen fleißige Kirchengänger sind, aber doch nicht immer die Kirche besuchen; aber das ist auch noch nicht genug: sie sollen immer kommen, weil sie immer kommen müssen, und weil sie desto mehr Gewinn haben, je mehr sie kommen. Ich weiß, wie so häufig die Menschen angeben: es war mir nicht möglich; aber untersuche ich die Sache genauer, so finde ich oft, daß nicht ein wirkliches Hinderniß, sondern die eigene Willkür sie abhielt, daß sie ein Hinderniß aus dem machten, was kein Hinderniß hätte sein sollen. Ferner: gewöhne dich, nur dann und wann aus der Kirche wegzubleiben, und du bist nahe daran, überhaupt die Lust zum Kirchengehen zu verlieren. Zwar wird sich noch immer wieder das Verlangen regen, an geweiheter Stelle Gottes Wort zu hören und dort zu beten und Gott Lob zu singen, zwar wird dich das eigene Gefühl noch immer wieder dazu auffordern, bis du ganz der Kirche entfremdet bist, zwar wirst du dich noch schämen vor dem Gedanken, ganz die Kirche zu versäumen; aber wenn du auch dann und wann noch zur Predigt kömmst, so wird es schon immer ein gewisser Zwang sein, der dich hineinführt, eine gewisse Ueberwindung wird es kosten, daß du nicht etwas Anderes dem Kirchengehen vorziehest. Du machst dir also die Sache schwer; mache sie dir leicht: gehe immer zur Kirche! Und ferner solltest du es doch wohl für möglich halten, dich immer zu erbauen, wie oft du auch kommest; ja, ich sage dir: je öfter du kömmst, desto leichter und gewisser wirst du dich erbauen. Denen also, welche sagen, daß sie besser erbauet werden, wenn sie selten in die Kirche gehen, erwidere ich gradezu: sie irren sich. Wer selten in die Kirche geht, der weiß es nicht, aber wer oft in die Kirche geht, der weiß und fühlt es, wie sehr gemeinschaftliches Beten, gemeinschaftliches Singen, gemeinschaftliches Hören dessen, was aus Gottes Worte vorgelesen und was gepredigt wird, die Erbauung befördert. Würde wirklich eine schlechte Predigt gehalten, solltest du daraus wirklich gar nichts lernen können? Und wie willst du, wenn nur ein Prediger da ist, es grade treffen, daß er grade eine bessere Predigt hält, wenn du einmal kömmst? Ja, der seltene Kirchengänger findet oft eine Predigt schlecht, welche gut ist. Warum? weil er ein seltener Gast ist, weil sein Sinn für das, was er aus der Predigt empfangen soll, nicht geschärft ist. Und glaube: wie gute Predigten die Hörer herbeiziehen, eben so gewiß tragen fleißige Kirchengänger dazu bei, daß die Predigten gut werden. Wie eine gute Bestellung dem Acker reichliche Früchte entlocket, so reizet auch ein guter, lohnreicher Acker zur fleißigen, sorgsamen Bestellung. Wo aber mehrere Prediger sind und der eine schlechter prediget als der andere, sage: kannst du aus der schlechteren Predigt nicht auch lernen, nicht auch dich an deine Pflichten erinnern, nicht auch zur Betrachtung der Wege Gottes und seiner Allmacht, Güte und Weisheit geleitet werden? Und bleibt neben der Predigt nicht immer Gebet und Gesang und Vorlesen aus der Bibel? Und willst du dich zu Hause erbauen, so kannst du es ja doch thun; siehe, so hast du zwei Mittel zum Zwecke und erreichst ihn wohl desto gewisser! Und endlich bist du es Gott doch wohl immer schuldig, ihm Ehre zu geben? Glaubst du, damit zu viel thun zu können? oder glaubst du, Gott heute keinen Dank schuldig zu sein, der Gnade Gottes heute nicht zu bedürfen? das kannst du denn allerdings auch im verborgenen Kämmerlein und Christus riß sich von seinen Jüngern los und ging allein, als er in den schwersten Stunden seines Lebens beten wollte; aber ging Christus nicht auch hinauf gen Jerusalem, um dort im Tempel mit allem Volke das Fest zu feiern? betete Christus nicht gemeinschaftlich mit seinen Jüngern? betete Christus nicht vor allem Volke, als er z. B. den Jüngling von Nain erwecken und den Blinden sehend machen wollte! Bist du nicht schuldig, Gott öffentlich den Dank darzubringen für das, was er dir öffentlich wohlgethan? hat Gott nicht deshalb die Kirchen gegründet, daß darin soll angebetet werden? bist du es nicht dir selbst vor der Welt schuldig, auch der Welt Zeugniß zu geben, daß du Gott ehrest? nicht sollst du beten, um gesehen und gepriesen zu werden; aber du sollst auch nicht dein Licht unter den Scheffel stellen, sondern es leuchten lassen, daß die Menschen deine guten Werke sehen und deinen Vater im Himmel preisen. Oder schämst du dich, dahin zu gehen, wo man den Namen des Herren lobet und alle seine Wunder prediget? — — Das aber ist's auch alles nicht, was die Leute zur Entschuldigung nehmen oder was sie leugnen; aber der Trieb zum Vergnügen ist es, eine gewisse Unlust und Trägheit, eine Kälte und Gleichgültigkeit ist es, was sie nicht in die Kirche kommen läßt. Die da um des Vergnügens willen dem heiligen Hause vorübergehen, — sie mögen zusehen, wie sie sich entschuldigen und wie sie dereinst vor ihrem Richter bestehen! die da unlustig und träge sind, die da kalt und unempfindlich und dem Göttlichen fremd geworden sind, — die mögen prüfen, ob dieses ihr Gefühl edler und des Menschen würdiger ist als Liebe zu den göttlichen Dingen und das selige Durchdrungensein von Gott, als das Leben und Weben in Gott; sie werden in der Stunde des Todes und des Gerichtes erfahren, ob sie wohlthaten, das Heil der Seele gering zu achten! Die aber um Arbeit willen die Kirche versäumen, die mögen an das Gebot denken: du sollst den Feiertag heiligen; sechs Tage sollst du arbeiten; am siebenten Tage dich stille halten! Kann der Mensch sich selber von Gottes Gebot lossprechen? — Ich sage, daß er es nicht kann; wenn Andere anders sprechen, so mögen sie doch beweisen, daß der Mensch über Gott stehe! wenn sie das nicht können, so werde ich ihnen nicht glauben und nicht beistimmen. Und was ist's denn mit der Sonntagsarbeit? ich habe noch nie in Erfahrung bringen können, daß Jemand durch Sonntagsarbeit reich geworden wäre; ich habe noch nie gesehen oder nur sagen hören, daß diejenigen, welche an Sonntagen nicht arbeiten, sondern ruhen, arm geworden oder weniger wohlhabend wären als diejenigen, welche den Sonntag durch Werkeltagsarbeit dem Werkeltage gleich machen. Wahrlich, das habe ich nicht und ich frage Jeden, ob er Beweise dafür hat, wirkliche Beweise, daß ein Mensch ohne Sonntagsarbeit nicht wohlhabend sein oder werden könne, daß ein Mensch, der nie des Sonntages geschont hat, vorzugsweise und zwar vorzugsweise dadurch reich oder wohlhabend geworden wäre!

Man kann gegen ein so tief und fest gewurzeltes Uebel, wie das Sonntagsarbeiten und die daraus folgende Versäumniß des Gottesdienstes ist, nicht ernstlich genug ankämpfen. Darum will ich diese Sache noch weiter ausführen; denn nicht gern möchte ich, daß du dereinst sagtest, ich hätte dich wohl ernstlich genug zum Fleiße ermahnt und dir darin das Mittel gezeigt, der Armuth zu entgehen und zum Wohlstande zu gelangen; nicht aber ernstlich genug hätte ich dich ermahnt, die Arbeit ruhen zu lassen, wenn sie ruhen soll, und nicht gründlich genug dich über diesen Gegenstand belehrt. — Einige arbeiten (oder lassen arbeiten) am Sonntage, um das genügende Brot, welches sie bereits haben, noch zu vermehren, um den Wohlstand oder Reichthum, worin sie sich befinden, zu erhöhen; Andere arbeiten, um — angeblich — des Brotes genug zu haben; die Einen arbeiten also aus Gewinnsucht oder Habsucht, die Anderen aus Noth. Ueber Jene spreche ich nicht weiter; das Vorhergehende mag genug sein. Aber wie ist es mit den Anderen, die da sagen, sie arbeiten aus Noth? — Noth- und Liebeswerke sind erlaubt zu jeder Zeit, ja geboten: wir dürfen, ja wir sollen ihrethalben selbst den Gottesdienst versäumen. Aber wie verhält es sich mit jener Noth? — Es möge dir eine kleine Geschichte darauf Antwort geben. Ein Prediger ging spazieren und traf, heimgehend, mit einigen Frauen aus der Gemeinde zusammen, welche aus der nahen Stadt zurückkehrten, die eine dies, die andere das tragend; nach Gewohnheit ließ er sich mit ihnen in's Gespräch ein. Ihr kommet wohl aus der Stadt? — Ja. Ihr geht mir zu oft in die Stadt, deucht mir. — Ja, man muß; man muß doch einkaufen für das Haus. Ihr tragt aber gewiß manchen Schilling in die Stadt, den ihr behalten solltet. — O, nein. — So? sage du mir einmal (hiemit redete er eine in dürftigen Umständen befindliche Frau besonders an): giebst du nicht in jedem Jahre manches Geld für Band, für bunte Tücher und dergleichen Dinge aus, die du allenfalls entbehren könntest, ohne bloß zu gehen? — Ja, das ist wohl so. Ja, das weiß ich; siehe, du bist die ärmste von euch hier, du machst es so; ihr Anderen machet es noch viel mehr so; daher kömmt es denn, daß ihr immer nichts habet; daher kömmt es denn, daß ihr nie genug erwerben könnet, um euren Bedürfnissen zu genügen; daher kömmt es denn, daß ihr von Morgens früh bis Abends spät wie die Sklaven arbeitet, daß ihr selbst den Sonntag nicht schont, daß ihr sogar unter der Predigt die Arbeit nicht ruhen lassen könnet; was hilft's euch aber am Ende? ihr seid arm und bleibt arm; denn was und wie viel ihr auch zusammenraffen möget, gebet ihr Alles wieder hin und Vieles, Vieles für unnützen Tand! wenn ihr euer unverständiges Gelüsten bezähmtet, wenn ihr wie fromme Christen nur das anschaffen, haben und genießen wolltet, was wirklich nothwendig ist, so könntet ihr viel weniger haben und doch genug haben und zufrieden sein und so könntet ihr denn auch dem lieben Gott eure Schuldigkeit thun; grade euch aber aus eurem Dorfe sehe ich sehr wenig in der Kirche. Ja, meinten Alle, der Prediger hätte wohl Recht; sie wollten es besser bedenken. — Nun, mein Freund, wie verhält es sich mit der Noth? — Sie ist eine theils eingebildete, theils selbst erschaffene: die Genußsucht, das Verlangen nach Dingen, welche nicht nöthig sind und keine wahre Freude geben; und das Hingeben des Geldes für solche Dinge macht, daß wir nicht Geld genug haben, daß es dann oft zu den nöthigen Dingen fehlt. Und damit es dazu nicht fehle, soll der Sonntag wieder einen Verdienst bringen. Er bringt ihn; aber auch dieser Verdienst geht wieder den Weg des Uebrigen: die Sache bleibt, wie sie ist: wer arm ist, bleibt auch arm trotz aller Sonntagsarbeit. Denn das Verlangen nach dem Unnöthigen nimmt immer zu, je mehr es befriediget wird! Darum bete und arbeite! Arbeite, damit du das Nöthige erwerbest! bete, damit du lernest und fähig werdest, dem Unnöthigen zu entsagen, mit dem Nöthigen dich zufrieden zu geben und darin eine größere und bessere Freude zu finden, als es dir gewähren kann, jene lüsternen Wünsche und eingebildeten Bedürfnisse zu befriedigen und dadurch zu deiner Plage immer neue Wünsche und Bedürfnisse zu erwecken. O, welchen Segen hat das Wort: bete und arbeite, wenn es aufgenommen und bewahret wird in einem feinen, guten Herzen! — — Soll denn aber gar nichts gearbeitet werden am Sonntage? — Ich bin darin so strenge nicht wie Manche, obgleich ich auch wieder strenger bin als Manche. Ich für meinen Theil arbeite am Sonntage nicht, d. h. ich treibe keine andere ernstliche, eigentliche Geschäfte als diejenigen, welche mein Beruf von mir fordert; was sonst Arbeit ist, verschiebe ich auf den Werkeltag und ich kann sagen, daß ich dadurch noch nie in Verlegenheit gekommen bin; denn gab es recht dringende Geschäfte, so wußte ich sie entweder schon vorher und konnte sie vorher beschicken oder ich schob sie bis nach dem Sonntage auf, arbeitete dann desto angestrengter und konnte sie so immer zu gehöriger Zeit vollenden. Gäbe es aber wirklich ein Geschäft, welches wichtig wäre und sich nicht aufschieben ließe, so würde ich allerdings auch am Sonntage arbeiten; doch, wie gesagt, in einem ziemlich langen Zeitraume ist mir ein solcher Fall nicht vorgekommen, nur zu Liebeswerken (oder freiwilligen Diensten) werde ich öfter aufgefordert und thue sie nach Beschaffenheit der Sache und der Umstände auch am Sonntage. So, denke ich, könnten es Alle halten, welche mit mir in gleicher Lage sind, d. h. welche ein unabhängiges Brot haben, z. B. Handwerker und Ackerwirthe (Bauern u. s. w.). Bei dem Tagelöhner lasse ich schon etwas nach. Der bedarf vielleicht allen Verdienst von fremder Arbeit, den ihm die sechs Wochentage geben, um ein genügliches Brot zu haben, und oft giebt ihn der Herr nicht gern an den Arbeitstagen los; wenn der nun den Sonntag benutzt, um im Hause oder im Garten dies oder das zu beschaffen, so läßt es sich allenfalls schon entschuldigen; wiewohl ich der Meinung bin, daß bei strengem Vorsatze auch dieser Stand im Ganzen der Sonntagsarbeit entbehren könnte; aber lieber sehe ich darin eine Entschuldigung: ein Mensch auf geringer Bildungsstufe bedarf der Arbeit, um die Zeit hinzubringen; daher arbeitet er auch am Sonntage gern; zwar soll und muß auch er an dem allgemeinen Gottesdienste Theil nehmen, soll und muß auch außer dem Gottesdienste sich erbauen durch Lesen in der Bibel, in Gesangbuch und Katechismus; aber er ist der geistigen Beschäftigung zu wenig gewöhnt, um dabei den ganzen Tag verharren zu können; damit er nun nicht auf thörichte Dinge verfalle, nicht in den Krug gehe zum Trinkgelage oder Kartenspiel, so lasse man ihn lieber arbeiten nach eigenem Gefallen und in seinem eigenen Geschäfte; dabei kann er auch über das, was er in der Kirche gehört oder in den heiligen Büchern gelesen hat, nachdenken; dabei kann er auch in freien Betrachtungen die Seele zu Gott erheben, besser vielleicht, als wenn er müßig umherschlendert, besser auf jeden Fall, als wenn er im Kruge bei Bier und Branntewein und Karten sitzt. Aber immer versteht es sich von selbst, wenn ich arbeiten am Sonntage für erlaubt halten soll, daß darüber der Gottesdienst nicht versäumt werde. Mir lebt, indem ich dieses spreche, ein schönes Beispiel einer Gemeinde in Erinnerung. In der Gemeinde, zu welcher meine Aeltern früher gehörten, fand ich stets, wenn ich dort war, die Kirche sehr gut besucht. Die Tagelöhner von zwei Gütern, welche ich näher kannte, hielten es so: Am Sonntag Morgen vor der Kirche beschafften sie häusliche Arbeiten; dann machten sie sich auf und gingen zur Kirche, eine starke Stunde weit; kamen sie daher zurück, so setzten sie ihre Arbeiten fort; Einzelne gingen am Sonntage in die Stadt, um dort nothwendige Geschäfte zu besorgen; zu Hause blieben wenige außer den Alten, Kindern und Kranken. So war es ähnlich in allen Orten der ganzen Gemeinde; daher war die Kirche immer voll. Ich sagte aber: beten bringt Segen. Der Beweis fand sich dort. Der Tagelöhner erhielt in jener Gegend keinen größeren Lohn, eigentlich aber noch geringeren als in anderen Gegenden und war doch gewiß eben so wohlhabend, ja eher noch wohlhabender als die Tagelöhner in anderen Gegenden. — Der Frage: ist der gemeine Mann fähig, sich den ganzen Tag über mit den geistig-geistlichen Dingen zu beschäftigen, überhebe ich mich hier billig. In der Wirklichkeit sind aber die Sachen ganz anders, als man zum Theil entweder weiß oder sagt; in der Wirklichkeit, weiß ich, führt der Arbeiter, wo nur überhaupt gottesfürchtiger Sinn ist, gern unter der Arbeit Gespräche über die geistlichen Dinge und läßt sich durch das, was er unter Händen hat, durch den Segen, welchen er mit eigener Hand empfängt oder nur mit dem Auge sieht, zu frommen Betrachtungen anregen. — Ferner will ich, wiewohl es sich von selbst versteht, noch davon sagen, wie das Arbeiten am Sonntage für gewisse Menschen in gewissem Umfange erlaubt sein muß, z. B. für die Frauen, welche den Tisch bereiten, für die Dienstboten, welche auch an Feiertagen ihre Herrschaften bedienen müssen, für Alle diejenigen, denen die Wartung des Viehes obliegt. Dergleichen Arbeiten lassen sich nicht einstellen. Bei den Juden freilich wird z. B. am Sabbath nicht gekocht. Es wäre schön, wenn wir ihnen nachahmten; doch gewiß ist es keine Sünde, wenn wir auch an den geheiligten Tagen Speise bereiten; aber daß wir gerade am Sonntage die Küche mühsamer machen, daß wir die meisten Gastereien am Sonntage anstellen, daß dann in vornehmeren Häusern die Dienstboten am meisten in Anspruch genommen, vielleicht sogar vom Kirchenbesuche und häuslicher Erbauung abgehalten werden, das ist gewiß nicht zu loben! Viel besser wäre es, wir setzten uns wöchentlich einen Fasttag an und wählten dazu den Sonntag! da würden wir mehr Zeit für die Angelegenheiten der Seele gewinnen, da würden wir, wenn wir den Körper weniger mit Speisen belasteten und also auch die freie Bewegung der Seele weniger hemmten, viel mehr geistliche Frucht vom Sonntage ernten! Doch nicht Viele werden mir hierin beistimmen; aber das muß ich nochmals als eine ernstliche Forderung aussprechen, daß wir nicht grade den Tag, welcher zur Erbauung der Seele bestimmt ist, vorzugsweise zu Lustbarkeiten und Schmausereien benutzen sollten; denn dadurch nehmen wir ihm seine eigentliche und beste Bedeutung; dadurch hindern wir selbst, was wir suchen sollten, die Erbauung der Seele, die Richtung auf das Wahre und Bleibende. — Dienstboten geben vielfach, wenn sie aufgefordert werden, am Gottesdienste mehreren Antheil zu nehmen und den übrigen Theil des Sonntages zum Lesen der Bibel und zum Lesen und Wiederholen des Katechismus zu benutzen, die Antwort, ihnen erlaube es der Dienst nicht, sie würden von den Herrschaften zu sehr in Anspruch genommen, hätten überdem für sich selbst zu arbeiten; denen aber muß ich gleichfalls entgegentreten. Sie sind allerdings gebundener und nicht ganz ohne Grund ist, was sie angeben; aber ich kenne die Verhältnisse und das Treiben der Leute hinreichend, um ihnen sagen zu können: seid nur nicht so träge zum Guten, seid nicht so vergnügungssüchtig, so werdet ihr schon Zeit für die höheren Angelegenheiten finden! Ich bin so strenge nicht, daß ich den jungen Leuten jegliches Vergnügen versagen oder ihnen nur den Sonntag zu Vergnügungen verbieten möchte; aber das Eine thun, das Andere nicht lassen ist das Wenigste, was ich fordern kann. Das Heil der Seele soll des Menschen vornehmste Sorge sein!

Fasse nun noch einmal Alles zusammen, was wir in dieser Lehre besprochen haben, so wirst du erkennen, daß beten nothwendig mit der Arbeit verbunden sein muß, daß das Beten an sich oder um seiner selbst willen Pflicht für uns sei, daß es uns den Segen Gottes zuwende und sichere und daß wir endlich Zeit und Gelegenheit, welche uns zur Erkenntniß und Verehrung Gottes gegeben ist, wohl benutzen sollen. Werth sind es die zeitlichen Güter, daß wir sie erwerben, und sie sind uns Bedürfniß; noch höheren Werth aber haben noch ernsteres Bedürfniß sind die Güter des Geistes! So laß uns denn suchen und streben daß wir jene gewinnen! laß uns mit allem Ernste trachten, daß diese uns zu Theil werden: bete und arbeite! Amen.

Wo Gott zum Haus' nicht giebt sein' Gunst,
Arbeitet Jedermann umsonst!
Wo Gott die Stadt nicht selbst bewacht,
So ist umsonst der Wächter Wacht!
(Meckl. Gesangb., Ges. 677, 1.)

Sing' bet' und geh auf Gottes Wegen,
Verricht' das deine nur getreu
Und trau' des Himmels reichem Segen,
So wird er bei dir werden neu!
Denn welcher seine Zuversicht
Auf Gott setzt, den verläßt er nicht! Amen.
(Meckl. Gesangb., Ges. 359, 7.)

Zweite Hauptlehre.

Sei bedacht, zu erhalten, was du besitzest.

Einleitung.

Was das Wort erhalten bedeute, bedarf eigentlich keiner Erklärung; nur auf den möglichen Mißverstand möchte ich hindeuten, als ob du etwas, was du einmal besitzest — mag es erworben oder sonst in deinen Besitz gekommen sein — unter keinen Umständen wieder von dir lassen dürftest; doch auch dieser Mißverstand klärt sich von selbst auf; denn wer könnte daran denken, z. B. ein Stück Geld, welches er eingenommen hat, nicht wieder ausgeben zu wollen. Das Geld selbst ist es ja nicht, nicht allein wenigstens, wonach wir streben, sondern ist hauptsächlich nur das Mittel, durch seine Verwendung unsere Bedürfnisse und Wünsche zu befriedigen. Nein, das Erhalten in dem Sinne, in welchem wir es gebrauchen, bedeutet: so mit dem Seinigen wirthschaften, daß es nicht vermindert wird, sondern in gleicher Größe bleibt, wie es einmal ist. Dabei kann und wird immer der Fall eintreten, daß ein Mal weniger Geld vorhanden ist als das andere Mal; denn wer z. B. am Morgen für das Haus einkauft, was zum Mittagessen gebraucht werden soll, der hat, nachdem er dies gethan, weniger Geld, als er am Abend vorher hatte, und wer sich einen neuen Rock kauft, vermindert dadurch den Vorrath seines Geldes; aber er hat nur für nothwendige Bedürfnisse sein Geld aufgewandt; der Handwerker, welcher Handwerksgeräth ankauft oder solche Sachen, woraus er die Waare seines Handwerkes machen will, giebt sein Geld aus; aber er verringert dadurch nicht sein Vermögen, sondern setzt nur die Sachen an die Stelle des Geldes und schafft sich dadurch die Mittel, nicht nur in gleichem Stande zu bleiben, sondern selbst das Vermögen zu vermehren.

Wer nur erhält, was er schon hat, und dabei zu erwerben strebt, der kömmt in größeren Wohlstand. Das rechte Erhalten besteht, wie gesagt, eines Theiles darin, so zu wirthschaften, daß der vorhandene Besitz nicht vermindert wird, andern Theils aber auch noch darin, so zu wirthschaften, daß von dem Erworbenen etwas zurückbleibe, was nicht mit ausgegeben wird; sonst heißt es: wie gewonnen, so zerronnen, und wer doch nicht von vorn an reich oder wohlhabend ist, kömmt nicht weiter, als daß es bei ihm, wie man sagt, von der Hand zum Munde geht. Wenn aber ein Uebrigbleiben eintritt, so geht das Erhalten in Erwerben über, insofern man auch unter Erwerben die Vermehrung des Vermögens im Ganzen versteht.

Das Bestreben, zu erhalten, und die Kunst des Erhaltens ist eben so wichtig und nothwendig, als das Bestreben und die Kunst des Erwerbens. Denn wer bloß erwirbt und nicht erhält, wer auch noch so viel erwirbt, Alles aber wieder aus seinen Händen kommen läßt, wer viel erwirbt, aber noch mehr verdirbt, der wird nimmer in Wohlstand kommen und, wäre er darin, nicht darin bleiben, der wird früher oder später arm werden, wofern keine Aenderung und Besserung bei ihm eintritt.

Wer nimmer erhalten kann, was er besitzt, das ist der eigentliche Verschwender. Das dir zu beweisen, vor Verschwendung dich zu warnen, ist nicht meine Aufgabe; meine Aufgabe ist, demjenigen, welcher das Seinige zu erhalten und durch gutes Wirthschaften größeren Wohlstand zu erlangen beabsichtiget, einige Winke zu geben, mit deren Hülfe er diese seine Absicht verwirklichen könne. Der Verschwender will aber nicht erhalten, d. h. er will arm werden. Wollte aber ein Verschwender sich bessern und darauf ausgehen, seinen zerrütteten und gesunkenen Wohlstand wieder in Ordnung zu bringen und zu heben, so möge er immerhin die Lehren, welche ich dir im Folgenden zu geben versuchen will, nebst denen, welche in der ersten Hauptlehre vom Erwerben gegeben sind, auch als zu seinem Zwecke gegeben ansehen und sich fortan nach ihnen richten! Möglich, daß auch er Nutzen davon habe!

Einige der Lehren, welche im voraufgehenden Abschnitte gegeben sind, z. B. die Lehren von der Gesundheit u. a. könnten hier wiederholt werden; sie sind hier so gut nöthig und anwendbar wie dort; zweimal aber dieselben Lehren vorzutragen, würde nicht angemessen sein und ist nicht nöthig. Darum muß ich es dir überlassen, alle angegebenen Lehren auf alle Fälle und auf alle mögliche Weise anzuwenden.

Unsere gegenwärtige Hauptlehre zerfällt nur in zwei einzelne Lehren. Die Uebersicht ist also leichter. Jedoch haben diese beiden besonderen Lehren jede wieder mehrere Theile oder ihnen selbst wieder untergeordnete Lehren.

Erste Lehre.

Halte Ordnung.

Ordnung ist die Mutter des Wohlstandes. Merke dir das Wort, mein Freund! Willst du also einst zum Wohlstande gelangen, willst du erworbenen Wohlstand erhalten, so gewöhne dich zur Ordnung! Nicht aber glaube, daß es dir nicht von jungen Jahren an, weil du jetzt noch nichts habest, nöthig sei! Ja wohl ist es nöthig; denn auch in dem Kleinen kann Ordnung und Unordnung Statt finden, die Ordnung zur Erhaltung beitragen und zur Vermehrung führen, die Unordnung Zerstörung und Verminderung zur Folge haben. Andern Theils aber heißt es: jung gewohnt, alt gethan, d. h.

wozu der Mensch sich jung gewöhnt, das thut er bis ins Alter. Wer sich also zur Ordnung früh gewöhnt, der wird in späterem Alter von selbst bei guter Ordnung bleiben, wer sich aber nicht von früh her dazu gewöhnt hat, der wird schwerlich je oder wenigstens nur nach vielem Schaden und mit großer Mühe Ordnung in das Seinige einführen. Ordnung trägt zum Wohlstande bei, Unordnung zerstört ihn. Blicke nur hinein in die Häuser, in denen Wohlstand herrscht, und in die, wo er nicht wohnt: dort wirst du oftmalen ordentliche, hier unordentliche Wirthschaft finden, und wo du unordentliche Wirthschaft findest, möge es auch nicht bis zur Armuth oder Dürftigkeit gekommen sein, da wirst du immer merken, daß den Leuten viel entgeht, welches sie doch lieber nicht mißten und welches zu besitzen und zu genießen ihnen immer angenehmer wäre, als es zu entbehren. Ich habe dir früher einen Mann als Beispiel angeführt, welcher früherhin ganz ohne Vermögen, späterhin aber ein reicher Güterbesitzer war; wie er mir seine Lebensgeschichte erzählte, vergaß er nicht, auch das anzuführen, wie er, sobald er nur Eigenes zu verwalten hatte und schreiben konnte, stets die genaueste Rechnung über Alles führte und also stets ein schriftliches Verzeichniß hielt über Rock und Hemd, Stiefel und Strümpfe und den Werth dieser Sachen. Ich bin der Meinung, daß dieses genaue Ordnunghalten wesentlich dazu beigetragen habe, den Mann im Erwerben zu befördern und zu seinem großen Reichthume zu verhelfen; denn er wird nicht bloß über Kleider und Schuhe mit Ordnung gehalten haben, sondern über Alles, was er unter Händen hatte, — wie er denn auch ausdrücklich sagte, daß Ordnung den Wohlstand fördere, ist eine Sache, die sich von selbst versteht, wird dir aber noch mehr einleuchten, wenn du dich in der Welt umsiehest und Ordnung sowohl als Unordnung in den Wirthschaften wahrnimmst und ihre Folgen vergleichest. (Ueber den Einfluß unordentlicher Wirthschaft auf den Wohlstand lies nach S. 23; vergleiche auch S. 24 von der unverständigen Wirthschaft.)

Das Ordnunghalten besteht, je nach den verschiedenen Dingen, worüber Ordnung gehalten werden soll, in verschiedenen

Theilen oder Geschäften. Die Hauptsachen will ich dir näher bringen und meine Ansichten darüber aussprechen. Das Uebrige magst du dann bei weiterem Nachdenken und zunehmender Erfahrung dir selbst sagen.

1. Halte Ordnung in Sachen deines Berufes.

Alles, was den Beruf angeht, verdient die vorzüglichste Berücksichtigung; theils soll ja der Beruf Brot geben; theils ist der Mann, der seinen Beruf nicht werth hält, selbst nicht viel werth. Merke Folgendes.

1. Was heute geschehen soll, thue heute; was morgen geschehen soll, thue morgen. Was hilft aller Fleiß, wenn er nicht mit Ordnung verfährt, was alle Geschicklichkeit, wenn sie nicht von Ordnung geleitet wird? Ein Schuster in der Stadt R. war als sehr tüchtiger Arbeiter beliebt; dennoch verließen ihn viele Kunden, weil er sie bald nicht zu rechter Zeit befriedigte, bald einem Kunden die Sache eines anderen brachte, auch wohl ganz und gar vergaß, was ihm übergeben war; nicht Mangel an Fleiß und Geschicklichkeit, nicht unordentlicher Lebenswandel, sondern allein seine Unordentlichkeit wandte die Kunden von ihm ab und verwandelte seinen blühenden Betrieb in einen unbedeutenden, seinen Wohlstand in eine bedrängte Lage!

2. Verwende Jegliches dazu, wozu es bestimmt ist. Wenn der Zimmermann etwa das stärkste und festeste Holz zu Riegeln, das schwächere und schlechtere zu Sohlen verwenden wollte, was würde man sagen? der Unordentliche aber macht es so oder ähnlich. Ich weiß z. B. von Tischlern, daß sie von dem besten Holze zu geringen Zwecken verbrauchten, z. B. zur Füllung oder Fütterung, von Landleuten, daß sie mit dem Saatkorn das Vieh auffütterten oder das Futterkorn, welches sie doch nicht entbehren konnten, verkauften; was soll daraus entstehen? Was am meisten dazu verleitet, Sachen zu verwenden, wie sie nicht verwandt werden sollen, ist der Gedanke: die erste Noth muß gewendet werden; man sollte jedoch lieber eine geringe Noth eine Zeit lang ertragen, einen Uebelstand verschmerzen, eine etwas größere Mühe nicht scheuen, um nicht in größere Noth und mehrere Uebel zu gerathen und sich nicht noch schwerere Mühe

zuzuziehen! Leichtsinn und Selbstentschuldigung sind die Ursache so vieler Wehen!

3. Deinen Werkzeugen oder allem, womit du deinen Beruf treibst, widme eine besondere Sorgfalt: halte Alles so, daß es zu seinem Zwecke ganz geeignet ist, gebrauche es nicht auf ungehörige Weise, verwahre es nach dem Gebrauche an gehöriger Stelle und nur nach geschehener Reinigung oder Ausbesserung. Thust du das, so wirst du ein allzeit fertiger Arbeiter sein und es dir nie an den Geräthschaften u. s. w. fehlen; thust du es nicht, so wird dir fehlen, was Hauptsache ist.

4. Halte dir Werkzeuge oder das, was zum Betriebe deines Berufes erforderlich ist, in entsprechender Menge oder Zahl und Güte. Lieber lasse es sonst im Hause fehlen, nur dieses nicht. Man beurtheilt schon den Mann und sein Können, die Frau und ihre wirthliche Tüchtigkeit darnach, was für Geräthschaften sich bei ihnen finden, und was will der Landmann ausrichten, wenn er keine oder nicht zureichende Pferde zur Arbeit hat, welche Einnahme erzielen, wenn Kühe und Schafe von solcher Beschaffenheit sind, daß sie nur unansehnlichen Ertrag geben können? und meinst du, daß es nicht bei dem Handwerker eben so sei, wenn es irgend am Handwerkszeuge, nicht bei der Hausfrau eben so sei, wenn es ihr z. B. am Kochgeschirre fehlt oder Alles in schlechter Beschaffenheit ist?

2. Halte Ordnung in deinem Gelde.

Hier besteht das Ordnunghalten in zwei Stücken. Das erste Stück ist, daß du über die Verwendung deines Geldes nach gehöriger oder zweckmäßiger Ordnung bestimmest. Wer auch in noch so einfachen Verhältnissen und noch so einfacher Weise lebt, hat doch immer Bedürfnisse, welche entweder unumgänglich nothwendig oder weniger nothwendig sind. Das Leben ist mehr als die Kleidung; daher muß erst für die Speise, dann für die Kleidung gesorgt werden; aber auch Kleider bedürfen wir und Jeder kleidet sich zwar so, daß er mit Wohlgefallen gesehen werden und sich mit eigenem Wohlgefallen der Welt zeigen könne; aber erst die Kleidung, welche die Blöße deckt und gegen Hitze und Kälte schützt, dann die, welche zum besseren Anstande gehört! — Der gute Wirth nun richtet sich so ein, daß er zu nothwendigen Ausgaben stets Geld vorräthig hat; die nothwendigsten Ausgaben bedenkt und besorgt er zuvor, dann erst folgen die weniger nothwendigen und selbst, wenn er mit allem Nothwendigen versehen ist, hütet er sich, den letzten Schilling oder Thaler wegzugeben; denn es kann ja unvorhergesehen und plötzlich ein unabweisbares neues Bedürfniß eintreten; du hast z. B. ein Schwein auf der Mast, welches du nächstens zu schlachten gedenkst; es wird aber krank und stirbt; woher nun Fleisch für den Hausstand nehmen, wenn kein Geld im Hause ist? oder die Kuh stirbt; die Milch ist theuer, Futter hast du: mehr als doppelt ist also der Schade, wenn du keine neue Kuh ankaufen kannst. Geld muß stets im Hause sein. Damit aber stets Geld im Hause sein könne, muß man sehr berechnend, sehr wirthlich mit dem Gelde umgehen, nicht grade dann, wenn vieles da ist, nur leichtsinnig nur bis zum letzten Schilling ausgeben! nein, Ordnung halten, d. h. das Nothwendigste dem weniger Nothwendigen, das Nothwendige dem Entbehrlichen vorgehen lassen! Kein Geld haben, führt zu Verlegenheiten, Verlegenheit zum Borgen oder Schuldenmachen, Schuldmachen zur Armuth! Vielen Menschen geht es so. Merke dir daher das Wort eines weisen Mannes (Franklin): Kaufe nicht, was du nicht nöthig hast; denn du mußt sonst bald verkaufen, was du nöthig hast. Viele Menschen gehen durch die Unordnung in ihrem Geldwesen zu Grunde; nur wenige werden noch zu rechter Zeit inne, daß sie sich auf abschüssigem Wege befinden; aber viele Mühe kostet es, den rechten Weg wieder zu finden und wieder ins rechte Geleis zu kommen oder den Schaden wieder herzustellen, welchen die Unordnung angerichtet hat. Allein der Weg der Ordnung ist der rechte Weg; er allein führt auf die heitere Anhöhe des Glückes, des Wohlstandes, selbst noch aus der Tiefe des Verderbens heraus. Darum schlage diesen Weg ein und hüte dich ihn je zu verlassen! —

Das zweite Stück, welches zum Ordnunghalten im Gelde gehört, ist, stets genaue Rechnung über das Geld zu führen.

Du hast schreiben gelernt und die meisten Menschen lernen es jetzt; daher rathe ich dir und Allen, welche irgend schreiben können: haltet stets schriftliche und zwar sehr genaue Rechnung über euer Geld. Auch im Gedächtnisse kann man zwar so ziemlich behalten, wie viel man hat, zumal derjenige, welcher wenig hat, aber für das Gedächtniß bleibt doch genug übrig; daher kann man ihm wohl die Erleichterung schaffen, daß man den Bestand des Geldes dem Papiere anvertrauet. Das Geld ist aber eine so wichtige Sache, daß es wohl auch der kleinen Mühe werth ist, Rechnung darüber zu führen. Das Gedächtniß irrt sich und es kömmt auch nicht allein darauf an, daß man weiß, wie viel man grade habe, sondern eben sowohl und fast noch mehr darauf, zu wissen oder zu jeder Zeit nachsehen zu können, wofür das Geld eingekommen und wofür es ausgegeben ist. Einnahme und Ausgabe bleiben nicht immer gleich; daß sie höher oder niedriger werden, liegt aber oft in unserer eigenen Schuld. Fällt nun einst die Einnahme geringer aus wie früher und schlägst du dann in deinem Buche nach und vergleichst früher und jetzt, so liegt es doch sehr nahe, die Ursachen zu erforschen, sie, wenn du sie entdeckest, nicht mehr eintreten zu lassen, so weit sie eigene Schuld waren, und also den Ausfall an der Einnahme nicht mehr herbeizuführen. Sind aber die Ausgaben gewachsen und findest du nun gleichfalls durch Vergleichung früherer und späterer Zeit, wo die Sache ihren Grund hat, und findest du eben diesen Grund wieder in dir selbst, so wirst du auch wahrscheinlich klüger werden und dich im Ausgeben beschränken. Ist das nützlich oder schädlich, vortheilhaft oder nachtheilig? Zwar behält sich dergleichen, wie ich schon zugab, auch so ziemlich im bloßen Gedächtnisse; aber nicht Alles und Jedes kann das Gedächtniß treu festhalten und so gern drückt der Mensch die Augen zu und sieht nicht, wo er seine eigenen Fehler erblicken muß; wenn aber das Papier dir die schwarzen Buchstaben und Zahlen vor die Augen stellt, dann wirst du sehen müssen. Und zu Einem reicht das Gedächtniß nicht aus. Manche Menschen wollen sparen und glauben, daß sie nur für Nothwendiges ihr Geld ausgeben; wenn sie aber Rechnung hielten und nur eine einzige Jahresrechnung prüfend durchgingen, so würden sie sich überzeugen, wie so manche unnöthige Ausgabe gemacht sei und wie große Summen das nur in einem Jahre ausmachte! Ich habe zwei Häuser kennen gelernt, wo man keine Rechnung führte; in dem einen meinte man, sparsam zu sein (man war leidenschaftlich sparsam, wie ich mich früher einmal darüber ausdrückte), und doch ward viel Geld gebraucht; nach meiner Meinung hätte ein gleich guter Hausstand mit viel geringeren Kosten geführt werden können. Hier fühlte man indessen keinen Geldmangel, weil die Einnahme bedeutend war und man im Großen nichts verthat; in dem zweiten Hause aber machte sich Geldmangel oft genug fühlbar; ich habe die Leute nicht überzeugen können, daß sie viele unnöthige Ausgaben machten und, wenn ich Eins und das Andere als Beispiel hervorgehoben habe, so wollte man darin nur Kleinigkeiten finden und in diesen Kleinigkeiten nicht den Grund des Uebels erkennen, eben weil keine Rechnung geführt wurde und also nicht ein ganzer Jahresbetrag solcher Kleinigkeiten zusammengestellt werden konnte; die Einnahme war hier freilich geringer, doch immer groß genug, um keinen Geldmangel entstehen zu lassen, ja sogar noch Ueberschuß zu haben; aber die O r d n u n g, die g u t e V e r w a l t u n g f e h l t e und eben diese fehlte, weil jene nicht da war, w e i l k e i n e R e c h n u n g g e f ü h r t w u r d e. Kaufleute und Handwerker nun müssen Waaren auf Borg geben; wie, wenn auch die keine Rechnung führen wollten? Und ich weiß doch, daß nicht alle es thun, nicht genau genug es thun!

3. Halte Ordnung in deinen Kleidern.

Auch hier könnte ich denen, welche des Schreibens kundig sind, empfehlen, stets ein schriftliches Verzeichniß über ihre gesammte Kleidung zu halten und etwa von Monat zu Monat oder von Vierteljahr zu Vierteljahr die eingetretenen Veränderungen einzutragen, besonders über die Sachen, welche der Veränderung mehr unterliegen, als Hemden und Strümpfe; doch lieber rathe ich, nicht so viele Kleidung zu halten, daß die Rechnung dem Gedächtnisse schwer würde, auch mag ich denen, welche nicht gerne schreiben oder nicht viele Zeit dazu haben, nicht zu viel aufbürden; denn rathe ich irgend zu viel, so muß ich fürchten, daß gar nichts geschieht; deshalb beschränke ich mich lieber auf das Nothwendige und das ist Folgendes.

Erstlich bewahre deine Kleider, die äußerlichen nämlich, möglichst vor Beschmutzung; sind sie aber beschmutzt worden, so reinige sie baldigst wieder und zwar gut und tüchtig. Staub und überhaupt Schmutz, wenn er in oder auf den Kleidern alt wird, verzehrt sie; Flecken verunstalten den alten wie den neuen Rock.

Zweitens mache nicht die neuen den alten Kleidern gleich. Das ist der größeste Fehler, den du begehen kannst; denn du wirst auf diese Weise nie gute Kleider haben, du möchtest denn — so zu sagen — täglich neue anschaffen, und wirst die alten Kleider nicht bis zum völligen Vergehen ausnutzen oder sie dem völligen Vergange überlassen, ohne sie gehörig genutzt zu haben. Daß du aber dabei entweder, wie gesagt, schlecht gekleidet gehen wirst oder sonst unverhältnißmäßige Ausgaben machen mußt, sieht sich von selbst ein. — Wegen der anderen Kleidungsstücke, welche zur Wäsche kommen, geben verständige Hausfrauen die Vorschrift, sie weder zu selten, noch zu oft in die Wäsche zu geben; dann geben sie auch die Vorschrift, sie stets heil zu halten, ohne aus dem kleinen Loche erst ein großes werden zu lassen. Das aber will ich hinzufügen, daß ein gewisses Urtheil über den Menschen schon aus seiner Wäsche, aus seinen Unterkleidern hervorgeht; man will den rechten Ordnungssinn, aber auch überhaupt den rechten Sinn für das Schöne bei allen denen vermissen, deren Unterkleider nicht in rechter Beschaffenheit sind, und in einer Jungfrau, bei welcher Hemden und Strümpfe nicht der tadelloseste Bestandtheil der Kleidung, nicht der liebste Schmuck sind, will man eine schlechte Hausfrau für die Zukunft sehen.

4. Halte Ordnung im Haushalte.

Zur Ordnung im Haushalte rechnet man, daß jedes Ding zum eigentlichen oder rechten Zwecke verwandt werde, daß jedes Ding an seinem rechten Platze stehe und nach dem Gebrauche wieder dahin gebracht werde, daß Thüren und Fenster, Schlösser und Riegel stets in guten Zustande gehalten, Stube und Kammer, Küche und Keller, Treppe und Hausflur und jegliches Geschirr sauber rein gehalten und die Theile des Hauses, bei denen es anwendbar ist, täglich gut gelüstet werden. Daß durch Unordnung manches Ding zerstört werde, manches halb verbrauchte ganz verfalle, daß Reinlichkeit und Sauberkeit nicht bloß der Welt gefalle, sondern auch zum Wohlgefallen am eigenen Hause und zur Gesundheit beitrage, daß also aus dem Ordnunghalten im Hause Vortheil, aus dem Mangel an Ordnung Schaden für den Geldbeutel hervorgehe, das braucht nicht weiter erwiesen zu werden.

Was hier empfohlen wird, ist zum großen Theile Sache der Frauen. Diesen nun ist noch Eins besonders zu empfehlen, daß sie nämlich stets zu rechter Zeit den Tisch bestellen. Das ist der Ruhm der Hausfrau; es gereicht aber auch ihr und dem ganzen Hause zum Nutzen; denn es trägt wesentlich zur Zufriedenheit der Hausgenossen bei, welche dem Tische oder der Mahlzeit entgegen harren, und somit zum häuslichen Frieden; doch auch ein unmittelbarer äußerer Nutzen geht daraus hervor; wo nämlich die Hauptsache mit Ordnung geschieht, da wird auch in den übrigen Dingen Ordnung gehalten, und wo Ordnung waltet, geht es dem Hause wohl; die Mahlzeit aber oder den Tisch zu besorgen, — das ist gleichsam die Angel, um welche die Thätigkeit der Hausfrau sich dreht, ist für sie die Hauptsache des Sorgens und Mühens.

5. Halte Ordnung in der häuslichen Lebensweise und in allen häuslichen Verhältnissen.

Es gehört viel dazu, dem ganzen Hause oder dem häuslichen Leben eine solche Haltung zu geben, daß der Hausstand ein ehrbarer genannt werden könne. Das aber sei eines Jeden Ziel, den das Schicksal zum Hausvater und zur Hausmutter oder überhaupt zum Vorsteher eines Hauswesens berufen hat, dahin zu trachten, daß man bei ihm einen ehrbaren Hausstand finde. Gatten und Gattinnen, Aeltern und Kinder, Herren und Diener in verschiedenen Häusern, wie verschieden betragen sie sich gegen einander! Wie ist es hier so still, so friedlich, so einig, so freundlich, so traulich, so zufrieden! Dort wie unzufrieden, wie kalt und fremd und getheilt, wie verdrossen und zänkisch und unruhig! Halte in deinem Hause gute Ordnung und du wirst das Erste darin einführen, das Zweite daraus verbannen! Fange zuerst bei dir selbst an, dich zu einem guten Betragen gegen Gatten oder Gattin, gegen die Kinder und Dienstboten und jeglichen Hausgenossen anzuhalten; dann werden die Anderen dir schon mehr oder minder von selbst darin nachfolgen; denn das Beispiel des Hausvaters und der Hausmutter wirkt mächtig, ist gleichsam Gesetz für die übrigen Bewohner des Hauses. Dann halte ferner die übrigen Hausgenossen zu einem schicklichen und löblichen Betragen unter einander und gegen dich selbst an. Du hast die Pflicht, du hast das Recht; groß ist die Würde des Hausvaters! Wehe dir, wenn du deine Kinder unartig sein lässest! die Schläge, welche du ihnen nicht giebst, geben sie dereinst dir, wenn auch nicht mit der Hand und der Ruthe, doch auf andere Weise, die das Herz eben so sehr verwundet! Wehe dir, wenn du die Dienstboten oder andere Hausgenossen Herren im Hause werden lässest und es nicht selbst bleibest! du wirst bittere Stunden erleben! arge Zerrüttung des Hauswesens wird einreißen! Es kann ein Haus wohl zu Grunde gehen, wo der Hausherr das Herrenrecht verliert! darum halte dich selbst und alle deine Hausgenossen, Fremde wie eigene Angehörige, zu einem guten Betragen an, wie es jeder dem Anderen schuldig ist! aber damit ist noch nicht genug gethan, um einen ehrbaren Hausstand zu führen. Du hast auch über die Sittlichkeit deiner Hausgenossen im ganzen Umfange zu wachen und selbst ihnen in jeder Art ein gutes Beispiel zu geben. Die Keuschheit, die Nüchternheit deiner Hausgenossen sind deiner Aufsicht übergeben, wenn du Hausvater oder Hausmutter bist. Du hast das Recht und die Pflicht, sie zu beaufsichtigen, dazu zu ermahnen, Fehltritte mit ernsten Worten zu strafen. Dulde keinen unehrbaren, sittenlosen Hausgenossen, keinen Nachtschwärmer! Will auf deine Ermahnung und dein Gebot der Fehlende sich nicht bessern; so entlasse ihn aus dem Dienste! Ich weiß, daß gar viele Herrschaften sich um Sittenreinheit ihrer Dienstleute durchaus nicht kümmern, weiß, daß selbst Aeltern ihren Kindern alles nachsehen; aber sie fehlen ihrer Pflicht; ich kenne aber auch wenigstens zwei Herrschaften (und gewiß giebt es deren mehrere!), welche durchaus keinen sittlichen Unfug bei ihren Hausgenossen dulden: Das sind echte und rechte Herrschaften! Thue auch du dereinst, wenn du Hausherr wirst, also! dann wird man dein Haus ein ehrbares nennen und die, welche du einst von Fehlern abgehalten oder zurückgebracht hast von schlimmen Sitten, werden es dir danken! Fürchte nicht, daß Niemand zu dir in den Dienst ziehe, wenn du dich als so gestrengen Herren hinsichtlich der Sitten zeigst! Sie werden zu dir so gut kommen wie zu anderen Herrschaften, wofern du sie im Uebrigen recht und gut hältst und behandelst! Und wer könnte meinen, daß es unter den Dienenden selbst keine gäbe, welche sich gern guter Sitten befleißigen und also ein Haus vorziehen, wo sie ihre Sittlichkeit weniger gefährdet wissen? Rechtliche Aeltern zumal werden gern ihre Kinder in solche Häuser bringen. Wenigstens aber leiden die Häuser, welche ich oben bezeichnete, bis daher keinen Mangel an Dienstboten.

Glaube nicht, es sei genug, wenn dir nur gehorcht und deine Befehle ausgerichtet werden; nein, auch auf Ehre vor Gott und Menschen kömmt es an! Und ich bin fest überzeugt, daß die Dienstboten bei sittenstrengen Herrschaften besser gehorchen, fleißiger arbeiten und überhaupt treuer dienen als da, wo man gegen das Edlere im Menschen gleichgültig ist. Schon möchte ich glauben, daß grade die besseren unter den Dienstboten sich vorzugsweise nach solchen Häusern hinwenden; daß besonders Aeltern, welche ihre Kinder wohlerzogen haben und sie nicht verdorben haben wollten, ihre Kinder gern in solche Häuser geben und ihnen also gute Dienstboten zuführen. Dann steht aber auch fest, daß Gutes das Gute, Schlechtes das Schlechte erzeuge. Hältst du also deine Dienstboten nicht allein zu Fleiß und Gehorsam, sondern überhaupt zum guten Betragen und besonders zur Sittlichkeit an, so wird, so weit das Letzte gelingt, gewiß das Erste nicht ausbleiben; lässest du dagegen dein Haus eine Wohnstätte unehrbarer Sitten werden, so ist zu befürchten, daß auch die übrigen guten Gesinnungen und Gewöhnungen deiner Hausgenossen in schlimmere umschlagen!

Wie viel wird über die Dienstboten geklagt! wie mancherlei sind die Klagen, welche man gegen die Dienstboten führt! Schlimm, daß es so ist! Aber ich behaupte unverhohlen, daß die Herrschaften einen Theil der Schuld mittragen! Zuerst liegt wohl darin ein bedeutender Grund zur Verschlimmerung der Dienstboten, daß Herren und Diener in nur irgend wohlhabenden Häusern sich so fern stehen. In früheren Zeiten machten Herren und Dienerschaft gleichsam eine Familie aus. (Das Wort Familie ist ein lateinisches und bedeutet ursprünglich die ganze Hausgenossenschaft mit Einschluß der Dienerschaft, so daß der Vater der Familie (pater familias) eben das war, was wir Hausherr nennen, also gleichsam der Vater auch der Dienstboten. Uebrigens war damals im Ganzen das Verhältniß zwischen Herren und Dienerschaft verschieden von dem jetzigen). Dieses innige, trauliche Verhältniß zwischen Herrschaft und Dienern gab diesen gewiß viel andere und bessere Gefühle und Gesinnungen gegen die Herrschaft ein, als sie jetzt so vielfach gefunden werden. — Ferner liegt wohl ein Hauptgrund (vielleicht der wichtigste von allen) zur Verschlimmerung der Dienstboten darin, daß die Herrschaften sich nicht bemühen, die vorhandenen besseren Gesinnungen und Sitten zu erhalten, die mangelnden bei ihnen hervorzurufen. Der Mensch ist ein Ganzes; jedes Einzelne in und an ihm steht mit allen übrigen Theilen in der engsten Verbindung; so im Leiblichen, so im Geistigen. Laß also den Menschen ungehindert einen Fehler annehmen oder siehe ihm einen vorhandenen ungerügt nach, so wird er bald in mehrere verfallen. — Auch schlechtes Beispiel der Herren wirkt mit zur Verschlimmerung der Dienstboten. Wie der Herr, so der Knecht. Denke das weiter nach und beobachte! — Viertens kömmt auf Rechnung des Herren, daß sie den Grund, worauf das ganze Gebäude der Sittlichkeit ruhet, bei ihren Dienstboten nicht erhalten helfen, sondern unbekümmert untergehen lassen; ich meine: sie bekümmern sich vielfach nicht um die Religiösität, die

Gottesfurcht ihrer Dienstboten und deren Kundgebung. Wenige, wirklich wenige Herrschaften hatten ihre Leute zum fleißigen Besuche der Kirche und zum Lesen der Bibel oder anderer religiöser Bücher an; noch wenigere sprechen wohl je mit den Ihrigen ein hierauf bezügliches Wort; manche Herrschaften geben nicht allein auch in dieser Hinsicht ein schlechtes Beispiel, sondern halten die Dienstboten wohl mehr ab als an, den Bedürfnissen der Seele Befriedigung zu verschaffen. — Schwere Beschuldigungen habe ich hier über die Herrschaften ausgesprochen; aber ich scheue mich nicht, meine Meinung zu sagen, weil ich von derselben fest überzeugt bin und weil ich es für hochwichtig halte, daß sie ausgesprochen werde; denn groß ist das Uebel gewachsen! Natürlich sage ich nicht von allen Herrschaften, sondern von vielen, natürlich nicht bloß von vornehmen Häusern, sondern überhaupt von allen Häusern, wo Dienstboten gehalten werden. Wer sich bewußt ist, daß ihn diese Vorwürfe nicht treffen, der ist nicht gemeint! wer sich aber getroffen fühlt, der möge, das wünsche ich herzlich, meine Worte der Beherzigung werth halten! — Wenn ich aber hier zu den Herrschaften das ernste Wort geredet habe, so will ich es nicht weniger zu den Dienstboten. Ihr seid nicht entschuldiget, wenn es die Herren daran fehlen lassen, euch zum Guten anzuhalten. Die Herren sollen euch das Gutbleiben und Besserwerden erleichtern; aber von ihnen soll nicht Alles kommen und wenn sie ihre Pflicht gegen euch versäumen, so seid ihr euch selbst desto mehr schuldig; denn ihr seid selbst Menschen und Gott hat's euch in's Herz gegeben, was recht und was unrecht ist; ihr habet oft genug die Lehren gehöret, die euch richtig leiten sollen; ihr wisset, was nöthig ist, um tugendhaft zu sein, wisset, was nöthig ist zur Seligkeit! Gehet ihr nun die Wege, welche ihr als die irrigen und verbotenen kennet, verlasset ihr, den Fleischestrieben und den äußeren Lockungen folgend, die Wege, auf welche ihr gewiesen seid, versäumet ihr, die Schätze zu sammeln, mit denen ihr den Platz im Himmel erkaufen sollet, so habet ihr es selbst Schuld! Du, mein theurer junger Freund, sei ein guter, frommer Knecht; erfülle treu alle Pflichten, welche dir als Untergebenem gegen deine Vorgesetzten obliegen; erfülle aber nicht weniger die Pflichten gegen dich selbst, daß du dir frommen, reine Gesinnung und einen frommen, sittenreinen Wandel zu eigen machest! Wenn aber Gott dich dereinst beruft, Vorsteher eines Hauses zu sein, dann halte eine feine häusliche Zucht, so wird es im Hause wohl stehen: du und dein Haus werden gelobt werden, Friede wird im Hause herrschen und auch der Segen am Zeitlichen nicht ausbleiben!

Ich muß jedoch noch kürzlich hinzufügen, was alles zur guten Hausordnung gehöret, und dich ermahnen, es wohl in Acht zu nehmen. Ordnung soll gehalten werden in Allem, was das häusliche Leben ausmacht, also auch darin, daß zu rechter Zeit aufgestanden, zu rechter Zeit zu Bette gegangen, zu rechter Zeit gegessen und getrunken, zu rechter Zeit gearbeitet werde. Sei kein Langschläfer und halte dir keine Langschläfer im Hause. Die Gesundheit und das Geschäft wird gefördert, wenn frühe aufgestanden und früh an die Arbeit gegangen wird. Vornehmlich lasse die Kinder, je mehr sie heranwachsen, desto früher wach und thätig werden. Ein Langschläfer ist immer — mit seltenen Ausnahmen — ein schlaffer Mensch an Leib und Seele, meistens auch ein ungesunder und fauler. Auch halte ebenso um der guten Ordnung als um der Gesundheit willen darauf, daß ein jeder zu rechter Zeit in's Bette gehe. Wer zu rechter Zeit zu Bette geht, kann auch früh wieder aufstehen! — Ordnung sei im Essen und Trinken! Lobt es die Hausfrau, wenn sie zu rechter Zeit den Tisch deckt (s. S. 199), so bleiben Dienstboten und Gesellen unverdrossen, wenn ihnen das Gebührende zu rechter Zeit gereicht wird. Gelegentlich will ich Allen, deren Tischgenossen bei ihnen um Lohn arbeiten, den Rath geben, sie gut im Essen und Trinken und überhaupt gut in Allem zu halten, was Leibesbedürfniß ist. Ein knurrender Magen taugt nicht bei der Arbeit! Gute Begegnung und zugleich gut Essen nnd Trinken zieht die Dienstboten heran und man hat dann die Auswahl und kann die besten wählen; und wo Alles gut ist, was der Leib fordert, da pflegt auch der gute Wille zu sein, lieber mehr als weniger zu arbeiten.

Wenn du nun auf alle diese Stücke hältst, wenn du dabei mit dem Ernst und der Strenge die Freundlichkeit und Milde paarest, nicht allein den Herren, sondern auch den Vater des Hauses in dir erkennen lässest, wenn du aber auch in Allem selbst gutes Beispiel giebst, wie du es als Hausherr geben sollst, dann wird die gute Ordnung in deinem Hause wohnen, wird zu deinem und aller Hausgenossen Segen darin herrschen! Ordnung ist die Mutter des Wohlstandes!

Zweite Lehre.

Sei sparsam.

Mit der Ordnung soll sich die Sparsamkeit verbinden. Von der Ordnung allein sagt man: Ordnung ist die Mutter des Wohlstandes; von beiden zusammen sagt man: Ordnung und Sparsamkeit erhalten das Haus. So hat also die Sparsamkeit in der Meinung der Menschen ihren Platz unter den Mitteln des Erhaltens und somit auch des Erwerbens. Sie ist aber eine der wichtigsten, so daß man mit vollem Rechte alle Mittel des Erhaltens unter die beiden: Ordnung und Sparsamkeit, zusammenfassen kann.

Sparsam sein im nächsten und engeren Sinne des Wortes bedeutet: unnöthige Verwendungen von irgend etwas vermeiden, den Gebrauch dessen, was nicht nöthig ist, unterlassen. Hiermit ist also gesagt und es sei darauf aufmerksam gemacht, daß das Sparen sich nicht allein auf das Geld, sondern auch auf andere, auf alle Dinge des Besitzes bezieht. Das ist dann aber auch zugleich ein strenges Sparsamsein. Man kann jedoch auch sparsam sein und doch Eins und das Andere, was nicht grade von der Nothdurft gefordert ist, in Gebrauch nehmen oder verwenden. Es giebt demnach eine größere und eine geringere, eine strengere und eine gemäßigtere Sparsamkeit, wo nur noch von Sparsamsein im engeren Sinne die Rede ist. Sparsamsein im weiteren Sinne umschließt die Verwendung geringerer, weniger werthvoller Dinge oder Mittel, um dadurch zu größeren und werthvolleren zu gelangen, die Benutzung oder Vermeidung nicht grade nothwendiger Dinge in der Art und zu dem Zwecke, daß ein Vortheil daraus hervorgeht. Sparsam ist also z. B. derjenige, welcher sich wenige Kleidungsstücke hält, wie der strengste Bedarf je nach den Verhältnissen des Menschen sie fordert; sparsam ist aber auch derjenige, welcher sich z. B. mehrere Paare Stiefel hält, damit, wenn ein Paar durchnäßt ist, das andere Paar gebraucht werden und das erste austrocknen könne; er ist insofern sparsam, als bei solcher Einrichtung die zwei Paare Stiefel ihm länger dauern und dienen werden, als sie thun würden, wenn er zur Zeit nur ein Paar hielte und das zweite Paar anschaffen würde, nachdem das erste vergangen wäre; er macht also im Ganzen eine geringere Ausgabe, obgleich er im Augenblicke oder zur Zeit mehr Geld ausgiebt. Sparsam ist also auch derjenige, welcher dann einkauft, wenn er die Waare um geringeren Preis erhalten kann, obgleich er sie jetzt noch nicht gebraucht; nur muß es, versteht sich überhaupt solche Waare sein, welche er nothwendig gebraucht. Eine Sparsamkeit, welche sich auf solche Weise darlegt, nennt man die kluge, berechnende Sparsamkeit; jene aber, welche nach den Mitteln des Besitzes die Wünsche, Bedürfnisse und Ausgaben abmißt, nennt man die weise Sparsamkeit. Die Sparsamkeit kann eine freiwillige, sie kann aber auch eine gebotene, nothwendige, durch Umstände und Verhältnisse auferlegte sein. Sparen, in Beziehung auf den Zustand des Vermögens und als Erfolg gedacht, heißt: durch kluge und zweckmäßige Verwaltung des Seinigen auf Erhaltung und Vermehrung desselben abzielen und diesen Zweck wirklich erreichen. So ist denn das Sparen im Erfolge ein Mittel des Erwerbes, insofern erwerben nach der gegebenen Erklärung bedeutet: das Vermögen vermehren.

Ob denn das Sparen oder die Sparsamkeit wirklich beitrage zur Gewinnung, Erhaltung und Erhöhung des Wohlstandes, bedarf wohl keines eigentlichen Beweises mehr. Jedermann weiß es und es liegt in dem Wesen der Sache selbst. Wir wollen nur vom Gelde sprechen. Wenn ein Mensch stets nur dann Geld ausgiebt, wenn er nothwendig einer Sache bedarf, und nur dafür, wenn aber ein Anderer Geld ausgiebt, so oft er dessen etwas hat, nicht bloß für nöthige Dinge, sondern auch für entbehrliche und überflüssige, — welcher von beiden wird die vollere Kasse haben? welcher von beiden wird, wenn sie mit gleichen Mitteln anfangen und mit gleichem Glücke fortfahren, sicherer und früher zum Wohlstande gelangen und es weiter darin bringen? — Die Sache liegt auf der Hand. Sparsamsein ist also zuträglich, ist nothwendig für denjenigen, welcher erst Wohlstand erwerben will, ist nützlich für denjenigen, welcher sein Vermögen nicht verringern will. Was aber zum Wohlstande führt, ist zugleich immer ein Mittel, vor Armuth zu bewahren, ja ist mehr als das: es beugt nicht allein der Armuth vor, sondern führt selbst zum Wohlstande Sparsamkeit ist also ein Bewahrungsmittel, ja ein vorzügliches Bewahrungsmittel gegen die Armuth. Die ihr die Armuth scheuet, — sparsam müßt ihr sein! seid ihr es nicht, so könnet ihr bei ansehnlichem Vermögen und gutem Erwerbe doch arm werden oder bleiben; die ihr euch auf dem Wege zur Armuth befindet, — prüfet, ob ihr sparsam seid: es fehlt euch vielleicht daran! Die ihr der Armuth anheim gefallen seid, — o, sehet nach, wie ihr gelebt, wie ihr gewirthschaftet habet, und vielleicht findet ihr, daß Mangel an Sparsamkeit auch eine Ursache von dem Untergange eures Wohlstandes war! Wendet euch Alle also zur Sparsamkeit! — Die Sparsamkeit allein thut's jedoch auch nicht; sie ist nur ein Mittel des Erhaltens, nur ein Mittel; schon die Erhaltung des Eurigen beruhet auf Ordnung und Sparsamkeit zugleich; wer aber nicht hat, der muß erwerben und zugleich Ordnung halten und Sparsamkeit üben. Darin aber hast du das untrügliche Mittel gegen Armuth, das wahre Zaubermittel des Wohlstandes!!

Das Sparen ist eine Kunst, eine große und schwere Kunst! Manche Leute wollen sparen, kommen aber nicht dazu; manche meinen, sparsam zu sein, sind es aber nicht; andere sparen mit solchem Erfolge und dabei mit solchem Anstande, oft dem unkundigen und ungeübten Auge so unmerklich, daß man sie bewundern muß. Die Hauptregeln der Sparsamkeit aber sind: 1) kaufe nicht, was du nicht nöthig hast. Das lehrt der weise Franklin, ein Nordamerikaner; warnend setzt er aber hinzu: du mußt sonst bald verkaufen, was du nöthig hast. 2) Kaufe, was du nöthig hast, zu rechter Zeit und am rechten Orte, da kaufest du wohlfeiler und besser; 3) kaufe nicht eher, als du Geld hast Borgen macht Sorgen; 4) kaufe nicht zu theuer, d. h. wenn du kaufst, so siehe zu, daß du nicht etwas über den Wert bezahlest oder eine schlechte Sache für dein gutes Geld einhandelest; sonst wird man zu dir sagen: du hast deine Pfeife zu theuer bezahlt. Das Wort ward einst dem eben genannten Franklin gesagt, als er noch ein Knabe war und sich eine Pfeife (Flöte, Flötenpfeife) für seinen ganzen Marktschilling eingekauft und sie wohl zu theuer bezahlt hatte; er merkte sich dieses Wort und ward dadurch für sein ganzes Leben vorsichtig bei'm Kaufen gemacht. Dagegen kaufe denn auch wieder nur gute Sachen; schlechte sind um jeden Preis zu theuer.

Sparsam überhaupt zu sein, ermahne ich dich nicht, mein junger Freund; denn ich habe dir eben gesagt, daß es nützlich, für dich aber, da du vermögenlos bist, nothwendig sei; was du aber für nützlich und nothwendig hältst, das thun zu wollen, traue ich dir zu. Wer sich dadurch nicht von selbst ermahnen lässet, pflegt auch gegen ermahnende Worte taub zu sein. Die Hauptregeln des Sparens habe ich dir gegeben; demnach könnte ich hiermit meine Belehrung schließen; aber das rechte Sparen erfordert doch noch manches Einzelne, was in jenen Hauptsätzen noch überhaupt nicht oder nicht klar genug ausgesprochen ist; deshalb will ich denn noch einzelne Winke und bestimmtere Anweisungen hinzufügen. Zuvor aber will ich noch über Zweierlei mich aussprechen, nämlich über das übertriebene, kleinliche, engherzige Sparen, und zweitens über die falsche, unrichtige Sparsamkeit.

Ich sage übertriebenes, kleinliches, engherziges Sparen, und meine damit den Geiz, nicht aber allein den Geiz, sondern überhaupt jegliches Sparen, welches darunter begriffen werden kann. So sehr ich selbst ein Freund der Sparsamkeit bin und Andere, wo ich es für zweckmäßig und angemessen halte, dazu ermahne, so hüte ich mich doch selbst und warne Jeden, geizig zu sein. Der Geiz ist nach Aller Meinung ein Laster. Jedes Laster soll man fliehen, also auch den Geiz. Pfui, wenn der Mensch dem eigenen Leibe die Bedürfnisse versagt, ob er wohl die Mittel hat, sie zu befriedigen! pfui über den, der Hunger und Durst, Blöße und Frost leidet, um einige blanke Thaler mehr zählen zu können! Pfui, wenn der Mensch den Bruder darbend weiß und ihm nicht darreicht, wenn er den Jammernden von seiner Thür weiset, ob er wohl hat, zu geben, und reichlich geben könnte! Wohlthun bringt Segen! was ihr Einem dieser Geringsten gethan habet, das habet ihr mir gethan! So ruft Christus uns zu. — Zum Geize aber wird die Sparsamkeit auf viererlei Weise, erstens nämlich, wenn der Mensch die eigenen Bedürfnisse nicht mehr befriediget, wie es seinen Mitteln, seinem Stande, seinen Verhältnissen angemessen ist. Wenn dieser vielleicht noch verschwenden würde, wenn der nur sparet, so geizet Jener, indem er ausgiebt, was die Ersten ausgeben, weil er viel reicher ist; verzehret der Arme sein trockenes Brot, weil er es sich nicht besser halten kann, so lebt er allerdings kärglich; lebt aber der Reiche, der Wohlhabende eben so kärglich, sättiget auch er sich an einem Stücke trockenen Brotes, so geizet er. — Zweitens. Geizig ist auch, wer diejenigen, welche er ernähren oder nur speisen muß, kärglicher oder dürftiger hält, als seine und ihre Bedürfnisse erlauben und vorschreiben! Es kömmt vor, daß Hausherren und Hausfrauen sich selbst mit schmaler Kost behelfen, um nur die Tischgenossen kärglich abzuspeisen; es kömmt vor, daß Hausherr und Hausfrau das Beste für sich vorwegnehmen oder zurückbehalten, den Arbeitern aber an ihrem Tische, welche zu des Herren Bestem ihren Schweiß vergießen dürftige, magere Kost vorsetzen! da herrscht ein schändlicher Geiz. Aber es bezieht sich das Gesagte nicht bloß auf Hausgenossen und Tischgenossen und deren Haltung, sondern auch auf andere Verhältnisse. — Drittens artet die Sparsamkeit in Geiz aus, wenn der Reiche, der Wohlhabende Herz und Hand den Armen verschließt. Es giebt vielleicht wohl viele Menschen, die es thun; ich aber bin so glücklich gewesen, nur einen solchen kennen zu lernen; aber nicht Jeder giebt gern; nicht Jeder giebt nach Vermögen; da liegt denn auch Geiz zum Grunde. Mancher giebt gern und giebt reichlich; aber er giebt nicht Jedem! nicht Jedem gern. Dazu sind oft die besten Gründe; denn Taugenichtsen, Herumstreichern, welche mit gesunden Gliedern ihr Brot verdienen könnten, muß man nichts geben, um nicht das Laster zu befördern; aber in anderen Fällen kann es doch zweifelhaft bleiben, ob nicht doch unedle Gesinnungen zum Grunde liegen oder wenigstens die Gesinnung echter allgemeiner Bruderliebe oder Menschenliebe fehlt, z. B. da, wo Einer denen giebt, die ihm nahe stehen, Fremden aber jegliche Wohlthat versagt, oder wo Einer giebt, weil er muß — zufolge der Armenordnung, aber nun auch nichts weiter und Keinem, der sonst an die Thür kömmt, oder wo Einer giebt, reichlich giebt vor den Augen der Leute, nicht aber giebt, wo kein Menschenauge ihn siehet; an das allsehende Auge Gottes denkt er aber nicht! Das aber spreche ich absichtlich aus, damit ein Jeder, wenn er nicht geben will, sich redlich prüfe, ob rechte Gesinnung ihn leite, wenn er in einem oder dem anderen Falle nicht geben will; sonst aber wiederhole ich: Wohlthun bringt Segen! — Viertens geht Sparsamkeit dann in Geiz über, wenn wir unsere reichlichen Mittel nicht verwenden, um denen, die vom Verdienste leben wollen und müssen, Verdienst zu gönnen. Eine Frau erzählte mir einst von ihrer Mutter, wie die so viel habe spinnen und weben lassen; da es wirklich ungewöhnlich viel war, so frug ich, warum sie denn das gethan hätte, und mir ward zur Antwort: um den armen Leuten Beschäftigung und Verdienst zu geben. Von dem Preußischen Könige Friederich dem Großen wird erzählt, er habe einst erfahren, wie ein Goldschmied in Potsdam, der ein fleißiger Arbeiter und ordentlicher Haushalter sei, früher auch schon für den König gearbeitet hatte, durch Unglücksfälle, namentlich Krankheit, in drückende Armuth gerathen sei, da ließ der König den Goldschmied rufen und übergab ihm eine Dose mit den Worten: Meister; sie gefällt mir nicht in dieser Gestalt; arbeitet sie um und sparet nichts daran, daß sie schön werde. So hatte der Goldschmied plötzlich wieder Verdienst und Brot. Das können reiche Leute thun! Wie herrlich, wenn ein Mensch sich auf solche

Weise über des Bruders Noth erbarmet! Können aber nur die reichen Leute oder nur reiche Leute Solches thun? — Nein, auch schon bei einem mäßigen Wohlstande läßt sich in der Art Manches thun; da können wir wohl dann und wann ein Stück Arbeit machen lassen, damit ein Nebenmensch sein Brot davon esse; da können wir uns wohl umsehen, daß wir den bedürftigeren Arbeiter aussuchen und grade ihm einen Verdienst schaffen und ihn dadurch vor Noth, vielleicht vor Verzweiflung, vielleicht vor Laster und Verbrechen bewahren! Und wie weise, auf diesen Wegen wohl zu thun! denn indem wir den Wohlstand um uns befördern und also das Glück des Nebenmenschen, sichern wir unser Eigenthum desto mehr vor Beschädigung und Diebstahl; indem wir hier freiwillig ein Opfer bringen und uns dadurch nicht allein die Freude des Wohlthuns bereiten, sondern auch dem Nebenmenschen Hülfe gegen die Armuth gewähren, sparen wir an Abgaben an die Armenkasse! Weise ist es auch noch in anderer Hinsicht, den Menschen nicht arm werden zu lassen; denn der noch im Brote Befindliche ist viel leichter zu erhalten als der ganz Arme. So sei denn Niemand geizig! Eine tadelnswerthe Gesinnung findet immer Statt, wo Geiz ist: ist der Geiz nicht die Folge dieser Gesinnung, so wird er die Ursache und ruft sie hervor; aber auch weise ist es nicht, sich dem Geize zu ergeben!

In dieser letzten Art des Geizes liegt allerdings eine Engherzigkeit; doch das kleinliche und engherzige Sparen, welches nicht grade Geiz genannt werden kann und nicht grade im Geizen gegen Andere sich zu äußern braucht, kann noch außerdem Statt finden. Ein kleinliches Sparen beweiset sich in Dingen, welche keinen eigentlichen Werth haben, und also keinen eigentlichen, wenigstens keinen bedeutenden Einfluß auf Mehrung oder Minderung des Vermögens. So z. B. kenne ich einen Mann, der nicht geizig genannt zu werden verdient, der aber auch ganz kleine Endchen Fidibus noch aufhebt zu späterem Gebrauche; wem das Papier zum Fidibus sehr knapp ist, der thut allerdings wohl, auch auf diese Art sparsam zu sein; aber dieser Mann, den ich hier im Sinne habe, hat dessen reichlich;

sein Sparen ist also grundlos und zwecklos. — Engherzig sparet derjenige, welcher allerdings zwar bedacht sein muß, das Seinige zu Rathe zu halten, dennoch aber für Vergnügen und Bequemlichkeit dann und wann eine Ausgabe machen könnte, es aber durchaus nicht thut, wiewohl ihm die Entsagung schmerzlich ist. Fern sei es von mir, unnöthige Ausgaben zu empfehlen oder gut zu heißen, wenn höhere und ernste Rücksichten sie verbieten! aber fern bin ich auch davon, zu wollen, daß der Mensch sich das Leben unnöthig verkümmere; wir sollen sorgen, für die Gegenwart Genüge zu haben; wir sollen uns selbst eine Lage schaffen, daß wir der Zukunft für uns selbst und, wenn möglich, für die Unserigen mit Ruhe entgegen sehen können; aber nicht werde diese Sorge zu weit getrieben! nicht sei sie ängstlich und peinlich! Auch Erheiterung, auch ein Hinausgehen aus dem Gewöhnlichen thut uns wohl! Was wie viel aber ein Jeder sich erlauben dürfe, das kann nur ein Jeder nach seinem Vermögenszustande und seinen Verhältnissen bestimmt abmessen; ich will nur das engherzige Sparen nicht empfohlen haben. — Ein Verschen will ich dir hier zum Besten geben, welches ein bejahrter Freund mir einmal vor Jahren vorsprach, mit welchem aber zu seiner Zeit Studenten, deren Sparsamkeit dazu Veranlassung gegeben hatte, gehänselt worden waren. Es lautet: Wer immer spart und immer knickt, — Wer seine Schuhe selber flickt — Und nie sich was zu Gute thut, — das ist ein rechter Fingerhut. — Du findest darin vielleicht Winke, wer, wie und wann er sparen und nicht sparen müsse.

Wir wollen hieran eine Untersuchung anhängen, welche allerdings der Besprechung auch wohl werth ist, nämlich: ist es für Jeden und unter allen Umständen Pflicht, sparsam zu sein, oder darf und muß man selbst unter gewissen Verhältnissen und unter gewissen Umständen freier mit seinem Gelde wirthschaften? — Sparen muß derjenige, dessen Vermögensumstände nicht von der Art sind, ihn bei etwa veränderten Umständen oder in schlimmeren Zeiten vor Druck und Noth zu schützen; freier mit dem Gelde zu wirthschaften, zum Besten seiner Nebenmenschen manche Verwendung zu machen hat derjenige, dem ansehnlicher

Wohlstand oder gar Reichthum zugemessen ist. Leben und leben lassen ist ein schönes Wort; nur wird es freilich öfter auch in nicht schönem Sinne angewandt. Auch unsere Nebenmenschen wollen leben, wollen es bei redlichem Fleiße und bescheidenem Genusse gern gut haben. Ihnen dazu helfen, das begünstigen ist eine edle Sache. Das aber heißt leben und leben lassen. Würde Jener, wenn er auf Unnöthiges viel verwendete, ein unverständiger Wirth oder — je nachdem er sein Geld anwendet — selbst ein Verschwender genannt werden müssen, so müßte dieser, wenn er nur grade die nothdürftigen und nothdürftigsten Bedürfnisse bestreiten, nichts aber überher aufwenden wollte, geizig genannt werden. Merke dir darum das schöne Wort: leben und leben lassen, doch in dem edlen Sinne genommen! Wohlthaten aber zu geben, bleibt fast Jedem möglich, der auch selbst nur geringes Brot hat; es bleibt ihm also auch Pflicht. Ich forderte einst eine Tagelöhnerfrau zu einer Ausgabe für einen Miteinwohner unseres Ortes auf, den eben ein hartes Schicksal betroffen hatte; recht gern, antwortete sie; ich lasse keinen Handwerksburschen leer von hinnen gehen; so werde ich ja auch für einen Ortseinwohner eine Kleinigkeit übrig haben. Der gute Wille erleichtert die That!

Ich muß nun endlich auch noch einige Worte über die falsche Sparsamkeit sagen. Sie ist doppelter Art; die erste, daß man spart an unrechten Dingen, die zweite, daß man sich scheuet, Ausgaben zu machen, wenn es doch Zeit ist, sie zu machen. Von der ersten Art findet man viele Beispiele: Manche sparen an den Unterkleidern, um sich oberhalb, soweit die Leute es sehen, desto mehr mit Flittern zu behängen; Manche leben im Hause äußerst karg, ja dürftig; außerhalb des Hauses aber lassen sie fließend aufgehen; Manche tragen sich mittelmäßig, selbst schlecht in Kleidung, gewähren aber dem Gaumen und Bauche viel; Andere sparen selbst da noch kleinlich und zwar ängstlicher, als ihr Vermögen ihnen auflegt, peinlicher, als der Anstand erlaubt, wo sie doch überhaupt für's Vergnügen einen Aufwand machen; Manche sparen jegliche Ausgabe zum Zwecke bloßer Erheiterung, bringen aber ihr Geld doch auf andere Arten an, welche nicht rühmlicher sind. Was ist recht, was unrecht? was rathsam, was unrathsam? — Wer da nur sparet an einer Stelle, an anderer Stelle aber verschwendet oder überhaupt Geld verthut, der macht es sicherlich nicht recht — denn zum eigentlichen Ersparen kömmt es ja dabei doch nicht — ja es liegt oft sogar etwas Verächtliches darin. Wer spart, wo es der Anstand ihm verbietet und wenn auch seine Umstände mehr Ausgaben erlauben, der handelt gleichfalls mißfällig. Man muß der Welt, den Verhältnissen, der Meinung der Leute auch Rücksichten zollen. Ich habe z. B. einen Mann gekannt, der von seinem Amte eine angemessene Einnahme und überdem noch eigenes Vermögen hatte; dennoch trug er stets einen Rock an jedem Tage und überall, wie er sich höchstens für einen Hausrock schickte; er ward darüber allgemein getadelt; da er aber gerade der Mann war, welcher den Gaumen sehr huldigte, so half ihm sein Sparen in der Kleidung doch nicht. Derselbe Mann war denn auch manches Jahr hindurch Tag für Tag in den s. g. Klubb gegangen, wo freilich das Gesetz herrschte, daß die Gäste nichts zu verzehren brauchten; dieser nicht eben arme, nicht eben im Gelde beschränkte Mann hatte denn auch in vielen Jahren nur ein einziges Mal und zwar auf besondere Veranlassung ein Unbedeutendes verzehrt; man lachte deshalb über ihn. — Andere habe ich gleichfalls Jahre lang an derselben Stelle verkehren sehen, ohne daß sie je eine Ausgabe machten; indessen Niemand lachte über sie, weil man wußte, daß ihre Umstände es nicht erlaubten. — Falsch ist deshalb solche Sparsamkeit zu nennen, weil sie in der Meinung der Welt schadet; eine vernünftige, von den Umständen gebotene und auf die Mittel berechnete Sparsamkeit wird kein Vernünftiger tadeln; falsch ist sie auch dann und dann noch mehr, wenn auf einer Seite so gespart wird, um auf der andern Seite Mittel zu eben so unnöthigen Ausgaben zu haben. — Die zweite Art falscher Sparsamkeit findet sich auch ziemlich oft. So z. B scheuen manche Leute die Kosten für Arzt und Arznei, wenn sie sich krank fühlen und kaum Hoffnung haben, ohne ärztlichen Beistand zu genesen; endlich müssen sie doch den Arzt rufen; aber die Krankheit ist jetzt schon tiefer eingewurzelt; länger dauern die Bemühungen des Arztes, länger zieht sich die Genesung hin; doppelt also ist der Schade: die Rechnung des Arztes und Arzneihändlers wird höher, die längere Entfernung von der Arbeit läßt größeren Ausfall folgen. Da sparte man zu unrechter Zeit: man wollte das Kleine sparen, verlor aber das Größere. So ist es mir öfter vorgekommen, daß Menschen bei anfangs leicht zu beseitigenden Krankheiten durchaus keine ärztliche Hülfe wollten und zwar der Kosten wegen! sie mußten dann oft lange Zeit krank sein oder kränkeln und verloren auf diese Weise an Einnahme viel mehr, als jene Ausgabe betragen haben würde. So ist es mir leider schon oft vorgekommen, daß geringe Leute bei sich einnistelnden Uebeln im Körper den Gebrauch des Arztes versäumten, weil sie das Geld nicht daran wenden wollten oder wenden zu können meinten, daß aber die Uebel sie nie wieder verließen, gewöhnlich stärker wurden und sie in den besten Jahren schon so entkräfteten, daß sie zur Arbeit unfähig wurden. Andere wollen in anderer Weise oder bei anderen Gelegenheiten sparen, berechnen aber nicht den größeren Schaden, dem sie sich deshalb aussetzen. Manche sparen im Kleinen, werfen aber das Ihrige mit vollen Händen weg; Andere sparen im Großen, lassen aber im Kleinen alles wieder durch die Finger gleiten. Nein, Kleines wolle nicht sparen, wenn du dir nur größere Ausgaben dadurch zuziehen kannst! Solche Sparsamkeit ist falsch! — Ich sagte vorhin, die Sparsamkeit sei eine Kunst. Es ist aber, wie du siehst, auch schon das eine Kunst, die Fehler zu umgehen, welche sich der Sparsamkeit leicht zugesellen. Diese Fehler habe ich denn so eben anzuzeigen gesucht. Laß mich dir jetzt einige Unterweisungen geben, Sparsamkeit in rechter Weise zu üben; nur sage ich auch hier wieder, wie schon bei anderen Gelegenheiten: glaube nicht, daß mit meinen Lehren Alles gelehrt sei, was über diesen Gegenstand nur gelehrt werden könnte; nimm meine Winke als erste Hülfsmittel, als erste Anleitung und siehe zu, ob du nicht außer denselben noch andere Wege zum Ziele, noch andere Mittel zum Zwecke finden könnest, als diejenigen, welche ich dir anzeige.

Das edelste und wichtigste Sparen besteht im Sparen der

Zeit. Das lernst du einigermaßen aus den Lehren der ersten Hauptlehre. Nicht weniger nöthig ist aber darum das übrige Sparen, besonders des Geldes. Dazu folgen hier einige Anweisungen. Ich werde aber von dem Allgemeinen ausgehen und nach und nach mehr auf das Einzelne kommen.

1. Lerne entbehren.

Die Kunst zu entbehren ist der Keim der Sparsamkeit. Lerne es also und du hast zugleich den Anfang mit der Sparsamkeit gemacht; je weiter du es aber darin bringst und je richtiger du sie anwendest, desto besser wird es dir mit dem Sparen gelingen.

Entbehren sollst du nicht, so lange es möglich ist, das Nothwendige, sondern das Entbehrliche, das Ueberflüssige, versagen dir nicht die wahren Bedürfnisse, doch aber manchen Wunsch, der über das Nothwendige hinaus geht und zugleich mit deinen Mitteln nicht im rechten Verhältnisse steht. Die Kunst des Entbehrens besteht nun zuerst darin, recht richtig und genau zu unterscheiden, was nothwendig und was entbehrlich oder überflüssig ist; zweitens aber darin, sich ohne Abweichung zu versagen, was nicht erlaubt ist, und nur das sich zu gewähren, was erlaubt ist. Je leichter du dieses ausübst, desto fertiger bist du im Entbehren, dahin aber mußt du zu gelangen suchen, daß du ohne Kampf entscheiden, ohne Schmerz entsagen kannst. Willst du aber zu dieser Kunst gelangen, so übe dich überhaupt in der Selbstbeherrschung. Wer sich überall selbst beherrscht, der wird auch unerlaubten Wünschen leicht das Gehör versagen können, wer sich überall nicht beherrscht, dem wird die Entsagung auch des Unnöthigsten immer Schmerz verursachen.

Wie aber Entbehrung zur Ersparung führe, wie das Entbehren von der Sparsamkeit nothwendig erfordert werde, brauche ich kaum nachzuweisen. Wer sich nicht leicht Wünsche versagt, wer sich leicht und gleichsam freiwillig von der Lüsternheit seines Begehrens über Nothwendiges und Entbehrliches täuschen läßt, daß der manche unnöthige Ausgabe mache, manchen Schilling, manchen Thaler fliegen lasse, den er hätte zurückbehalten sollen und können, also nicht spare und also nicht leicht sein Vermögen vermehre, wohl aber es leicht vermindere, das versteht sich, ohne daß es gesagt wird. Wer aber das Gegentheil von dem Allen thut, der wird sparsam heißen.

2. Prüfe alle Ausgaben, besonders die kleinen, ob und wie nothwendig sie sind.

Ein alter, erfahrener Mann, den ich selbst auch gekannt habe, hatte einst zu meinem Bruder gesagt: die wenigsten Leute werden dadurch arm, daß sie die Thaler ausgeben, die meisten dadurch, daß sie die Schillinge ausgeben; er hatte damit sagen wollen, die meisten Leute würden nicht dadurch arm, daß sie viele unnöthige große Ausgaben machten, sondern durch die vielen unnöthigen kleinen Ausgaben. Und das sage ich auch. Denn bei größeren Ausgaben bedenken doch die meisten Menschen unaufgefordert, was sie thun, ob es ihre Kräfte übersteige, ob es vermeidlich oder unvermeidlich sei; doch bei kleinen Ausgaben dieselbe ernste und durchgehende Prüfung anzuwenden, das thun allerdings die Meisten nicht; diejenigen aber, welche es thun, ersparen gewiß manches Geld und bringen es wahrscheinlich immer zu einer ihren Verhältnissen, ihrer Lage angemessenen Wohlhabenheit. Wenn aber Eins dahin führt, so führt natürlich das grade Gegentheil zu dem entgegengesetzten Ende: wer nicht die kleinen Ausgaben prüft, wer nicht jede unnöthige Ausgabe, sei auch jede für sich allein unbedeutend, vermeidet, der wird leichter arm als wohlhabend. — Ich sagte einst irgendwo, daß ich gern eine gewöhnliche Schiefertafel hätte, aber das Geld nicht dafür ausgeben möchte. Wie viel kostet sie? — drei oder vier Schillinge. — Drei Schillinge!? man lachte laut. Ich habe noch keine solche Tafel und habe sie im Grunde noch nicht vermißt, wenigstens sie nie schwer entbehrt; damals war ich gewohnt, sie zu gebrauchen; jetzt aber habe ich mich davon entwöhnt und bin eben so gut daran. Ich habe nun freilich noch kein ansehnliches Vermögen zusammengebracht; diejenigen aber, welche mich verlachten, haben es auch nicht. Viel Tropfen bilden auch ein Meer! Erspare viele Schillinge, so wirst du endlich manchen Thaler besitzen! Wenn immer ein Tropfen lange Zeit auf einen Stein fällt, so höhlt er ihn zuletzt aus. In einem Sacke sind fast unzählbar viele Körner; nimm aber nur immerfort eins heraus, so wirst du sie doch zuletzt alle heraus genommen und den Sack leer gemacht haben. Gieb du immer Schilling auf Schilling unbedachtsam hin, so werden die Thaler bald abnehmen, später vielleicht knapp werden, endlich ganz mangeln! darum prüfe besonders die kleinen Ausgaben und enthalte dich derselben strenge, wo es um Unnöthiges geht! Nur aber falle nicht von einem Fehler in den anderen: werde, indem du Entbehrliches entbehren willst in jeder Art, nicht kleinlich, nicht engherzig sparsam! — doch versteht es sich ohne Rede, daß man im Großen noch weniger unüberlegt handeln darf. Das wäre ja gar verkehrt, im Kleinen es recht, im Großen es unrecht zu machen!

3. Nimm auch das Kleine wahr und suche Nutzen daraus zu ziehen.

Sehr nahe steht diese Vorschrift der vorigen. Da galt es, das Geld nicht unnöthig zu versplittern und zu zerstreuen, sondern es zusammen zu halten, daß aus vielem Kleinem endlich ein Großes zusammenwachse; hier handelt es sich um andere Dinge, die jedes für sich nur klein und unbedeutend sind und oft unbeachtet und unbenutzt bleiben, und meine Aufforderung geht dahin, auch solche kleine Dinge zu beachten und sie nutzbar zu machen. Was ich bei der voraufgehenden Vorschrift sagte, um meiner Aufforderung Haltung zu geben, dasselbe läßt sich hier sagen: viel Kleines zusammengenommen giebt zuletzt ein Großes und vom Größesten nur immer ein kleiner Theil hinweggenommen und — es bleibt endlich nichts übrig.

Bekannt ist die Geschichte von einem jungen Manne, welcher zu einem reichen Kaufmanne kam und seine Dienste anbot, aber abgewiesen wurde, weil keine Stelle für ihn leer war; als nach diesem Bescheide der junge Mann fortging, fand er vor der Thür eine Nadel, hob sie auf und steckte sie an den Rock, der Kaufmann sah dies aus dem Fenster und es gefiel ihm; er rief den jungen Mann zurück und sagte ihm, daß er sich besonnen hätte und ihn doch wohl anstellen könne. Das Aufheben der Nadel hatte ihm also die Stelle, welche ihm schon versagt worden war, doch gebracht. Aber nicht genug: der Herr fand in seinem Handlungsdiener überhaupt einen Mann, wie er ihn wünschte, verheirathete seine eigene Tochter mit ihm und machte ihn zum Theilhaber und Erben seines großen Vermögens. Das hatte das Aufheben der Nadel bewirkt, wenigstens den ersten Anlaß dazu gegeben! beachte daher auch das Kleine! Wird es dir auch nicht grade auf diese Weise das Mittel zum großen, unerwarteten Glücke, so wirst du dadurch doch dein Vermögen wachsen, dein Eigenthum vervollständiget, deinen Wohlstand mehr gesichert sehen. Und warum sollte nicht noch in mehreren Fällen ein Mensch, welcher gute Eigenschaften kund giebt, die Aufmerksamkeit, das Wohlwollen vermögender oder einflußreicher Leute auf sich lenken und dadurch sein äußeres Glück begründen können? Ich wüßte wohl solche Beispiele aus eigener Erfahrung, ja selbst solche anzuführen, die mich sehr nahe angehen. Die kleinen Züge werden von Vielen sehr genau beobachtet; denn vielfach geben kleine Züge mehr als größere zu erkennen, wer der Mensch oder was eigentlich an dem Menschen sei. — Vor einigen Jahren las ich in einem Buche, daß in der Stadt Paris (der Hauptstadt in Frankreich) sich mehrere Menschen damit beschäftigen, Abfälle, welche auf die Straße geworfen werden, zu sammeln und sie wieder zu verkaufen, z. B. Papierschnitzel, kleine Stücke von Leder oder Zeugen u. dgl.; versichert ward, daß ein Sammler von Papierschnitzeln in einem Jahre für 5000 Francs (= 1250 Rthlr.) davon gesammelt und verkauft habe. Das ist also ein schöner Nahrungszweig! Möge nun auch die Angabe nicht ganz richtig sein, möge die Summe diese Höhe nicht erreicht haben, so läßt sich doch denken, daß in einer so großen Stadt, wo so viele reiche Leute wohnen, wohl mancher Papierschnitzel auf die Straße geworfen wird, der dem Wegwerfenden keinen Werth mehr hatte, für den Sammler aber ein Mittel des Erwerbes wird. Es geht aber die Lehre daraus hervor: Laß' nichts umkommen, nichts verloren gehen, was noch nutzbar werden kann, wenn es auch augenblicklich keinen Werth mehr für dich zu haben scheint; vielleicht kömmt doch einst die Zeit, daß du es nutzen kannst und, wenn nicht, so kannst du vielleicht einen Aermeren oder Unbemittelteren damit erfreuen, vielleicht ihm Beihülfe zum Erwerbe damit geben, vielleicht ihm eine Noth lindern oder abwehren. Als die Tausende an dem Berge in der Wüste gespeiset waren, ließ unser Herr Christus von den Jüngern die Brosamen sammeln. Und schaue dich um in der Schöpfung, da siehest du täglich die weise Benutzung dessen, was noch nutzbar ist, was schon seinen ersten Zweck erfüllt hat; scheinbar wird Manches weggeworfen; verloren geht aber nichts, das Blatt, welches vom Baume fällt, deckt die Stelle, auf die es fällt, und siehe: der Schatten, der Schutz wirkt schon, daß sich Fruchtbarkeit entwickele; verwelkend aber düngt es die Erde. Die Lehre hast du täglich in sichtbaren Zeichen vor Augen, laß' sie dir nicht entgehen! Und wenn du von dem Haushalter in der Schöpfung lernest, wie du selbst haushalten sollest, wie du auch aus dem Kleinen noch Nutzen ziehen kannst, so wird diese Lehrerin dich auch bewahren vor dem Falschen und Verwerflichen, daß du nicht bis ins Kleinliche, nicht bis zum Geizen zu sparen geneigt werdest; denn was in der Schöpfung geschieht, — es hat Alles Zwecke, würdigen Zweck; es hat Alles triftigen Grund! So sei auch dein Thun würdig nach seinem Zwecke, ehrenwerth, wenigstens untadelig nach seinem Grunde!

Laß' uns jetzt einige Blicke gradezu in das Häusliche thun. Ich sah vor manchen Jahren eine Frau auf dem Lande oder hörte sie sagen (genau weiß ich es nicht mehr), wie sie die von den geflügelten Hausthieren verlorenen oder aus den Betten bei'm täglichen Aufmachen gefallenen Federn sorgfältig sammele; da ich überhaupt eine übertriebene Sparsamkeit in dem Hause wahrzunehmen glaubte, so hielt ich das angeführte Federnsammeln für ein Hauptzeichen; später sprach ich mich in diesem Sinne gegen eine andere Landfrau, welche ich als eine sehr tüchtige Hausfrau in Allem, aber als durchaus nicht geizig oder übertrieben sparsam bezeichnen muß, über jene Sache aus; nein, wurde mir gesagt, das ist ganz recht; ich thue es auch; denn man sammelt auf diese Weise einen ganz beträchtlichen Theil Federn. — Ein großer Gelehrter in Frankreich (Arago) hat es der Mühe werth gehalten, über den Einfluß des Lichtputzens Beobachtungen anzustellen, und hat gefunden, daß ein stets zu rechter Zeit geputztes Licht doppelt so lange brenne als ein anderes, bei welchem das Putzen versäumt wird. — Die Stube wird zweckmäßiger erwärmt sein, wenn du ein gewisses hinreichendes Holz zum Einheizen so verwendest, daß der Ofen damit zweimal geheizt wird, unzweckmäßiger, wenn du das ganze Holz zum einmaligen Einheizen verwendest; wiederum aber wirst du nie eine warme Stube erzielen, wenn du zweimal, doch beide Male unzureichend heizest, dann also besser thun, die ganze Masse des Holzes auf ein Mal zu verwenden. — Schneller und mit Aufwand von wenigerem Holze wirst du Wasser kochend machen, wenn du den Kessel anfangs nur zur Hälfte oder zum vierten Theile füllest und dann neues Wasser hinzu thuest, als wenn du gleich anfangs alles Wasser hineinthust. Eine Last, welche eines Menschen Kräfte übersteigt, wird dennoch fortgeschafft, wenn er sie theilt, eine sehr schwere Last leichter und rascher, wenn sie getheilt, als wenn sie auf ein Mal genommen wird! Es läßt sich mancher kleine Vortheil erzielen, mancher kleine Schaden oder Verlust abwenden! hier läßt man die Ueberbleibsel der Speisen verkommen, dort macht man sie wieder nutzbar; hier läßt man die Kleider in Schmutz und Staub vergehen, spart sich die Mühe des Verwahrens, verdirbt aber die Kleider; dort hält man die Kleider sauber, verwahrt sie, so wie der Gebrauch aufhört, und kleidet sich mit Wenigem hübsch und gefällig; hier bringt man beschädigte Kleider in die Polterkammer, wofern man sie überhaupt noch behält und verwahrt; dort denkt man: wer sich will redlich nähren, muß viel flicken und wenig verzehren, — kurz: Einer spart — auch im Kleinen, der Andere verschwendet, wenn auch nur im Kleinen. — Gegen ein Uebel will ich mich hier noch erklären, welches nur als Zeichen großen Leichtsinnes erscheint und welches ich für einen Krebs des Wohlstandes, für eine bemerkbar mitwirkende Ursache der Armuth halten muß; es ist ziemlich verbreitet, namentlich in großen Städten; ich meine das Verkaufen von Kleidungsstücken, welche zum Theil, aber noch nicht ganz vertragen sind, oder welche eine Beschädigung erlitten haben und welche man auszubessern zu träge ist. In wiefern darin sich Leichtsinn beurkunde, möge ein Jeder selbst weiter nachdenken; in wiefern Schaden daraus hervorgehe, kann man leicht erfahren, wenn man an die Trödelbude geht und dort die Preise hört. In großen Städten ist das Uebel vorzüglich zu Hause, aber auch anderswo. — Auch den Hausrath (was man Möbeln oder Mobilien nennt) verkaufen manche Leute, um sich schönere anzuschaffen; aber hier wie bei dem Kleiderverkaufen und dem Wiederkaufen der schöneren bewährt sich die Wahrheit jenes Wortes: kaufe nicht, was du nicht nöthig hast; du mußt sonst bald verkaufen, was du nöthig hast! — Merke dies, mein Freund, und merke die ganze Lehre: auf das Kleine gieb Acht!

4. Was im eigenen Hause gemacht werden kann, das mache selbst, oder lasse von eigenen Leuten machen.

Auch das ist ein bedeutendes Ersparungsmittel. Reiche Leute sollen Handwerkern und anderen Arbeitern möglichst vielen Verdienst zuwenden und ihre Mittel erlauben es; wer aber klein anfängt und doch nicht lebenslang ganz im Kleinen bleiben will, der darf es dem Reichen auch hierin nicht gleich thun; da muß der Hausvater manches Stück selbst machen, welches er freilich besser und schöner vom Handwerker auch haben könnte, aber nicht so wohlfeil, manchen Schaden selbst ausbessern, der in's Handwerk schlägt, manche Arbeit selbst verrichten, welche eigentlich dem Tagelöhner zukömmt. Dasselbe muß die Hausmutter, der Knecht, die Magd, der Geselle, der Lehrling thun; auch Knecht und Magd, Lehrling und Gesell müssen dem Hause und Haushalten in allen Stücken zu Hülfe kommen. Einen Bauern hiesigen Ortes traf ich einmal dabei beschäftiget, eine Egge oder sonst ein Stück Ackergeräth zn verfertigen; der Knecht des Bauern muß ihm Schaufeln, Mulden, Körbe und Kiepen machen und machen helfen; der Pächter des großen Gutes hält sich einen Rademacher: kauft Schaufeln, Mulden, Körbe und Kiepen: — Beides in der Ordnung. Die vornehme, wohlhabende Frau läßt für Geld spinnen und weben; die Frau geringeren Standes thut es selbst: so gehört es sich, — wiewohl ich damit nicht sagen will, daß nicht auch der Pächter und überhaupt jedes vornehmere Haus von den eigenen Leuten Manches sollte machen lassen, wie z. B. das Spinnen wohl in jedem ländlichen Hause betrieben wird. Mag dies genug sein, um dir anzudeuten, was ich mit obiger Vorschrift bezwecke. Jeder Hausstand hat seine eigenthümlichen Bedürfnisse und Anforderungen; ein Jeder muß daher im eigenen Hause sich selbst sagen, was ihm gerade nöthig ist zu thun; was Einer nicht nöthig hat, ist dem Anderen unerläßlich; darüber bestimmen die Umstände des Vermögens. Nur sage ich: wer klein anfängt und nicht für immer im Kleinen bleiben oder vielleicht völlig arm werden will, der muß auch im Kleinen und Kleinsten gut wirthschaften, auch die kleinen und kleinsten Ausgaben scheuen, wenn sie vermeidlich sind, und dazu gehört eben dieses recht sehr mit, daß man selbst Hand anlege und die Seinigen zum Handanlegen anhalte.

Ich kann aber nun so Manches nicht, was auf diese Weise Geschäft des Hausvaters wird; Jener kann von allen solchen Sachen nichts; wie ist uns zu helfen? — Freilich schlimm genug, solche kleine Kunstfertigkeiten und Handgriffe nicht zu verstehen; es müßte dergleichen in der Jugend schon gelernt werden; Aeltern sollten ihre Kinder dazu anhalten, sie selbst unterrichten oder ihnen Gelegenheit schaffen, an andern Stellen zu sehen und nachmachen zu lernen; aber zum Lernen wird der Mensch nie zu alt. Hast du in der Jugend diese kleinen hausväterlichen Kunstfertigkeiten (so möchte ich sie nennen) nicht gelernt, so lerne sie jetzt als Hausvater; mache du nur, was grade nöthig ist, anfangs freilich werden deine Arbeiten keine Meisterwerke sein; aber nach und nach lernst du durch Nachdenken und Uebung die Handgriffe, den Gebrauch der Geräthe, das Arbeiten mit unvollkommeneren Geräthen (denn die eigentlichen vollständigen Handwerksgeräthe hat man nicht in jedem Hause), die Beschaffenheit und die Behandlungsweise des rohen Stoffes besser kennen; nur das ist Hauptsache, die Sache zu wollen; so wenig Anlagen auch zu diesen Dingen hat fast wohl kein Mensch, daß er nicht das Nothdürftige sollte begreifen und machen lernen. Ich kenne zwei Hausväter, von denen der eine bald allerlei Neues für das Haus anfertget, bald Beschädigtes und Zerstörtes wieder herstellt, der andere auch nicht einmal einen Nagel einschlägt, wo es nöthig ist. Wie mancher angenehme Dienst wird der Frau des ersteren geleistet, der Frau des anderen entzogen! ich kenne beide Häuser ziemlich genau! — Eine Warnung will ich jedoch auch wieder hinzufügen: man gehe nicht zu weit in der Sache! Wo des Guten zu viel gethan wird, da ist's auch wieder nicht recht. Was eigentlich die Arbeit des Handwerkers oder überhaupt des Kunstverständigen ausmacht, das soll auch von denen geliefert werden; wer Alles das selbst machen will, um die Ausgaben zu ersparen, der wird leicht seine Berufsgeschäfte vernachlässigen — oder er müßte denn gar keinen Beruf haben als zu essen und zu trinken und nach Belieben die Zeit hinzubringen; wer aber den Beruf vernachlässiget, schafft sich mehr Schaden als Vortheil oder vergeht sich gegen seine Pflicht. Vor Beiden behüte dich verständige Einsicht und festes Gewissen!

5. Halte dir einen Heckthaler.

Du magst gar nicht wissen, was ein Heckthaler ist. So will ich dir denn eine scherzhafte Geschichte erzählen, woraus du es in einem gewissen Sinne lernen kannst. In der kleinen Strelitzischen Stadt Wesenberg kam einst (es soll bald nach dem siebenjährigen Kriege gewesen sein) zu einem Schuster ein alter Soldat und kaufte ein Paar Schuhe und bezahlte dafür einen harten Preußischen Thaler und ging fort; der Schuster, auch ein pfiffiger Geselle, dachte sogleich an die mancherlei Schelmereien der Menschen, deren überdem zu damaliger Zeit besonders auch die Soldaten beschuldiget wurden, legte den Thaler auf den Tisch und stülpte ein Glas darüber; sogleich fing der Thaler an, sich zu rühren und stärker und stärker unter seinem Glase herumzuspringen; ah, dachte der Schuster, springe du nur: nach wenigen Minuten kam der alte Soldat zurück und bat sehr freundlich, man möchte ihm doch den harten Thaler wieder geben; er wolle anderes Geld dafür geben; du Spitzbube, fuhr ihn der Schuster an; willst du andere Leute betrügen, die deine Schelmstücke nicht kennen und zu nichte zu machen wissen? fort packe dich oder —!

da humpelte der Alte eiligst von dannen. — Das war ein Heckthaler, d. h. ein Stück Geld, dem durch Zauberei die Eigenschaft gegeben war, seinem Herren, wo er ihn auch ausgegeben haben mochte, immer wieder aus eigener Kraft zu folgen und sich in dessen Tasche zu begeben; nur einem Gefängnisse wie jenem Glase (welches auch ein wenig bezaubert sein mochte) vermochte er nicht zu entspringen. So ein Stück Geld mißt man denn allerdings nicht gern und deshalb wollte auch der alte Soldat seinen gehorsamen Knecht aus dem Gefängnisse erlösen. Jener Schuster aber soll die Kunst verstanden haben, den Zauber wieder von dem Gelde zu nehmen, und soll es als ehrlicher Mann gethan haben, so daß eben dieser Thaler bei den Brüdern, welche der Schuster schon im Kasten hatte, ganz ruhig liegen blieb. — Das Wort Heckthaler hat aber noch eine andere Bedeutung; es ist nemlich ein solcher Thaler, welcher zwar nicht, wenn er ausgegeben ist, zum alten Besitzer zurückfliegt, der aber die Kraft hat, neue Thaler auszuhecken oder zu erzeugen. Einen solchen möchtest du doch wohl haben? der sollte dir doch wohl helfen, zu Gelde zu kommen? Nun gut: ich verstehe die Kunst, jedes Stück Geld, Thaler oder Gulden oder Schilling, zum Heckgelde zu machen; es ist aber Zauberei dabei, — doch ganz unschuldige. Nimm, sobald du in Besitz eines Thalers oder Guldens oder Schillings kömmst, diesen Thaler, Gulden oder Schilling und lege ihn bei Seite mit der Absicht, ihn nicht auszugeben und, sobald du kannst, einen zweiten Thaler oder Gulden oder Schilling dabei zu legen (es thut aber auch nichts, wenn du etwa zu einem Thaler oder Gulden einen Schilling oder ein Vierschillingsstück legst: sie werden sich ganz gut neben einander vertragen. Und so fahre immer fort: lege immer bei und immer bei, sobald du irgend kannst, und du wirst sehen, wie schnell das Sümmchen zur Summe wird. Es ist, wie du nun siehst, keine Zauberei dabei, sondern geht alles natürlich zu (das thut es aber, nebenbei gesagt, bei aller Zauberei) und doch in gewissem Sinne ist Zauberei dabei: fange nur so an, wie ich angegeben, und fahre so fort, wie ich gesagt habe, so wirst du es bald möglich finden, manchen Schilling, manchen Thaler zu sparen, den du früher nicht zu sparen wußtest, und überraschen wird es dich nach wenigen Jahren, wie viel sich schon gesammelt hat. Die Zauberei ist wirklich da, liegt aber darin, daß der Wille, je mehr er zur That wird, oder in That übergeht, desto mehr an Kraft und Ausdauer gewinnet. Wer also nur sparen will und auf diese Weise in baarem Gelde Ersparnisse machen will, der fange nur an; der Anfang nur ist den meisten Menschen schwer; ist aber nur der Anfang gemacht, so kömmt — bei stetigem Willen — auch wohl der Fortgang; der Wille aber wird, wie gesagt, stetig eben durch die That. Hüte dich aber, den Heckthaler auszugeben! Wenn möglich, gieb nie als für höhere Zwecke, zur Fortrückung im Wohlstande, nicht aber für gewöhnliche Bedürfnisse das einmal zurückgelegte Geld wieder aus und selbst dann, wenn du mit dem Gelde wuchern willst (wuchern im guten Sinne oder es auf rechtliche Weise zur Vermehrung seines Vermögens verwenden), selbst dann hüte dich, das letzte Geld wegzugeben! wo nichts mehr in der Kasse ist, da tritt so leicht der Fall ein, daß man borgen muß, entweder Sachen oder Geld; das aber bringt so leicht in Verwickelungen, zieht Verluste herbei, stört den ruhigen Fortgang der Geschäfte, — kurz: trägt zur Schwächung, Zerrüttung, völliger Zerstörung des Wohlstandes bei, wird also eine Quelle oder Ursache der Armuth. Vor einem Jahre etwa ward in einem Gespräche unter Dreien das Wort hingeworfen: dahin muß man es bringen, daß das Geld erst ein Jahr bei Einem alt wird; ja, das soll sehr gut sein, sagte der Zweite; ach; bei mir hats nie so alt werden wollen, sagte der Dritte; darin aber liegt es, ward ihm gesagt, daß Sie nicht reich sind. — Freilich klagte auch einmal ein junger Mann, ihm seien siebenzig Gulden verschimmelt, so daß sie nicht mehr zu gebrauchen gewesen seien: er habe sie auf den Mist werfen müssen; aber ich habe ihm diese Geschichte nicht recht geglaubt; mir deucht doch: versuche es! — Willst du denn Geld sparen, so gewöhne dich: von jedem Gelde, es sei noch so wenig, einen Theil bei Seite zu legen und nur das Uebrige zu verwenden, mache es so, wenn du tägliche Einnahme hast, mache es so, wenn du wöchentliche, monatliche oder jährliche Einnahmen hast; von jeder Einnahme immer einen gewissen, festen Theil; nie müsse das Zurücklegen ganz unterbleiben, nie der festgesetzte Theil verringert werden; setze lieber anfangs einen kleinen Theil fest, um dir die Sache zu erleichtern; allmälig wirst du schon von selbst einen größeren Theil einlegen wollen und können.

Was willst du aber mit dem ersparten Gelde anfangen? — Ich will dir auch dazu Rath geben. Hast du auf die beschriebene Weise angefangen, Ersparnisse zu machen, und willst du damit den ersten Stein zur sicheren und festen Grundlage künftigen Wohlstandes legen, so gieb die Ersparnisse in die öffentliche Sparkasse.

Ueber öffentliche Sparkassen und deren Benutzung.

Du hast gewiß diese Anstalt schon mehrfach nennen hören, aber vielleicht noch versäumt oder keine Gelegenheit gehabt, dich mit dem ganzen Wesen derselben bekannt zu machen; ich will dir deshalb recht gern eine Beschreibung derselben geben, so weit sie nöthig ist, um dir hinreichende Kenntniß davon und ein wohlbegründetes Vertrauen darauf einzuflößen, für den Fall, daß du jetzt und künftig dein Geld in dieselbe einlegen willst.

Sparkassen, wie man gewöhnlich sagt, oder Ersparnißanstalten giebt es jetzt schon viele in größeren und kleineren Städten, alle sind sich in ihrem Zwecke ganz gleich, in ihrer Einrichtung sehr ähnlich; daher gilt, was von einer gesagt wird, in der Hauptsache von allen; ich lege aber meiner Darstellung die Ersparnißanstalt der Stadt P. zum Grunde, weil ich diese grade am nächsten habe.

Die Anstalt hat den Zweck, denen, die sich etwas ersparen wollen und zur Zeit nur über geringe Summen Geldes zur Verfügung kommen, im Sparen zu Hülfe zu kommen. Dieser Zweck soll so erreicht werden: 1) die Anstalt nimmt das erübrigte Geld entgegen und hebt es sicher auf. Wer ihr also sein Geld übergiebt, entzieht sich dadurch der Versuchung, es schlecht oder unnöthiger Weise zu verwenden, und entgeht der Gefahr, es gegen seinen Willen zu verlieren; 2) soll jener Zweck den Sparenden zu Hülfe zu kommen, dadurch erreicht werden, daß das eingelegte Geld verzinset wird Man thut also besser, Geld in die Sparkasse zu legen, als es lahm bei sich liegen zu lassen. Die Zinsen sind freilich nur geringe; aber doch ist das immer noch mehr als gar nichts und die weitere Einrichtung der Anstalt macht auch diesen kleinen Zins sehr vortheilhaft, denn sobald du zusammen einen ganzen oder vollen Thaler eingelegt hast, fängt die Verzinsung an (vom nächsten halben Jahre an) und so fort bei jedem Thaler, sobald du ihn voll gemacht hast. Wo kannst du sonst wohl einen einzelnen Thaler zinsbar belegen, d. h. so belegen oder verleihen, daß er die Zinsen trägt? Ferner wird die Sparkasse dadurch eine so wohlthätige Anstalt, daß zu jeder Zeit (d. h. in jeder Woche einmal, bei manchen Anstalten zweimal wöchentlich) Geld angenommen wird, und ich möchte mich verbürgen, daß in einzelnen Fällen die Vorsteher auch wohl aus Gefälligkeit an jedem Tage kleine Einlagen entgegennehmen. Wie angenehm ist es, so zu jeder Zeit sein Geld in Sicherheit bringen zu können! hast du es in die Sparkasse gethan, so ist es sicher vor Dieben, sicher vor dir selbst, d. h. es ist deinen Händen entzogen und nicht so ganz leicht mehr wirst du es jetzt noch leichtfertig ausgeben. Zugleich bietet aber die Sparkasse auch wieder die Annehmlichkeit dar, daß man zu jeder Zeit sein Geld zurück erhalten kann, nämlich an einem bestimmten Tage (oder zweien) in jeder Woche. Es kann ja plötzlich und unvermuthet der Fall eintreten, daß man sein Geld gebraucht; hat man es nun in der Sparkasse stehen, so geht man nur dahin und holt es, und es kann also keine Verlegenheit eintreten. Zwar ist es, wie gesagt, nur ein bestimmter Tag (oder zwei bei anderen Anstalten) in der Woche, an den man Rückzahlungen aus der Sparkasse erhalten kann; aber hast du nur ein sicheres Geld, welches du morgen oder übermorgen zahlen kannst, so wird dir jeder unbedenklich borgen. Müßtest du aber z. B. reisen oder reisest du gänzlich aus der Stadt und Gegend fort, so glaube ich wiederum, daß die Vorsteher gern deinem Begehren genügen und dir auch an den ungewöhnlichen Tagen zahlen würden; denn grade die wohldenkendsten Männer werden zu Vorstehern an der Anstalt erwählt. Zwar ist nun wiederum auch das Gesetz, daß nur Summen bis zu 10 Rthlr. an dem bestimmten Tage jeder Woche zurückgezahlt werden sollen, aber auch das ist von einer Seite wohlthätig für denjenigen, der sich einmal vom Schwindel ergreifen ließe und sein Geld ungehörig verwenden wollte; denn hat er über 10 Rthlr. stehen, so muß er schon gegen seinen Willen einen Theil stehen lassen und hat also bis zur nächsten Woche Zeit, sich zu bedenken und zu vernünftigem Entschlusse zurück zu kehren. In einem Tage ändert ja der Mensch zuweilen seine Ansichten, seine Entschlüsse; wie vielmehr in acht Tagen, zumal wenn ihm, wie es hier geschieht, eine so ernste Andeutung gegeben wird, zu bedenken und wieder zu bedenken, was er thun will. Diese Einrichtung, daß ohne vorherige Kündigung nur kleine Summen zur Rückzahlung kommen, mußte aber gemacht werden, weil sonst die Anstalt immer sehr viel Geld lahm liegen lassen und zur Zahlung bereit halten müßte, dadurch aber großen Schaden erleiden würde und demnach nicht bestehen könnte, da sie ja alles eingelegte Geld verzinsen muß. Eine wahre Verlegenheit für den Einlegenden kann aber auch dadurch nicht entstehen; denn habe ich nur Geld sicher stehen, so leihet mir Jedermann Geld, und muß ich vielleicht die Stadt und Gegend verlassen, so kann ich die Verschreibung der Sparkasse leicht gegen baares Geld umsetzen. Sieht man aber voraus, daß man sein Geld zu dieser oder jener Zeit brauchen müsse, so kann man es kündigen bei dieser Anstalt sowohl wie sonst, wenn wir es bei einem einzelnen Manne auf sein Haus oder auf Grund und Boden belegt haben. Größere Summen nämlich müssen ein halbes Jahr vorher gekündiget werden, ehe sie erhoben werden können. Eine andere große Bequemlichkeit und also wieder einen Vortheil bietet die Sparkasse darin, daß man sich um sein Geld gar nicht weiter zu bekümmern braucht, nachdem es einmal eingelegt ist; sicher steht es und trägt immer von selbst Zinsen, auch die Zinsen selbst tragen wieder Zinsen. Kömmst du nämlich, um die Zinsen zu der festgesetzten Zeit abzuholen, so empfängst du sie; kömmst du aber nicht, so bleiben sie aufgehoben und nicht das allein, sondern sie tragen sogleich wieder Zinsen. Das ist ein Vorzug, den du sonst nirgends findest als bei Sparkassen. Hast du dein Geld anderweitig belegt, so trägt es dir auch Zinsen und die Zinsen werden dir allenfalls auch aufgehoben, wenn du sie nicht abforderst, aber nirgends tragen die Zinsen wieder Zinsen so ganz von selbst; das thun sie aber hier. Klein ist freilich, wie gesagt, der Zins vom ersten Geldstocke; aber er wird eben dadurch um ein Bedeutendes größer, daß man überhaupt von so kleinen Summen Zinsen erhält und daß vom Zins selbst wieder Zins gegeben wird. Und dabei brauchst du dich gar nicht um die Sache zu bemühen, sondern es versteht sich ganz von selbst. So kannst du denn auch Jahre lang abwesend sein; kehrest du zurück, so findest du dein Geld wieder vor, und noch mehr: findest es auf's Beste verwaltet. — Redlich, ohne allen Betrug geht es bei der Sparkasse zu; denn erstens stehen an der Spitze derselben die städtische Obrigkeit und die geachtetsten Einwohner der Stadt; zweitens wird jährlich öffentlich Rechenschaft abgelegt, so daß Jeder, der Lust hat, sehen kann, wie es mit der ganzen Sache steht, wieviel belegt und zurückgezahlt ist, wie viel Zinsen eingefordert oder stehen geblieben sind; drittens empfängt Jeder, welcher bei der Sparkasse eine Einlage macht, ein kleines Buch, worin geschrieben wird, wie viel er angelegt hat und so oft er neues Geld bringt, worin er auch jedes halbe Jahr die Zinsen, welche er stehen läßt, eintragen lassen kann; mag und will er sich aber die Mühe nicht machen, jährlich zweimal an die Sparkasse zu gehen, so kann er ja zu jeder Zeit nachrechnen oder nachrechnen lassen, wie es mit den Zinsen stehe; bei der Sparkasse selbst aber wird für jeden Einleger ganz genau angeschrieben, was und wann er einlegt und wieviel halbjährliche Zinsen er empfangen hat oder stehen läßt. In diesem kleinen Buche (man nennt es Einlagebuch) wird auch die Einrichtung der ganzen Anstalt genau beschrieben, so daß also jeder Einleger sich zu jeder Zeit bestimmt damit bekannt machen und somit immer Alles wissen kann, was ihn von der Sache angeht. — Sicher steht endlich das Geld, wie es nur stehen kann, denn gleichsam die ganze Stadt ist ein

Unterpfand für die Sicherheit des Sparkassengeldes. Bei der Sparkase in P. sollen jetzt zwischen 20 und 30,000 Rthlr. belegt sein; der Grundwerth der Stadt aber oder die liegenden Gründe, welche sammt und sonders zum Unterpfand für die Sparkasengelder dienen, beträgt viel über das Zehnfache dieser Summe. Da wirst du doch nicht glauben, daß bei einem solchen Schuldner das Geld unsicher stehe? Es könnte die ganze Stadt vegbrennen oder zerstört werden, so bliebe doch noch immer die ganze Feldmark und was sonst Eigenthum der Stadt ist, und die Sparkasse bleibt immer sicher in Krieg und Frieden. Und diese Sicherheit wird auf eine sehr geschickte Art erhalten. Es könnte ja z. B. geschehen, daß dennoch mehr Geld bei der Sparkase belegt würde, als das Vermögen der Stadt beträgt, aber dem ist dadurch vorgebeugt, daß jeder einzelne Einleger nur 100 Rthlr. einlegen darf; hat er nun bereits runde 100 Rthlr. stehen, so muß er erst einen Theil davon oder das Ganze zurücknehmen, wenn er eine neue Einlage machen will, oder auch das übrige Geld anderweitig unterbringen: über 100 Rthlr. geht es nicht hinaus (andere Sparkassen nehmen höhere Einlagen von Einzelnen an). So wird denn bewirkt, daß nicht zu viel Geld in die Sparkasse einfließt, sondern unter Umständen auch wieder etwas herausfließt. Und daß auch an kleinen Summen nicht zu viel einkomme, und dadurch der ganze Geldstock zu hoch anwachse, so ist zum Gesetze gemacht, daß nur aus der Stadt selbst und aus der näheren Umgegend im Umkreise von zwei Meilen Geld zugelassen wird; in dieser Beschränkung aber ist es nach der Zahl der Einwohner unmöglich, daß mehr Geld in die Sparkasse komme, als das Vermögen der Stadt beträgt, ja, es muß der Geldstock der Sparkasse immer unbedeutend bleiben im Vergleiche zum Stadtvermögen, die Sparkasse kann also unter keinen Umständen unsicher werden. Zu einer wohlthätigen Anstalt für kleinere Leute ist die Sparkasse bestimmt und sie ist es auf die dreifache Weise, daß sie ihnen erstens das Geld in sehr kleinen Summen abnimmt, daß sie ihnen zweitens das kleine Vermögen verwaltet, und zugleich verzinset und drittens die genügendste, vollkommenste Sicherheit darbietet. Und sie ist nur für kleine Leute; die Reichen und ihre großen Schätze schließt sie aus. Manche Anstalt ist in älterer und neuerer Zeit in's Leben getreten, welche auch wohlthätige Zwecke beabsichtiget; aber keine ist, die auf so einfache, umfassende und vollständige Weise ihren Zweck erreichte; selten sind die wohlthätigen Anstalten ohne mit einfließende übele Wirkungen; die Sparkasse oder Ersparnißanstalt ist eine von denselben. Mögest du denn bald in den Stand kommen, sie benutzen zu können! Hast du aber Geld, worüber du verfügen kannst, so denke an die Sparkasse und mache sie dir zu Nutze! Vom Heckthaler des alten Soldaten sagte ich erst; er ist durch den Schuster gebannt, daß er nicht zum alten Herren mehr zurückkehren konnte; von dem Gelde, welches in die Sparkasse gethan ist, kann man im vollem Ernste und in voller Wahrheit sagen, es sei gebannt, daß es den Herrn nicht verlassen könne, es sei denn, daß er es gewaltsam von sich stößt. Der Thaler in der Sparkasse trägt aber Zinsen und wird also auch dadurch zum Heckthaler in dem zweiten Sinne des Wortes!

6. Halte dich recht und schlecht, nämlich in der Kleidung.

Es ist dies eine Vorschrift, welche der näheren Bestimmung bedarf. Wenn ich sage: halte dich recht, so will ich sagen: du sollst dich kleiden und tragen, wie es deinem Stande, deinen Lebensverhältnissen, deinem Vermögen angemessen ist; wenn ich aber sage: halte dich schlecht, so wird das Wort schlecht nicht in dem jetzt fast allein noch üblichen Sinne genommen, wonach es bedeuten würde, daß du etwa ärmliche oder gar schmutzige und zerlumpte Kleider tragen sollst, Kleider, welche dir nicht allein ein ungefälliges Ansehen geben, sondern dich auch als schlechten Wirth, unordentlichen, des Gefühles für Schönheit und Anstand entbehrenden Menschen kenntlich machen würden. Daß dieser Sinn aber nicht darin liegen solle, beweiset schon die Zusammenstellung: recht und schlecht. Denn das recht, von der Kleidung gesagt, weiset nicht allein auf das hin, was dem Stande angemessen ist, sondern schließt auch immer mit ein, was überhaupt recht ist; zerlumpt aber und schmutzig soll auch der Arme nicht einhergehen; heile und reine Kleider soll

Jeder tragen, auch der Arme. Was heißt denn aber schlecht in dieser Zusammenstellung: halte dich recht und schlecht? — Da besagt es ungefähr so viel wie das Wort schlicht und bedeutet: einfache, von allem Prunke entfernte, nicht in Flittern bestehende Kleidung. Wer sich also recht und schlecht trägt, der ist das in seiner Kleidung, was der biedere Mensch in seiner Gesinnung: einfach, aber gediegen, nicht glänzend, nicht prahlend, aber anständig, gefällig, ehrbar. Warum aber empfehle ich solche Kleidung? — 1. Erstens, weil ein Mensch eine Unschicklichkeit begeht, wenn er sich anders kleidet. Diese Unschicklichkeit mißfällt aber sehr und zwar mit Recht. An dem Aeußeren macht sich das Innere des Menschen sichtbar und man kann in diesem Sinne mit einigem Rechte sagen: der Rock macht den Mann. Eine kleinliche Seele sucht in Flittern eine Bedeutung; ein werthloser Mensch will durch äußeren Prunk den mangelnden inneren Werth ersetzen. Ganz anders ist es mit den Reichen und Vornehmen: die müssen ihrem Stande gemäß und zufolge ihres Reichthums sich kostbar kleiden, und selbst bei denen unterscheidet man recht wohl einen gediegenen Glanz, eine gediegene Pracht, welche einen guten Geschmack und zugleich Sinn für das Würdige beurkundet, und den bloßen Schimmer ohne Gehalt, den überladenen Putz, der wohl prunkt, aber nicht gefällt, weil sich kein edler Sinn darin ausspricht. Wer aber bei geringem Vermögen und in untergeordneten Verhältnissen sich schimmernd und prunkend herausputzt, der wird mit Recht von denselben Vorwürfen getroffen und für ihn kömmt noch der Vorwurf hinzu, daß er über seinen Stand, gewöhnlich auch über seine Kräfte oder über sein Vermögen hinausgeht. Da liegt die Unschicklichkeit! Denke daran, wer du bist und was sich für dich schickt! — 2. Jene Vorschrift gebe ich zweitens, eben weil mit der Kleidung so oft mehr gethan wird, als das Vermögen erlaubt. Man kann jetzt recht wohlfeil kaufen; aber was so recht wohlfeil ist, hat meistens keinen dauerhaften Bestand und muß bald durch Neues ersetzt werden; wer aber viel Wohlfeiles kauft, giebt zuletzt doch viel Geld aus. Wenn nun auch Alles bezahlt ist, was am Leibe getragen wird, ist es denn recht, sein ganzes Vermögen am Leibe zu tragen oder für Flitterstaat das Geld aufzuwenden, was zu andern Dingen so nöthig ist? Wie gehen die meisten Mädchen (ich meine die dienenden vorzugsweise) jetzt so geputzt einher! wenn sie aber zum Heirathen kommen, so kann so manches Stück nicht angeschafft werden, welches der Hausstand fordert, oft kaum Topf und Schüssel, öfter noch Kessel und Grapen nicht, bunte Bänder und Tücher, feine Schärpchen und Fähnchen von Kleidern bringen sie wohl mit in's Haus, aber auch die Kleidung einer ehrbaren Hausfrau, Kleidung, wie eine Hausfrau ihres Standes sie haben muß, auch die Aussteuer zu einem vollständigen Haushalte? Wenn auch Alles bezahlt ist, sage ich; aber selbst das soll schon gar zu häufig nicht der Fall sein; die Leute des geringsten Standes, namentlich weibliche Dienstboten, sollen nicht selten Schulden machen, indem sie sich einen ungebührlichen Staat anlegen und vor den Augen der Welt glänzen! Wovon einst die Schulden bezahlen? Und wenn sie bezahlt werden, welche bitteren Entbehrungen, welche ewige Noth, welche sichere Aussicht auf Armuth! Warum ist die Bettstelle so leer? warum bringt die Hausfrau so schmale Kost zu Tische? — — Kennst du das Leihhaus?! Doch sie bezahlen; aber wie wird das Geld erworben? — Die Dienstboten wissen es einzurichten, daß die Herrschaften ohne ihren Willen und ohne ihr Wissen für die Putzsachen der Mädchen mitbezahlen müssen! Und wie wird sonst noch Geld erworben? — Ich erröthe, es zu zu sagen! nein, ich will es nicht sagen; nur das will ich sagen: die ehrlosesten Mittel helfen oft zu dem Gelde! Halte dich recht und schlecht! Mögest du nie davon abgehen! mögest du nie durch läppische Eitelkeit zu Lastern und Verbrechen verleitet werden! Schon mancher ist durch eitle Prunksucht auf den Weg des Verderbens geleitet worden!

7. Sei mäßig in Essen und Trinken.

Viel läßt sich in Essen und Trinken verthun! viel läßt sich im Essen und Trinken ersparen! Unter Landleuten, mit denen ich vor längeren Jahren in einer Gesellschaft zusammen war, frug einer seinen Schwager: sage doch, wo lässest du all' dein

Geld? du hast eine schöne Pachtung und bringst es doch zu nichts! — Das will ich dir sagen, antwortete jener, auf Mund und Bauche weisend; siehe, hier ist ein kleines Loch und dort ein großes Faß; durch dieses kleine Loch geht Alles in jenes Faß. Alle Hörer lachten; aber die Beschreibung gab den einzigen Grund und die volle Wahrheit an; jener Mann hätte sehr vermögend sein können; er war es aber nicht, weil er das Seinige in Essen und Trinken verbrachte. Nicht allein aber will ich dich vor der eigentlichen schwelgerischen (völlerischen) Lebensweise warnen, sondern überall von der Führung eines Tisches, welcher deinen Umständen nicht angemessen ist, welcher mehr Aufwand erfordert, als dein Vermögen dir erlaubt. Was für den Einen ein dürftiges Mahl wäre, ist für einen Andean ein reiches; was bei Einem durchaus nur anständig ist, würde bei dem Anderen ein unverantwortlicher Aufwand, eine wahre Verschwendung sein, je nachdem der Eine mehr, der Andere weniger Vermögen hat. Was ist aber das rechte Maaß für einen Jeden? — Dreierlei kann ich hier als Regel aufstellen: 1. Man ißt, um sich zu sättigen, trinkt, um den Durst zu löschen. So nun iß und trinke, den Zweck habe vor Augen, wenn du den Tisch bestellest! 2. Man soll nicht essen, daß es der Gesundheit schade, nicht trinken, daß die Gesundheit zerstört werde; man soll nicht essen, nicht trinken, daß es der Menschenwürde Abbruch thäte, daß es die Sittlichkeit untergrübe. Das also vermeide bei Essen und Trinken! das Einzelne, was ich von der Fürsorge für die Gesundheit in Betreff des Essens und Trinkens gesagt habe, mögest du hier wieder nachlesen. 3. In Absicht auf die Vermögensumstände: was sein Vermögen und die strengste Rücksicht auf alle Umstände ihm erlauben, das möge ein Jeder sich gewähren; aber nicht darüber hinaus!

Ueber Völlerei, besonders über den Trunk.

Muß auf's Ernstlichste ermahnt werden zu der strengsten Mäßigkeit, muß auf's Ernstlichste gegen jede Ueberschreitung des rechten Maaßes, des Erlaubten in Speise und Trank geeifert werden, wie viel mehr gegen Schwelgerei, wie viel mehr auch gegen Völlerei! Wie schnell zerstören sie den Wohlstand, selbst großen Reichthum! wie schnell zerstören sie die Gesundheit und führen frühe dem Grabe entgegen! Unwürdig ist es des Menschen in hohem Grade, sich grade darin der Sinnlichkeit zu ergeben, den Geist dem Leibe unterzuordnen, daß man in Speise und Trank nicht die Grenzen, nicht das Maaß hält, welches ein freier Geist fordert, welches die Vernunft vorschreibt. Unsittlich ist es an sich, der Sinnlichkeit zu dienen; aber noch viel mehr ist es Ursache zur Unsittlichkeit, der Quell des geistigen wie des leiblichen Verderbens! Was treibt, was begeht Alles ein trunkener Mensch! — In dem Evangelium von dem reichen Manne wird diesem nichts zur Last gelegt, als daß er alle Tage herrlich und in Freuden lebte; er wird aber nachher als in der Hölle befindlich dargestellt. So verdient schon vielleicht das üppige Wohlleben an sich Strafen noch in der Ewigkeit! aber wer die Laster, die Schandthaten, die Gräuel aufzählt, welche im Gefolge des üppigen Wohllebens einhergehen, der wird urtheilen müssen, daß sie auf Erden nicht alle gebüßt werden können, daß eine strafenfreie Ewigkeit für sie nicht erwartet werden könne! Und welcher Schwelger und Schlemmer kömmt während der Lebenszeit noch zur Einkehr, noch zur Erkenntniß, zur Buße und Besserung? — Unter Tausenden kaum Einer! fast ohne Ausnahme sterben sie in ihren Sünden hin! O daß du doch gegen dieses üppige Wohlleben, gegen diese Schwelgerei und Völlerei tief mit Abscheu erfüllt werden möchtest, mit dem Abscheu, welcher jedes unverdorbene Gemüth ergreifen muß, wenn es sie erblickt oder selbst bei ihren Anblick nur denkt! Möchte meine Rede bei dir nicht auf unfruchtbaren Boden fallen!

Schwelgerei und Völlerei geht vor im Essen sowohl als im Trinken; es giebt Menschen, die durch Essen sich sittlich herabwürdigen, und Menschen, die durch den Trunk ein Gleiches thun; von diesen aber ist die Zahl größer; entwürdigend, entsittlichend, von äußeren traurigen Folgen begleitet ist Beides; aber zu gräßlicheren Thaten, zu tieferer Versunkenheit führt der Trunk; in aller Art zerstörender wirkt er. Jener Mann, den ich vorhin nannte, war zu der angeführten Zeit bloß noch ein lustiger Mann; später aber kam es mit ihm dahin, daß er fast nie mehr nüchtern wurde; seine Vermögensumstände wurden schlecht; er starb im sieben und vierzigsten Lebensjahre. Ich will dir kein Gemällde eines Säufers in Worten hinstellen; es ist genug, daß ich der Sache nur erwähne; willst du aber seinen Zustand kennen lernen, willst du dir sein Ende denken, so blicke ihn nur an und rede mit ihm und vergleiche das, was du an ihm findest, mit dem, was ein Mensch sein soll und sein kann und was ein Nüchterner wirklich ist. (Vergleiche hiezu, was S. 21—22 über die Folgen des unordentlichen Lebenswandels gesagt ist).

Wohl darf ich mich veranlaßt sehen, dir meine Erfahrungen darüber mitzutheilen, wie der Trunkfälligkeit vorzubeugen und wie sie, wenn sie eingerissen ist und den Menschen gleichsam in eiserne Bande geschlagen hat, wieder aufzuheben und die Nüchternheit wieder herzustellen ist. Ich will es thun, aber das Wichtigste von Allem, was ich sagen kann, ist dies: hüte dich! von dir selbst und von dir allein hängt es ab, ob du ein nüchterner Mensch und auf diese Weise ein achtbarer und geachteter, ein zufriedener, glücklicher Mensch sein und bleiben willst oder nicht. Hüte dich! Jede Neigung kann leicht beherrscht und die Wünsche und Begierden, welche sie einflößt, leicht unterdrückt werden; ist aber die Neigung erst ausgeartet und zur Leidenschaft geworden, dann hat der Mensch die Herrschaft über sich selbst verloren und es ist sehr schwer, die Begierden, welche sie eingiebt, im Zaume zu halten; dann ist es sehr schwer, auf den rechten Pfad zurückzukehren und die Leidenschaft wieder zu vertilgen. Darum hüte dich! Glaube nicht, wenn du auch jetzt dich völlig in der Gewalt hast; wenn du auch jetzt noch mit leichter Mühe deinen Neigungen gebietest, — glaube nicht, daß du sie immer mit gleich leichter Mühe beherrschen werdest, wenn du fortfährst, sie zu befriedigen! Jener lustige Mann, den ich dir vorhin schilderte, hatte gewiß zu jener Zeit nicht die Absicht noch die Furcht, ein vollendeter Säufer zu werden, und doch ward er es! — Nicht selten wollen Menschen ihre Laster und schlechten Thaten damit entschuldigen, daß sie sagen, die Umstände hätten sie gezwungen; sie hätten nicht anders können; bestreiten will ich nicht, daß die Umstände großen Einfluß üben, nicht bestreiten, daß wohl Mancher ein ordentlicher, ehrbarer Mensch gewesen sein würde, wenn die oder die Umstände nicht gewesen wären, aber die Umstände können doch immer nichts weiter als reizen, Neigungen, heiße Wünsche, brennende Begierden erwecken — und die äußere Veranlassung geben; doch den menschlichen Willen, haben sie auch den in ihrer Gewalt! wenn ich einmal und für immer nicht will, durchaus nicht will, wie vermöchten dann äußere Umstände mich lasterhaft zu machen, mich zum Verbrechen zu drängen? oder liegt in ihnen ein Zwang für meinen Willen? haben sie Gewaltmittel, meinen Willen zu brechen, daß sie auch ohne meine Einwilligung, gegen meinen Willen mich zwingen könnten? — Das wird kein Mensch behaupten. Sie haben nur die Kraft, Neigungen und Begierden gegen den Willen aufzureizen, Kampf und Entsagung, vielleicht Duldung schwerer Leiden zu fordern; aber der eigene Wille ist es immer, der den Menschen entweder kämpfend widerstehen und siegen oder nachgeben, unterliegen, einwilligen lässet! Auch die, welche sagen, sie hätten lange und schwer gekämpft, aber es sei vergeblich gewesen, können dennoch nie sagen, daß ein äußerer Zwang sie überwältiget habe; sondern sie müssen immer sagen, ihre Kraft sei gesunken und ermattet, — sei gesunken und ermattet, weil der Wille erlahmte und den Widerstand aufgab.

Vielfache Reizungen, schwere Versuchungen mag in manchen Lagen ein Mensch zu bestehen haben, welcher sich der Völlerei, der Trunkenheit erwehren will; aber zu dem äußersten Kampfe gegen äußere Gewalt kömmt es bei dieser Sache und um dieselbe nie; die meisten Säufer werden es dadurch, daß sie entweder das verderbliche Getränk lieben und immer mehr lieben lernen, oder dadurch, daß sie in demselben eine Entschädigung für diese oder jene (oft eingebildete!) Entbehrung finden wollen oder ein Mittel darin suchen, trübe Gedanken zu verscheuchen, bittere, lästige Gefühle niederzuschlagen (oder vielmehr niederzutrinken):

die meisten Säufer werden es also mit eigenem, freien Willen. Sie sind also nicht entschuldiget. Das einzige vollkommen sichere Mittel, sich vor der Trunksucht zu bewahren, ist also der eigene, freie Wille. Darum sage ich: hüte dich! den äußeren Umständen suche dich zu entziehen!

Ist ein Säufer zu bessern? wie ist ein Säufer zu bessern? — Er ist zu bessern, wenn auch schwer. Wie? — Es gibt drei Mittel: eigener Wille, Zwang, künstliche Mittel, welche freiwillig angewandt werden, — wodurch denn das letzte Mittel eigentlich wieder mit dem ersten zusammenfällt.

Der eigene, freie Wille ganz allein, ohne alle Hülfsmittel, vermag den Säufer wieder von seiner Versunkenheit zu erheben: wolle nur nicht mehr trinken; so wirst du es lassen können! vermeide es, dir Getränk vor die Augen zu bringen, fliehe die Orte, wo, und die Menschen, mit denen, und die Gelegenheiten, bei welchen du zu trinken gewohnt warest, und wenn dann noch ein innerer Trieb sich regt, dann denke an deine Pflicht, denke an die traurigen Folgen, denke nur an den so unwürdigen, so erniedrigenden Zustand des Trunkenseins und trinke nicht das Getränk, wonach du verlangest, sondern trinke Wasser und nur kaltes, klares Wasser, bis das brennende Verlangen des Magens nach hitzigem Getränke gedämpft, gelöscht ist. Ja, das kalte Wasser kühlt den Magen vortrefflich aus und dämpft das Verlangen nach hitzigem Getränke unfehlbar, aber auch nur kaltes Wasser, kein anderes Getränk hat diese eigenthümliche und kräftige Wirkung. Thust du so nur erst acht Tage lang, so wirst du schon eine wunderbare Umwandlung an dir bemerken: schon wird das Gefühl der Pflicht viel lebendiger und kräftiger deinem Willen zur Seite stehen; schon wird der Gedanke an die traurigen Folgen des Lasters dir dieselben viel größer und furchtbarer vorstellen; schon wird der Gedanke an die Entwürdigung des Trinkers dir viel lebhafteren Abscheu gegen den Trunk einflößen; schon wird das Verlangen selbst viel matter und wirkungsloser sein! Nur glaube nicht, daß du in so kurzer Zeit gänzlich geheilt wärest; nein, auch noch in Jahren bist du nicht völlig geheilt, noch nicht ganz gegen Rückfälle gesichert; sondern dein ganzes Leben lang bleibst du immer der Gefahr ausgesetzt; dein ganzes Leben lang mußt du auf deiner Hut sein: ein Mensch, der schon einmal ein Trinker gewesen ist, hatte die Anlage, es zu werden, und behält diese Anlage, so lange er lebt. Willst du also vom Uebel frei werden, so trinke nie wieder jenes Getränk, dem du dich ergeben hast; nur dann bist du gerettet! Also nie, nie laß' es wieder an deine Lippen kommen und so oft die alte Sünde sich regt, so oft wiederhole dir jenes Verfahren, wodurch du zum ersten Male den Sieg über die Leidenschaft errungen hast!

Das zweite Mittel, einen Säufer zu bessern, ist äußerer Zwang. Wie sehr der Mensch auch dem Trunke ergeben, wie mächtig auch das Bedürfniß des hitzigen Getränkes ist, so kann dem Trinker ohne allen Schaden plötzlich und völlig alles hitzige Getränk entzogen werden. Man hat vielfach, ja fast allgemein behauptet, die plötzliche und völlige Entziehung sei unmöglich, ohne den Trinker den größesten Gefahren für das Leben und sogar für den Verstand auszusetzen; wenigstens müßte immer eine schwere Krankheit entstehen; aber die zahlreichsten und zuverlässigsten Versuche erweisen, daß diese Behauptung unbegründet, dieses Vorgeben falsch ist. Eine Art Wahnsinn mag in manchen Fällen entstehen, wenn dem Säufer auf ein Mal das Getränk gänzlich vorenthalten wird; aber wie geht das zu? — Das liegt nicht darin, daß das Getränk nicht entbehrt werden könnte, daß der Verstand es nicht entbehren könnte, ohne verfinstert und zerrüttet zu werden, sondern vielmehr darin, daß der Säufer es nicht entbehren will und, da man es ihm nicht giebt, sich der Wuth, der Raserei überläßt, — woraus denn zuweilen ein unwillkürliches Rasen entstehen mag. Der Wahnsinn, mag er auch toben, wird sich schon legen, wenn ihm nur schmale Kost, dünnes Getränk und feste Riegel gegenüber stehen! Entstände wirklicher Wahnsinn, so wäre er nicht unmittelbare Folge der Entziehung des Getränkes, sondern Wirkung der Wuth, ein Ausschlagen der Wuth in Wahnsinn. Das hat aber so ganz leicht nichts zu sagen! Wenn aber eine schwere Krankheit in Folge der gewaltsamen und plötzlichen Entziehung einträte, eine Krankheit, welche zwar den Menschen mitnimmt, nach wenigen Wochen aber gehoben wird, sollte man den Trinker, um ihn zu bessern, einer solchen Krankheit nicht aussetzen? sollte er sich derselben, wofern er noch vernünftiger Ueberlegung und edler Entschließung fähig wäre, nicht lieber freiwillig aussetzen, als lebenslang krank zu sein an Leib und Seele? krank ist der Säufer an Leib und Seele! Jene Krankheit aber wäre ihm ein Hülfsmittel, die Heilung vom größeren Uebel! Also ohne Furcht sei du selbst, unglücklicher Mensch, den die Trunksucht beherrscht! ohne Furcht ihr, denen ein Trinker zur Besserung übergeben wird! Nehmt ihm nur, was ihm schadet, dann werdet ihr ihm nützen! — Aber dieser äußere Zwang findet selten Anwendung; denn erstens nimmt sich nach geltendem Rechte die Obrigkeit nicht gern die Gewalt, einen Menschen, der zunächst nur sich selbst schadet, diesem Zwange zu unterwerfen; freilich aber schadet der Trinker immer seinen Angehörigen und in naher Folge der Gemeinde in Stadt und Land, deren Mitglied er ist; für die Angehörigen, für die Gemeinde ist es auch schwer, den Zwang zu erwirken. Zweitens ist es kaum möglich, den Säufer, zumal bei eingetretener Besserung, lebenslang unter Zwang zu halten; ohne fortbestehenden Zwang wird aber der wider Willen gebesserte Säufer leicht zurückfallen und das Uebel wird ärger denn ehedem, wo nicht neuer Zwang eintritt. Daher werden meistens nur Säufer dem Zwange unterworfen, wenn sie endlich den öffentlichen Armenhäusern oder Krankenhäusern zufallen. Wie aber, wenn der Säufer sich freiwillig dem äußeren Zwange unterwürfe? — Zu dem Entschlusse gehört freilich vernünftige Ueberlegung und entschiedener Wille; doch wie mancher Säufer mag nicht, ehe er bis zur tiefsten Erniedrigung herabsinkt, schon voraussehen, was da kommen werde, und mit Grauen erfüllt werden, wenn er das als seinen eigenen

Zustand denkt! wie mag er in besseren Stunden bittere Reue empfinden und den sehnlichsten Wunsch hegen, vom Laster und seiner Gewalt frei zu werden! Nun, ihr Bedroheten, denen das eigene Laster den Untergang drohet, ich zeige euch den Weg: stellet euch unter Zwang, nehmet euch die Mittel und die Möglichkeit, zurück zu sinken, öffnet euch selbst die Bahn, die euch zur Freiheit, die euch zur Achtung der Menschen zurückführet! Zaudert ihr, weil ihr euch den Schimpf nicht anthun möget? o denket doch nach, wie viel größer der Schimpf ist, ein Säufer zu sein, als der, sich der Leitung vernünftiger und wohldenkender Leute zu übergeben! denkt doch nach, wie es viel mehr Ehre als Schimpf ist, einen guten Entschluß zu fassen und auszuführen und zur Ausführung Alles zu thun, was hilft, und nichts zu lassen, was nöthig ist! Wahrlich; ein Schimpf kann es nur in den Augen der Unverständigen, nicht in den Augen der Verständigen sein, sich freiwillig der äußeren Gewalt zu unterwerfen! Und welcher Zwang ist größer, ist schimpflicher: der, sich um eines guten Zweckes willen achtbaren und wohldenkenden Mitbürgern zu übergeben oder sich leiten und verleiten zu lassen von Thoren und Lasterhaften? Was sind eure Zechgesellen anders als eure Herrscher, eure lasterhaften Herrscher? freilich befördern sie augenblicklich eure niedrige Lust, niemals aber euer wahres Wohl; eure Ehre aber und gutes Gewissen, euren häuslichen Frieden und Wohlstand, euer ewiges Heil tragen sie unter Sang und Klang zu Grabe! deren Zwange seid ihr Säufer und Genossen der Säufer unterworfen! o rettet euch vor solcher Herrschaft: sie verdirbt Leib und Seele, zeitliches und ewiges Glück, fliehet, um ihnen zu entkommen, unter den Schutz besserer Menschen und lasset euch von denen beherrschen so strenge, als irgend möglich, damit ihr vor jenen euren Feinden, welche ihr für Freunde hieltet, gesichert seid! Und müßtet ihr euch der Obrigkeit übergeben und zu der sagen: binde mich mit den festesten Banden, damit ich kein Säufer bleibe und es niemals wieder werde, wo wäre da überhaupt Schimpf? Sind wir denn nicht Alle der Obrigkeit unterthan? hat sie nicht Gewalt über uns in so vielen Dingen? Nun, der übergeben wir uns auch in diesem Stücke noch freiwillig, um unseres Wohles willen; wie kann da Schimpf sein? Wie aber, wenn ihr daran denket, daß ihr vielleicht einst unfreiwillig unter diesen Zwang kommt? Dann müsset ihr aber erst eine weite traurige Wanderung machen: ihr müsset erst nahrungs- und obdachlos werden, eure Kräfte, eure Gesundheit müssen verloren, euer Geist umnebelt sein; dann fallet ihr dem Armen- oder Krankenhause anheim; aber welch ein Ziel! welch ein Weg! nein, lieber früh und freiwillig als spät und unfreiwillig nehmet die Hülfe Anderer, um den bösen Feind in euch auszutreiben! und man wird euch liebevoll entgegen kommen und den Zwang mit zarter Schonung eurer Gefühle und eurer Ehre ausführen und ihn lindern nach kurzer Zeit und ihr erkaufet euch ja damit die Freiheit vom Bösen auf euer ganzes Leben!

Es denkt mancher Säufer, er wolle selbst noch des Lasters Herr und ohne äußere Hülfe davon frei werden. Schöner Gedanke! edler Entschluß! daß die Ausführung möglich sei, habe ich vorhin ja selbst behauptet; aber wo bleibt bei den Meisten die Ausführung? Ja, du fängst an, dem Trunke abzusagen und es geht eine Woche, einen Monat, ein Jahr gut; da bricht die Leidenschaft wieder mit ihrer ganzen Gewalt hervor und reißt dich aufs Neue hin und stürzt dich unrettbar in den Abgrund, wenn nicht eine liebende Hand dich ergreift, dich zurückzieht, dich sanft vielleicht zu völliger Besserung leitet. Nur einen einzigen Säufer habe ich in meiner Kindheit gekannt, welcher ganz allein durch sich selbst gebessert war. In der Trunkenheit hatten ihn seine lustigen Freunde schmählich gehöhnt; er ging bei Nacht und Nebel von dannen und kam erst nach einigen Jahren als gebesserter Mensch zurück; er sagte, er habe seit jenem Schimpfe nie wieder einen Tropfen Branntewein getrunken. Ein anderer Mann ist mir bekannt geworden, welcher sich einige Jahre des Trunkes gänzlich enthalten hatte; dann aber fiel er bei Gelegenheit eines öffentlichen Festes zurück und wurde nun von der Leidenschaft so sehr überwältiget, daß er Tag für Tag trunken war und Dinge beging, bei welchen sich dem Hörer das Haar emporsträubte, — ein noch junger Mann! Einst ging er mit freiem Blicke und sicherem Schritte einher, daß das Auge mit Wohlgefallen auf ihm weilte; nachher schlich er mit scheuen Blicken und unsicheren Schritten einher und das Auge wandte sich ab, wenn man den wüsten Ausdruck seines Gesichtes gesehen hatte! — Traue sich Niemand Alles zu! Einem äußeren Feinde gegenüber darf kein Gedanke an Schwäche sein; — er würde uns zur Niederlage führen; aber uns selbst, dem inneren Feinde gegenüber ist das Bewußtsein der Schwäche das sicherste Unterpfand des Sieges. Traue dir nicht zu viel zu! Wer sich in Gefahr begiebt, kömmt um! wer in Gefahr bleibt, kömmt auch um! darum berufe gegen dich selbst fremde Hülfe herbei: begieb dich, du vollendeter, du werdender Säufer, unter fremden Schutz! vielleicht, wahrscheinlich, ja sicher wirst du gerettet!

Von wem und wie soll der äußere Zwang ausgeübt werden? — Am wirksamsten wird der Zwang ausgeübt werden von der Obrigkeit; kann diese zwar unmittelbar nicht Alles übernehmen und ausführen, was zur Beaufsichtigung und Leitung des Trinkers nöthig wäre, und müßte sie also immer einen Theil der Gewalt Anderen übertragen, so wirkt es doch nachdrücklicher, wenn Alles von der Obrigkeit ausgeht und ihr wieder über Alles Rechenschaft abgelegt wird. Versuchsweise könnte der Trinker sich, ohne die Obrigkeit herbeizuziehen, einem wackeren Mitbürger oder Nachbarn übergeben, auch der trunksüchtige Ehemann allenfalls seiner Frau Gewalt über ihn geben; aber ich fürchte, daß damit der Zweck nicht erreicht werden möchte. Ich rieth einst einem Manne, welcher auch, doch zu seinem bitteren Leide dem Trunke verfallen war, seiner Frau Geld und Schlüssel zu übergeben und ihr aufzutragen, daß sie ihm unter keiner Bedingung Branntwein reichen solle; aber nach wenigen Tagen hatte er unter Androhung von Gewalt die Schlüssel wieder gefordert und die Frau war der Gewalt gewichen. Er war schon zu weit gekommen, um auf diesem Wege zurück zu kehren. — Ueber das Wie ist mit einem Worte zu bestimmen: die Mittel müssen genommen, die Wege abgeschnitten werden; der Trinker muß ohne Geld sein; alle seine Freunde müssen aufgefordert, jedem Anderen, namentlich den Gastwirthen, strenge untersagt werden, dem Trinker das verderbliche Naß zu verabreichen, so daß weder seine Bitten noch seine Versprechungen ihm die Flaschen öffnen. Aber da wird er gar zu sehr bloßgestellt vor den Leuten! — Nein, das wird er nicht; denn bloßgestellt ist er dadurch, daß er den Trunk liebt, nicht dadurch, daß er dem Trunke entsagen will; dieses vielmehr gereicht ihm zur Ehre und deckt die gegebene Blöße wieder zu; nicht verliert er jetzt seinen Ruf, sondern er stellt ihn wieder her! Also nur getrost gethan, was ich sage! du wirst es nicht bereuen! du brauchst dich dessen nicht zu schämen!

Drittens, sage ich, könne man auch mit künstlichen Mitteln der Trunksucht entgegenarbeiten. Man hat mir nämlich erzählt von Trinkern, welche sich hatten herstellen wollen und deshalb bei jedem Glase ein Hagelkorn hineingeworfen oder einen Tropfen Siegellack hineinfallen lassen, um auf diese Weise weniger und immer weniger Getränk zu bekommen und endlich ganz davon entwöhnt zu werden. Wirksam wäre dies gewiß, wenn es nur bis zur Erreichung des Zieles angewandt würde; aber da sitzt es ihm eben: die Anwendung unterbleibt. Man könnte noch lieber und noch leichter zur Zeit ein Glas weniger trinken, anfangs täglich ein Mal, dann täglich öfter überschlagen; aber der Trunksüchtige mäßiget sich ja eben nicht. Darum sage ich: sobald du Neigung zum Trunke verspürst oder wenn du schon das rechte Maaß überschritten hast, ist das einzige Mittel die völlige Entsagung. Befindest du dich denn auch anfangs nicht so wohl, nicht so behaglich, so tritt deshalb nicht gleich nach dem ersten Anfange von dem guten Vorsatze wieder zurück! Je länger du dich entwöhnest, desto weniger wirst du ein Bedürfniß nach dem hitzigen Getränke empfinden und dich schon nach kurzer Zeit eben so wohl, ja noch wohler befinden als vorher; denn ein natürliches, von der menschlichen Natur selbst aufgelegtes Bedürfniß ist doch das böse Getränk nicht. Also für jeden Trinker, für Jeden, der die erste Spur von Neigung zum Trunke bei sich sieht, gänzliche Entsagung auf immer!

Mäßigkeitsvereine. Empfehlen hätte ich können den Beitritt zum Mäßigkeitsvereine; aber eines Theils sind solche Vereine nicht überall; andern Theils möchten sie auch der eingefleischten Trunksucht kaum genugsamen Widerstand entgegensetzen können; ich habe auch mit eigenen Augen keine Erfahrung darüber sammeln können. Daher habe ich ihrer unter den Gegenmitteln gegen dieses Laster nicht gedenken wollen. Stillschweigend möchten sie eingeschlossen sein in das Hülfsmittel, welches in dem eigenen Willen nachgewiesen ist, und so läßt sich denn, was weiter noch zu ihrer Empfehlung zu sagen wäre, mit diesen wenigen Worten aussprechen: Wer sich vom Trunke zu entwöhnen beabsichtiget und den Versuch machen will, wie weit eigener Wille ihm darin helfen mag, der schließe sich einem Mäßigkeitsvereine an, wenn in seinem Wohnorte oder seiner Nähe überhaupt ein solcher besteht; er wird darin allerdings kräftige Beihülfe finden, in sofern er durch seinen Beitritt doch öffentlich erklärt, daß er dem Uebel entsagen wolle, uno durch die wohlwollenden und einsichtsvollen Männer, denen er sich damit anschließt, Belehrung und Zurechtweisung, Rath und Warnung erhalten wird.

Mit Wohlbedacht habe ich nur von Trinkern und Säufern, nicht von trunksüchtigen, säuferischen Weibern gesprochen. Ich habe zwar auch trunksüchtige Weiber kennen gelernt und zwar grade in diesen Tagen ein schändliches Beispiel davon vor Augen gehabt; aber warum soll ich edlen Seelen damit wehe thun, daß ich, so oft Veranlassung dazu wäre, von einem Laster bei Weibern spräche, wodurch das Weib sich noch viel mehr schändet als der Mann? Es sei damit genug gesagt, daß es trunksüchtige Weiber giebt. Alles aber, was vorhin von trunksüchtigen Männern gesagt worden, ist in gleicher Weise auf Weiber anwendbar, welche ihnen gleich sind. Darum jetzt genug davon!

Entbehrlichkeit des Branntweins.

Es gehört freilich nicht unmittelbar hierher, doch will ich, weil es ja Einem oder dem Anderen willkommen oder ersprießlich sein könnte, einige Worte über den Genuß des Branntweins überhaupt hinzufügen. Ist der Branntwein entbehrlich oder unentbehrlich? — Unentbehrlich ist er gewiß nicht; denn er gehört nicht zu den Bedürfnissen, welche die Natur unbedingt fordert. Er ist also entbehrlich. Lange Jahrhunderte hat die Menschheit gelebt, ohne den Branntwein zu kennen, und noch jetzt giebt es nicht allein ganze Völker, welche ihn nicht kennen und nicht trinken, sondern unter den trinkenden Völkern immer noch viele Einzelne, welche ihn nicht trinken, noch ihn je getrunken haben. Er ist also entbehrlich auch der Erfahrung zu Folge. — Ist er mehr schädlich oder mehr nützlich? Es ist darüber in den Urtheilen der Urtheilsfähigen noch keine Uebereinstimmung eingetreten; doch entscheiden sich die würdigsten und erfahrensten Männer meistens dahin, den Genuß des Branntweins (d. h. den mäßigen selbst) mehr schädlich als nützlich zu nennen, nach seinem Einflusse auf die Gesundheit. Ich kenne mehrere Menschen, welche keinen Branntwein trinken und ihn zum Theil nie getrunken haben: sie sind durchaus gesund und sehr kräftig, zeichnen sich sogar dadurch aus. Einen überhaupt sehr schätzbaren Mann kenne ich, welcher seit langen Jahren täglich Branntwein (d. h. in sehr geringem Maaße) getrunken hatte, z. B. zum Frühstücke; als er aber vor zwei Jahren in dem kleinen Mecklenburgischen Kalender den Aufsatz über den Einfluß des Branntweintrinkens gelesen hatte, nahm er sich vor, nie wieder Branntwein zu trinken, und trinkt ihn seitdem nicht, ohne den geringsten nachtheiligen Einfluß auf seine Gesundheit. — Wie weit ist der Genuß des Branntweins allenfalls erlaubt, voraus gesetzt, daß man ihn nicht bis zur Berauschung oder nur bis zur Aufregung trinkt?

Er ist allenfalls erlaubt zu sehr mäßigem täglichem Gebrauche, aber nicht als Vergnügungsmittel; denn als solches verursacht er erstens zu große Kosten, schadet zweitens der

Gesundheit und führt drittens leicht zur Trunksucht. Schon die Rücksicht auf die Kosten allein sollte den Genuß des Branntweins verbieten, denn da er durchaus nicht nöthig, sondern völlig entbehrlich ist, da er so leicht schadet, so leicht zur Lasterhaftigkeit führt, so sollte man für würdigere und dringendere Bedürfnisse das Geld sparen. Strenge Sittlichkeit aber giebt das Gesetz: was so leicht schaden kann, ohne dir wahrhaft zu nützen, ohne dir unumgänglich nothwendig zu sein, dem halte dich fern!

Diese Belehrungen schließen sich mit einem sehr ernsten, doch wenig erfreulichen Gegenstande ab. Es liegt aber grade in dem Ernste der Dinge, welche sie besprechen, namentlich des letzten Gegenstandes, der Beweis, wie nothwendig und wichtig diese Lehren sind. Möge es mir gelungen sein, dir den ganzen Ernst zu zeigen, welchen ich bei dieser Verhandlung in mir fühlte, und so eindringlich zu dir zu reden, daß Freude daraus erwachsen möge!

Drittes Hauptstück.

Warnungen.

Einleitung.

Jede Lehre für das tägliche Leben enthält zugleich eine Warnung oder führt doch darauf hin; denn indem ich dich belehre, wie du dich in dieser oder jener Hinsicht, bei dieser oder jener Vorkommenheit zu verhalten habest, zeige ich dir nicht bloß den rechten Weg und ermahne dich, ihn zu gehen, sondern zeige dir auch den entgegengesetzten oder daneben hingehenden verkehrten Weg und warne dich, ihn nicht zu gehen. Dennoch habe ich dieses dritte Hauptstück von dem zweiten absondern und die hier zu gebenden Vorschriften als Warnungen einführen wollen, weil ich glaube, es hier mehr mit einem von vorn herein widerstrebenden Willen, einer mir und meiner Ansicht entgegenstehenden Neigung zu thun zu haben, wie ich dort glaubte, deinen Willen auf meiner Seite zu haben und daß er nur von mir die Weisung zum Rechten erwarte und allenfalls, doch auch höchstens der Ermunterung bedürfe, das Rechte zu ergreifen und es ganz zu thun. Die Warnung führt dann endlich freilich auch immer wieder zur Lehre hin; doch mag es gut sein, das warnende Wort bestimmt und hervorhebend auszusprechen. Wir begeben uns also mit dieser Fortsetzung unserer Unterhaltung gleichsam in einen Kampf mit einander; möge Gott geben, daß ich siege, daß es mir gelinge, die widerstrebenden Neigungen zu überwinden! Und ich hoffe diesen Sieg; denn es ist ja doch der Mensch im Grunde dem Guten, dem Rechten, dem Wahren so sehr nicht abgeneigt und du zumal, mein theurer junger Freund, bist es nicht! und so nimm nun, eben weil du noch jung bist, meine wohlmeinenden Worte, mögen sie dir auch schwer und hart in's Ohr fallen, mit willigem Herzen auf, damit du für die späteren und spätesten Tage deines Lebens Frucht davon habest! Junge Gemüther pflegen am leichtesten zugänglich zu sein; sei auch du es. Und so laß' uns in den Kampf gehen, nicht mit feindlicher Absicht, sondern mit der freundlichsten und so, daß wir uns nach demselben desto völliger einigen. Es ist zwar nur noch wenig, was ich dir noch mitzutheilen habe; es sind zwar zum Theil weniger bedeutende Sachen, um die es sich hier handelt; doch immer steht der Grundbau sicherer, wenn auch nicht ein einziger Stein daran fehlet, als wenn hie und da noch eine Lücke ist. So folge mir denn mit aufmerksamen Ohren!

Erste Warnung.

Fange nicht zu früh an zu genießen.

Was bedeutet diese Warnung? — Ich will damit entgegentreten der Neigung von den Gütern, welche wir uns erworben oder deren Besitz wir z. B. durch Erbschaft erlangt haben, in frühen Jahren schon den ausgedehntesten Genuß zu nehmen, den sie nur erlauben, und damit den Gebrauch dieser Güter von Anfang an so anzulegen, daß früher oder später eine Verminderung des Besitzes und — des Genusses zu erwarten ist.

Man klagt viel über die Denk- und Handlungsweise der Menschen in gegenwärtiger Zeit und es ist wohl Ursache dazu; aber der Umstand oder die Verfahrungsweise der jetzigen Welt, früh, zu früh nach dem Genusse, nach Allem, was Genuß heißt und sich nur erreichen läßt, zu greifen, wird meistens noch übersehen. In der Zeit, welche ich freilich noch nicht erlebt habe, welche ich aber aus Schilderungen alter Leute oder der Bücher einigermaßen kenne, also in der früheren Zeit lebte Jeder — ich meine den Bürgerstand — möglichst eingeschränkt und eingezogen, bis er seinen Haushalt so recht vollständig und selbst überzählig eingerichtet hatte, seinen Erwerbszweig in blühendem Fortgange sah und schon den sogenannten Nothschilling in der Truhe hatte; dann erst fing man an, auch für unnöthige Dinge, namentlich für Vergnügungen sehr bescheidene Aufwendungen zu machen. Daß ein Bürger, welcher sich kaum niedergelassen hatte und seinen Betrieb noch nicht mit großem Erfolge gekrönt sah, sollte Abend für Abend oder nur Sonntag für Sonntag in's Withshaus gehen, Gesellschaften in seinem Hause geben u. dgl., das wäre unerhört gewesen; über einen solchen Menschen hätte das öffentliche Urtheil sogleich den Stab gebrochen; das Höchste was erlaubt war, war die Theilnahme am Schützenfeste, weil der junge Bürger und Zunftmeister eben Theil nehmen mußte; doch auch da mußte er sich ganz still und bescheiden aufführen, durfte nicht das große Wort haben, nicht sich mit den Zechgesellen an einem Tische niederlassen, d. h. kein Gesetz befahl oder verbot dieses, sondern die junge Welt hatte damals noch das lebhafte Gefühl von Schicklichkeit; noch die volle Bescheidenheit, die der Jugend auch in den höheren Jugendjahren noch angemessen ist. Damals gab es ehrsame, brave und — wohlhabende Bürger; ja fast alle älteren Bürger waren wohlhabend, manche reich. Wie jetzt? — Die Ehrsamkeit, — eine fast schon ungekannte, wenig geschätzte, selten gesuchte oder erstrebte Tugend! Die Wohlhabenheit unter den Bürgern —: die alten wandern so häufig in's Armenhaus, die der mittleren Jahre spielen schon eine dürftige Erscheinung wie der abnehmende Mond, die jungen aber, — ja, die treten mit dem Scheine der Wohlhabenheit, nein, sogar des Glanzes auf: aber es ist ein — erborgter Glanz und, wenn das nicht, zu vergleichen den lichten Wölkchen am Himmel und verschwindet schnell wie diese. Wie jetzt? — Die Welt fängt zu früh an zu genießen! Früher sahest du den älteren Bürger auch stattlich, ja reich gekleidet und er trug, wenn er im Sonntagsstaate war, den Rohrstock mit goldenem Knopfe; früher sahest du den älteren Bürger auch wohl fleißig in's Wirthshaus gehen und dort auf festliche Veranlassungen groẞes Geld verzehren; aber ihm konnte es nichts mehr schaden, er hatte, wie man sagt, sein Schäfchen in's Trockene gebracht! und derselbe Mann, der jetzt in feierlicher Pracht und so stolzer Haltung einherschritt, schwang morgen wieder den Hammer oder saß auf dem Dreibeine oder stand an der Hobelbank, derselbe Mann, der heute auf vier Schillinge, ja auf den Gulden gar nicht hinsieht, hatte zwanzig Jahre früh und spät gearbeitet und am Sonntage wie in der Woche wenig, wenig verbraucht, was nicht grade Gebot der Nothdurft war. Jetzt fängt der junge Bürger anders an, fährt anders fort und endigt anders. Nur ein Zeichen will ich noch hervorheben, wie der Bürger in älterer Zeit sich von dem jetzigen unterschied, aber es liegt darin gar viel. Wollte in alter Zeit der Bürger zu rechter Zeit (zur Bürgerzeit. Der Ausdruck schreibt sich noch von alter Zeit her, jetzt könnte er nicht mehr entstehen) aus dem Wirthshause aufbrechen, so zog er einen sehr kleinen Beutel hervor und wickelte das lange Schnürband langsam, bedächtig auf; aber der kleine Beutel ließ vermuthen, daß zu Hause noch ein größerer und derselbe nicht leer sei, und während der Bürger das lange Band langsam abwickelte, dachte er daran, wie mühsam das Geld erworben sei, wie sorgfältig es bewahrt werden müsse und wie doch so manche unnöthige Ausgabe gemacht werde. Jetzt ist es auch in solchen kleinen Dingen anders! — Das Sprichwort: Handwerk ernährt seinen Mann, ist gleichfalls in alter Zeit entstanden; sollte es aber jetzt nicht auch noch wahr sein? — Ja, gewiß! Wer vor Zeiten etwas vor sich bringen wollte, mußte fleißig arbeiten und sparsam leben und durfte vor allen Dingen nicht zu früh anfangen zu genießen; wer jetzt noch dasselbe thut, wird auch dasselbe erreichen; denn das Handwerk ernährt seinen Mann. Auch damals gab es arme Leute, arme Bürger und Handwerker; aber sie waren selten; auch jetzt giebt es wohlhabende Bürger und Handwerker, aber nicht gar viele. Das ist ein Unterschied in den Zeiten. Früher erwarb man, bis der Wohlstand völlig gesichert war, und fing dann an, das Leben zu genießen; jetzt fangen die Leute alsobald an zu genießen, sobald sie es irgend möglich machen können, genießen sogleich wieder, was sie erworben haben, und über das Genießen wird oft sogar das Erwerben oder der Erwerb versäumt. Das ist der zweite Unterschied in den Zeiten. Wie man's treibt, so geht's, — das bleibt aber zu allen Zeiten!

Hier habe ich dir nun gleichsam ein Geheimniß offenbart, welches einen Hauptbestandtheil der Sparkunst ausmacht. Willst du denn sparen und dir dadurch eine sorgenfreie Zukunft bereiten, so lasse eine weise Zögerung Statt finden, ehe du anfängst, das Leben zu genießen oder vielmehr ihm alle Genüsse abzulocken, deren du grade habhaft werden kannst. Fürchte nicht, daß dir damit etwas verloren gehe! Was du dir jetzt aufhebst, kömmt dir künftig zu Genuß. Zwar spricht man viel von lebensfroher Jugend, vom stumpfen Alter und dessen mehr, aber der Mensch bleibt lange, bleibt immer des Genusses fähig, wenn er nicht durch unordentliche, schwelgerische Lebensart früh die Kraft zu genießen abstumpft; zwar hörest du wohl das Sprichwort: junges Blut, genieß' dein Gut, im Alter es dir nicht schmecken thut, aber das wirst du nicht hören aus dem Munde verständiger und ehrbarer Leute, sondern aus dem Munde der lockeren Gesellen, die Verständigen kennen vielmehr das Sprichwort so: junges Blut, spar' dein Gut, im Alter es dir noch nöthig thut! Nein, Geschmack an den Genüssen des Lebens läßt auch das spätere Alter noch übrig und wehe dem Menschen, der mit zunehmenden Jahren den Wohlstand, den Lebensgenuß abnehmen sieht, der nach einer lustig durchlebten Jugend in der höheren Lebenszeit und im Greisenalter darben muß! Ende gut, alles gut, sagt man in anderer Beziehung; aber auch in Beziehung auf den Lebensgenuß und die Mittel, ihn sich zu verschaffen, kann man mit tiefer Bedeutung sprechen: Ende gut, Alles gut! darnach also siehe, daß das Ende gut werde! daher laß' den Anfang gut sein und nie dem guten Anfange einen verkehrten Fortgang folgen! Bist du selbst Herr oder dein eigener Herr geworden, wie man so hübsch sagt, so sei doch auch darin Herr, daſt du das Deinige nach deinem Dafürhalten, nach deiner besten Ueberzeugung, nicht nach dem verkehrten Urtheile Anderer, und wäre es die ganze Welt, verwendest! Laß dich nicht durch Anderer Beispiel, nicht durch Anderer Reden, nicht durch die herrschende Sitte davon abbringen! Es ist eine jämmerliche Schwäche, das Bessere zu erkennen und es nicht zu thun, das Bessere zu wollen und sich durch Andere davon abbringen zu lassen! Wer sich vom Rechten abbringen läßt, der ist wahrlich noch nicht Herr, nicht Herr seiner selbst; sondern wird gleich einem Sklaven beherrscht von denen, nach deren Worten oder Beispiel er sich lenken läßt! Sei ein Mann, ein freier Mann, Herr deiner selbst und des Deinigen!

Als Beispiel habe ich vorhin die Handwerker alter und neuer Zeit aufgestellt, aber grade nur als Beispiel; nicht soll gesagt sein, daß nur Leute dieses Standes oder vorzüglich diese den angezeigten Fehler hätten, Leute anderen Standes ihn nicht oder nicht so häufig hätten; nein, es sei ausdrücklich gesagt, daß man ihn allenthalben, bei allen Ständen findet. Wer also in seiner eigenen Nähe eine Unterlage für meine Schilderung suchen will, der fange immer bei sich selbst an! die Meisten werden sie dann zuerst finden!

Zweite Warnung.

Heirathe nicht zu früh.

Heirathe nicht zu früh! Der Warnung aber steht das Sprichwort entgegen: jung gefreit hat Niemanden gereut. Freilich steht das Sprichwort entgegen, und Sprichwort pflegt wahres Wort zu sein; aber doch ist ein Sprichwort nicht immer eine vollkommene Wahrheit, eine vollkommene Wahrheit für Alle. Und so ganz widerspricht auch das Sprichwort mir nicht; denn es sagt bloß: jung gefreiet; ich aber sage: zu jung gefreiet, oder ich warne vor zu frühem Heirathen!

Warum soll das nicht geschehen? — 1. Der Mensch ist in zu jungen Jahren noch nicht ganz geeignet, die Pflichten des Ehestandes, vorzugsweise aber die Aelternpflichten, vollkommen zu erfüllen, das Geistige also in ihm hat noch nicht die erforderliche Reife. Zwar kömmt bei einzelnen Menschen der Geist früh zur Reife, aber im Allgemeinen steht fest: der Verstand kömmt nicht vor den Jahren, sondern mit den Jahren. Nun ist es aber gewiß, daß Ehestand und Aelternstand viel Verstand erfordern und daß nicht bei Allen, sondern nur bei Wenigen der

Verstand wr den Jahren, sondern nur eben mit den Jahren kömmt.. Wer ist aber dreist genug, sich zu diesen Wenigen zu rechnen? — Wer rechtlich denkt, wird nichts übernehmen, was er nicht erfüllen kann, also eben wegen der schweren Pflichten des Ehestandes nicht zu früh heirathen. Außerdem wirken die mancherlei Beschwerden und Sorgen des ehelichen Lebens auf das junge Gemüth viel drückender und nachtheiliger als auf das ältere, — wiederum ein Beweis, daß der Mensch zum Heirathen zu jung sein kann, zugleich aber auch eine ernstliche Warnung. — 2. Man soll zweitens nicht zu früh heirathen, weil in zu jungen Jahren die körperliche Ausbildung noch nicht zu derjenigen Reife gediehen ist, welche für den Ehestand erfordert wird; in's Besondere gilt dieses für das weibliche Geschlecht, Menschen, welche in ungewöhnlich frühen Jahren heirathen, werden gewöhnlich oder doch sehr oft (körperlich) schwächlich und elend, altern früh und sterben früh. Die Ehe soll einen sehr bedeutenden Theil des Lebensglückes ausmachen; wer nun aber in die Ehe zu ungehöriger Zeit eintritt und sich dadurch Kräfte und Gesundheit raubt und selbst das Leben verkürzt, der schmälert sich das Glück, welches ihm in der Ehe blühen könnte, ja zerstört nicht selten das ganze Lebensglück. Beispiele, welche die Wahrheit meiner Aussage nachweisen, könnte ich dir in großer Zahl anführen, aber du kannst sie auch selbst sehr leicht beobachten, denn viele Menschen begegnen dir überall, welchen die körperliche Schwäche und ein früher Tod auf dem Gesichte geschrieben stehen, und unter diesen sind immer einige, welche allein durch zu frühes Heirathen in diesen elenden Zustand gesetzt sind. Siehe aber besonders auf die Frauen des arbeitenden Standes; deren viele sind kaum 40 Jahre alt und ihre Lebenskraft ist hin; es sind zum großen Theile solche, die zu früh geheirathet haben. Aber auch Männer sollen nicht zu früh heirathen! Von vielen mir bekannten Beispielen nur eins. Vor Kurzem lernte ich einen Mann kennen, welcher in seinem drei und zwanzigsten Jahre in's Amt und zugleich in die Ehe getreten war; er war ein wahres Jammerbild; namentlich vermochte er keinen klaren Laut, sondern nur Zischlaute hervorzubringen; viele Kosten hatte er sich schon gemacht, aber noch keine Genesung erzielt; er war jetzt 27 Jahre alt. — Nach meiner Ansicht paßt es für unsere körperliche Beschaffenheit und besonders auch für unsere Lebenseinrichtungen am besten, wenn der Mann 27—30 Jahre, das Frauenzimmer 22—25 Jahre alt wird und dann heirathet. Ganz besonders sind dies die rechten Jahre für diejenigen, welche dem arbeitenden Stande angehören. In jüngeren Lebensjahren zu heirathen, mag in Absicht auf Gesundheit und Lebensdauer selten dienlich sein. — 3. Es ist aber drittens die rechte Zeit des Heirathens sehr wichtig in Bezug auf Wohlstand und Armuth. Sehr leicht sieht sich ein, wie das zusammenhängt. Schon derjenige, welcher zu früh geheirathet und dadurch seiner Gesundheit geschadet hat, schadet zugleich seinem Wohlstande. Ich habe vorhin schon mehrmals ausgesprochen, wie eine mangelnde Gesundheit, wie öfteres Kranksein dem Wohlstande schade, das Gegentheil aber eine feste, dauerhafte Gesundheit das Fortkommen erleichtere, und brauche hier deshalb nichts weiter zu sagen. Es kömmt aber auch sehr häufig vor, daß der Mensch in jüngeren Jahren noch nicht bedachtsam mit dem Gelde umgeht und überhaupt nicht so klug und richtig wirthschaftet, wie es der Hausstand im bürgerlichen Leben erfordert; so wird ihm denn das frühe Heirathen die Ursache des abwärts gehenden Glückes; ist es nicht die einzige Ursache, so ist es doch eine von den Ursachen mit; in einzelnen Fällen kann es aber auch die einzige und alleinige Ursache sein. Denn wer zu früh sein Nest sich baut, sitzt bald darin sich hart! — Hauptsächlich aber ist in Bezug auf den Wohlstand, dem frühen Heirathen entgegen, daß viele Heirathende dann noch nicht hinlängliche Mittel haben, sich häuslich einzurichten und den Betrieb des Gewerbes anzufangen. Wer nur in Vater's Beutel greifen und sich mit Vater's Gelde einrichten kann, — ja, dem macht es, wenn sonst nichts entgegen ist, nichts aus, ob er heute oder morgen heirathet. Wer aber allein auf das angewiesen ist, was er sich selbst erwirbt, der hat wohl Ursache, zu prüfen, ob es schon an der Zeit sei, zu heirathen oder vielmehr noch zu warten. Wer gleich zu

Anfang sich in eine beengende Lage setzt, wo ihm das Nöthige fehlt, wo das Angeschaffte vielleicht sogar nicht bezahlt ist, der ist arm, bleibt wahrscheinlich arm, geht mit ziemlicher Gewißheit der bittersten Armuth entgegen. Es ist — Gott sei Dank gesagt — in unserem Lande das allzu frühe Heirathen noch nicht so sehr eingerissen, als in manchen anderen Gegenden, fängt aber auch hier an häufiger zu werden. Dagegen zu warnen, zu verhüten, daß diese verderbliche Handlungsweise nicht weiter einreiße, das ist daher dringende Pflicht für Jeden, der es mit seinen Nebenmenschen wohl meinet und besonders dem Wohl und Wehe der unteren Stände eine aufrichtige Theilnahme widmet. Nein, junger Mann, denke nicht zu frühe an's Heirathen! Erst gehe hin und verdiene dir etwas; gieb der Welt erst den Beweis, daß du erwerben und auch das Erworbene an dir halten kannst, und dann siehe zu, wo du dich häuslich niederlassest! Und auch du, junges Mädchen, flattere nicht zu früh in den Ehestand hinein! Erst siehe, daß du Koffer und Lade füllest, damit du nicht gleich um Kleidung dem Manne beschwerlich fallest! erst zeige ein vollständiges Bett und das zum Hausstand erforderliche Leinzeug, Schüsseln und Töpfe, Kessel und Grapen und was sonst nöthig ist, vor! und selbst das wird dir nicht zur Schande gereichen, dem Wohlstande deines Hauses und deinem ehelichen Glücke nicht im Wege sein, wenn du außerher noch etliche blanke Thaler mitbringest! O wie wohl, ihr jungen Leute, wird es euch sein im häuslichen und ehelichen Leben, wenn ihr euch von Anfang an vollständig einrichten und gegen Sorgen sichern könnet! dann dürfet ihr die weitere Sorge getrost Gott heimstellen; er sorgt für euch; aber leichtsinnig stürzet euch nicht in Sorgen, in's Unglück! den Leichtsinnigen läßt Gott büßen, oft schrecklich und lebenslang büßen! Darum sehe sich ein Jeder vor, daß er selbst nicht zu jung heirathe, aber ein Jeder denke auch daran, daß er keinen zu jungen Ehegenossen wähle! denn ist auch Einer alt genug, der Andere aber zu jung, so ist doch immer ein Fehler da, und dieser Fehler wird immer seine schlimmen Folgen haben. — Auch in Hinsicht auf den Wohlstand möchten die Jahre, welche ich oben in Rücksicht auf die Gesundheit als die passendsten bezeichnete, die passendsten sein. Arbeitet der junge Mann bis zum dreißigsten Jahre fleißig vor und macht es das Frauenzimmer bis zum fünf und zwanzigsten eben so, so läßt sich erwarten, daß beide etwas zum Anfange mitbringen, daß beide verständig und tüchtig dem Berufe leben und dem Hausstande vorstehen werden, daß sie gesund und kräftig walten können.

Das junge Blut wallt heiß. So drängt der junge Mensch gern zur Ehe, Jüngling wie Jungfrau; aber man soll eben nicht durch das heiße Blut, sondern durch den Verstand sich leiten lassen! — das jugendliche Herz ist empfänglich für Eindrücke, welche vom anderen Geschlechte kommen: leicht fliegt das Herz des Jünglings der Jungfrau, leicht das der Jungfrau dem Jünglinge zu; aber diese erste Gluth ist oft ein falsches Feuer und erlischt oft von selbst, öfter vor der Prüfung der ruhigen Vernunft. O lasset euch nicht durch diese erste Gluth hinreißen, euch rasch auf Lebenszeit an einander zu binden! Verglühet die erste Liebe und seid ihr dann gebunden, so seid ihr unglücklich; verglühet sie aber nicht so bald und ihr lasset euch dadurch zu früh in den Ehestand treiben, so werdet ihr gleichfalls eurem Unglücke entgegen getrieben: das Glück, welches ihr zu erfassen meintet, entfliehet der vorschnellen Berührung und das Glück, welches die Ehe euch gewähren würde, wenn ihr mit Bedacht das Eheband geknüpft hättet, findet den Zugang zu euch verschlossen! Daher eile man nicht zu sehr mit dem wichtigsten Schritte des Lebens! Wohl ist das Herz am wärmsten in den Jahren der Jugend, aber es bleibt auch noch warm in den Mannesjahren und treibt die Gluth des jugendlichen Herzens schnell und üppig die Frucht der Liebe empor, so treibt die gelindere Wärme in den folgenden Jahren eine Frucht, welche den Nachtfrösten des Lebens eine dauerhaftere Kraft entgegenzusetzen hat; das heißt mit anderen Worten: die glühende Jugendliebe erstirbt leichter, wenn des Lebens Ernst, wenn des Lebens Sorgen andringen; die von der Vernunft geprüfte und gebilligte Liebe erhält sich aber, ob auch das Leben von mancher Noth und manchen Leiden erschwert werde. Fürchte also Niemand, Unrecht zu begehen, wenn er dem ersten aufwallenden Gefühle nicht freie Bahn lässet! Es fürchte Niemand, um das Glück der Liebe betrogen zu werden, wenn er die Heirath bis auf eine Zeit hinausschiebt, welche ihm neben der Liebe auch die übrigen Bedingungen des ehelichen Glückes erfüllt! Es glaube Niemand, daß Liebe allein für die Entbehrung alles Uebrigen entschädigen könne! Ein freilich nicht edles, aber ziemlich wahres Sprichwort sagt: ist kein Brot im Haus', so fliegt die Lieb' zum Fenster hinaus. Brot haben für sich und die Seinigen ist die erste Bedingung des ehelichen Glückes! Nimm daher den Grundsatz an, nicht den Gefühlen zu folgen, sondern der Vernunft, wenn beide gegen einander sind, den Gefühlen nur zu folgen, wenn die Vernunft nach ruhigster, überlegtester Prüfung einwilliget! Die Vernunft aber wird dir zurufen: Heirathe nicht zu früh!

Dritte Warnung.

Borge nicht

Borgen macht Sorgen, ist ein altes Sprichwort, und es hat gewiß Grund. Denn was geborgt wird, wird der Zeit vorweggenommen; wer borgt, verborgt oder verzehrt etwas, was gleichsam noch nicht da ist, was er nicht hat, was er vielleicht zwar erwirbt, vielleicht aber auch nicht erwirbt. Sollte borgen nie erlaubt, nie rathsam sein? — das ist es wohl, aber nur in zwei Fällen, wenn nämlich Unglücksfälle uns so in Noth gebracht haben, daß wir das Leben nicht mehr fristen können, ohne fremde Hülfe zu suchen, und wir doch nicht Wohlthaten nehmen wollen, sondern eine Anleihe machen, um redlich wieder zu bezahlen; es ist zweitens erlaubt, wenn zum Betriebe unseres Geschäftes die eigenen Mittel nicht genügen, wir uns also fremder Hülfe bedienen müssen, um dadurch zum Erwerbe zu kommen oder den Erwerb gewinnreicher zu machen. Dieser Fall tritt bei Vielen ein, welche zwar alle Tüchtigkeit zum Geschäfte, aber nicht die Mittel haben. Denen darf man das Borgen selbst anrathen; wollten und sollten sie nicht borgen, um keine Sorgen zu haben, so würden sie vielfach ihre Bestimmung verfehlen und die ihnen von Gott verliehenen Kräfte unbenutzt lassen müssen. In allen anderen Fällen ist das Borgen eine Sache, von der ich Jeden auf das Dringendste abrathe. Lieber selbst eine Zeitlang drückende Noth ertragen, lieber allem irgend Entbehrlichen, zumal allem Unnöthigen, aller bloßen Lust des Augenblickes entsagen, als borgen! denn borgen macht Sorgen! Gehe Keiner diesen Sorgen leichtsinnig entgegen! Selbstverschuldete Uebel sehen klein aus, wenn wir ihnen entgegen gehen, denn die Thorheit und Lüsternheit des Herzens spiegeln uns falsche Bilder vor; sind sie aber da, sollen sie ertragen werden, regt sich zugleich das strafende Gewissen, so lernen wir sie als groß und schwer erkennen. Du denkst es dir leicht, das Erborgte wieder zu ersparen und wieder zu bezahlen, aber denke nur daran, daß du dann schon immer doppelt — wenigstens doppelt — erwerben oder trotz des Borgens und eben deswegen dir viele Entsagungen auflegen müssest. Ein jeder Tag hat seine eigene Plage, seine eigenen Bedürfnisse. Wie schwer, die Forderungen der vergangenen Tage, welche in der gemachten Schuld uns immer mahnen, noch mit zu befriedigen! Wie Wenigen gelingt es, bald wieder aus der Schuld herauszukommen! Wie Mancher muß lebenslang daran tragen und kömmt nie zum ruhigen, gemüthlichen Genusse, weil immer der alte Schlund noch offen ist und Alles verschlingt, was erworben wird! Und wer will, wer kann dir auf viele Jahre borgen, ohne Wiederbezahlung zu fordern? auch der, der dir geliehen hat, braucht sein Geld zu anderen Zwecken; da mußt du von Einem zum Anderen gehen, hie und da betteln, daß man dir leihe, hohe Zinsen geben und verwickelst dich immer mehr und endlich so sehr, daß du niemals wieder herauskömmst. Nicht so ganz leicht wiegt die Sorge, welche dem Borgen folgt! Lieber spare ich doch, ohne zu borgen; da sehe ich, daß die bedrängte Zeit vorübergeht und ich bin dann wieder Herr dessen, was ich erwerbe; ich kann mein Haus, meinen Stuhl, meinen Tisch wieder mein nennen! Oder du denkst vielleicht nicht an's Wiederbezahlen? Nun wohl, so siehe zu, wie man es mit dem schlechten Schuldner macht!

Das Wort borgen hat aber zwei Bedeutungen; es heißt nämlich, wie wir es hier bisher gebraucht haben, Geld (oder Sachen) zu Borge nehmen und Geld zu Borge geben. Auch in dieser zweiten Bedeutung kann man sagen: borgen macht Sorgen, wenn nämlich das Geld (oder die Waare) an schlechte Bezahler geliehen ist. Um also dein Geld nicht zu verlieren oder sonst Verdruß von der Sache zu haben, gieb es in kleinen Posten in die Sparkasse, in größeren Posten auf liegende Gründe. In der heiligen Schrift heißt es zwar: entziehe dich dem nicht, der dir abborgen will; aber da wird nur an Nothbedrängte gedacht, nicht an Leichtsinnige; sollen wir denen geben, noch bereitwilliger also leihen, so sollen wir uns und das Unserige vor den Leichtsinnigen sorglich bewahren. Ich möchte dir empfehlen: wenn durch Ausleihen und Verlust des Geldes dein eigenes Wohl gefährdet werden kann, so leihe nur dahin, wo dir vollkommene Sicherheit geboten wird; bist du aber keiner eigenen Gefahr ausgesetzt, so leihe betriebsamen, redlichen Leuten, damit du ihnen zum Fortkommen helfest, auch ohne sicherndes Unterpfand; ihr Fleiß, ihre Tüchtigkeit, ihre Redlichkeit bürgen dir. Denen aber, welche auf den Wegen der Thorheit gehen, leihe niemals, damit du nicht ihrer Thorheit den Weg bahnest. Bitten abschlagen ist oft größere Wohlthat als Bitten gewähren. Du selbst aber halte dich so, daß man dir nicht versage, wenn du borgen willst; doch lieber borge überhaupt nicht; denn Sorge macht es immer!

Vierte Warnung,

Trachte nicht nach leicht erworbenem Reichthume.

Nur wenige Menschen habe ich kennen gelernt, denen es des Geldes zu viel werden konnte, welche wenigstens ihren Wünschen nach Geld immer eine gewisse Beschränkung gaben; die meisten Menschen dehnen ihre Wünsche, so zu sagen, in's

Unendliche aus. Ob das verständig oder unverständig, recht oder unrecht sei, darüber will ich mich jetzt nicht weiter auslassen, doch über die Mittel, welche die Menschen vielfältig anwenden, ihren Wünschen nach Reichthum zu dienen, will ich einige Worte sagen.

Der Besitz eines bedeutenden Vermögens bietet manche Annehmlichkeiten dar (aber auch Unannehmlichkeiten) und so ist es Keinem zu verdenken, wenn er sich denselben wünscht und darnach strebt, aber ich billige nur eine solche Art des Erwerbes, welche nicht allein vollkommen rechtlich, sondern auch mit Mühe und Anstrengung verbunden ist; ich würde auch sagen, daß die Art des Erwerbes das eigene, schon vorhandene Vermögen nicht in Gefahr bringen dürfe, wenn nicht dadurch der Mißverstand veranlaßt werden könne, als ob auch durch Handel und Wandel kein Erwerb gesucht werden sollte; dieser Erwerb macht ja für viele Menschen wieder einen wirklichen und zugleich mühevollen Beruf aus; den Handel und Aehnliches aber ausgenommen, kann auch immer ein Erwerb nicht gebilligt werden, wobei das vorhandene Vermögen in Gefahr des Verlustes gesetzt wird. Jede andere Art des Erwerbes nun finde ich durchaus verwerflich und darauf anwendbar das ernst warnende Wort der Schrift: die da reich werden wollen, fallen in Versuchung und Stricke. Zu den verwerflichen Arten des Erwerbes rechne ich das Glücksspiel, d. h. das Spiel mit Karten oder Würfeln um des Geldgewinnes willen, so wie auch das Spielen der Lotterie und jedes dem Zwecke nach ähnliche. Wer Geld erwerben will, erwerbe es durch Fleiß und Anstrengung; wer es durch Karten und Würfel u. s. w. erwerben will, macht seinen Versuch wenigstens auf eine nicht rühmliche, nicht löbliche Weise. — Die Geldspiele regen das Gemüth stark auf und entzünden niedrige Leidenschaften, namentlich die Gewinnsucht, die Geldgierde; setzen die Seele in einen krankhaften und zugleich unsittlichen Zustand, gefährden die körperliche Gesundheit, setzen nicht minder das Vermögen und somit denn das ganze Lebensglück, ja zeitliches und ewiges Glück zusammen in Gefahr! Wer könnte auf diese Folgen hinblicken, ohne erschreckt zu werden? Und es sind Folgen, welche so oft in die Wirklichkeit eingetreten sind! Wie mancher Mensch mag schon durch das Spiel sich und die Seinigen zu Grunde gerichtet, in Armuth gestürzt haben! Wie Mancher seinen häuslichen Frieden vernichtet, die Liebe und Treue der Seinigen auf harte Proben gesetzt haben, wenn er nach verspieltem Gelde mit wüstem Kopfe und wüstem Herzen wieder in's Haus trat, in's Haus, wo vielleicht kein Brot war! O, es ist gräßlich, was das Glücksspiel für Unglück schafft! ein Glücksspiel heißt es; aber es bedeutet ein Spiel mit dem Glücke, nicht ein Spiel zum Glücke, nicht ein Spiel, durch welches das Glück herbeigezogen würde! Wie könnte auch das Glück durch Spiel erworben werden? Das Glück läßt nicht mit sich spielen, sondern mit ernstem Sinn und durch ernste Bemühung will es dem Menschen zugewandt werden! Und was wäre das für ein Glück, welches durch Spiel erworben werden könnte? — Es kann allerdings Geld gewonnen werden, aber auch nur Geld und es kann nur gewonnen werden; Sicherheit, ja Wahrscheinlichkeit ist nicht da; aber selbst mit diesem Gewinne tritt zugleich immer der Verlust ein und es wird Größeres, Werthvolleres verloren als gewonnen; denn verloren geht immer die rechte Fassung der Seele, welche der Mensch als sittliches Wesen haben soll, welche er zu seinem Glücke haben muß; verloren geht gewöhnlich auch das äußere Glück oder es fängt mit dem Gewinne des Geldes der Verlust des Glückes an. Achte auf die Beispiele, welche ich nachher anführen werde.

Auf das Lotteriespiel

will ich dich noch besonders aufmerksam machen und dich freundlichst davor warnen. Der Gewinn des Spielers in demselben ist viel unwahrscheinlicher als der Verlust des eingesetzten Geldes; denn etwa von vier oder fünf Loosen gewinnt nur eins überhaupt; die bei weitem meisten Gewinne aber — etwa $\frac{9}{10}$ — sind höchst unbedeutend und nur etwa der zehnte Gewinn wieder ist wirklich von der Größe, daß es der Mühe werth ist, ihn zu machen; demnach muß man unter 40 bis

bis 50 Loosen grade das glückliche treffen, um einen nur namenswerthen Gewinn zu machen; aber die Gewinne, durch welche man ein wirklich Bedeutendes gewinnen kann, sind natürlich noch viel seltener, nur unter 4000 bis 5000 Loosen bringt ein einziges einen solchen Gewinn, und der eigentlich großen Gewinne sind so wenige, daß kaum noch der Gedanke an Gewinn Statt finden kann; also wirklich reich zu werden durch Gewinn in der Lotterie ist so wenig wahrscheinlich, daß es die offenbarste Thorheit ist, daran zu denken. Daß im Ganzen aber die Spieler keinen Vortheil haben können, liegt in der Einrichtung selbst; denn der zehnte oder gar der achte Theil des Einsatzes pflegt vorweg abgenommen oder von jedem Gewinne der zehnte oder achte Theil abgezogen zu werden und nur das Uebrige wird als Gewinn vertheilt oder den Gewinnern ausgezahlt und da kömmt denn der sogenannte Collecteur auch noch und fordert seinen Antheil und zwar etwa den sechszehnten Theil des Gewinnes und schwatzet dem glücklichen Gewinner oft noch viel mehr ab! Wenn man so die Collecteure (d h. Menschen, welche das Einsatzgeld einsammeln) und ihr Treiben ansieht, wie sie bei den gemeinen Leuten von Hause zu Hause gehen, wie sie den Leuten mit den glattesten Worten die Hoffnung des Gewinnens vorspiegeln, wie sie von diesem und jenem Gewinne sprechen, den dieser oder jener erhalten haben soll und den sie ihm gebracht haben wollen, wie sie unterdessen auf Kosten der Leute leben und dieselben nicht allein durch ihre lügenhaften Vorspiegelungen, sondern auch durch Branntwein erhitzen und die Spiellust und Gewinnlust aufreizen; — wenn man, sage ich, das ansieht, so muß man mit Ekel erfüllt werden, so muß man mit aufgehobenen Händen zu der Obrigkeit flehen: vertilget dies Geschmeiß, welches den Unterthanen das Blut absaugt, vernichtet das ganze Wesen, welches so vielen Jammer, so viele Thränen kostet! — Lotteriespiel wird seit Jahrhunderten getrieben; aber nenne mir doch einen einzigen Menschen, welcher dadurch reich geworden ist oder vielmehr seinen Wohlstand dauernd begründet hat! ich kenne nicht einen einzigen solchen, da ich doch sonst ziemlich viele

Menschen kenne! Es hat der Gewinn aus der Lotterie niemals Segen. Ich habe wenigstens immer gefunden, daß diejenigen, welche einen Gewinn in der Lotterie gemacht hatten, dadurch ihr Unglück anfingen: wie gewonnen, so zerronnen; das ist die feststehende Regel fast ohne Ausnahme; aber bei den Meisten kömmt noch leider hinzu, daß sie sich an Bedürfnisse gewöhnen, welche sie sonst nicht kannten, daß sie Wünschen Raum geben, welche sonst nie in ihnen aufgetaucht wären, daß sie sich von dem alten, sicheren Broterwerbe abwenden, Lust und Trieb zur Arbeit verlieren, sich einem unordentlichen Lebenswandel hingeben und — zu Grunde gehen! Nur wenige Beispiele! Ein Kaufmann in einer kleinen Stadt unseres Landes hatte in der Lotterie 5000 Rthlr. gewonnen; er starb — vielleicht nach 10 Jahren — in einer anderen kleinen Stadt als Thorschreiber und hinterließ noch Schulden. Von drei Anderen, welche mit ihm gewonnen hatten, habe ich gleichfalls Kunde erhalten; auch bei ihnen ward nach wenigen Jahren von dem Reichthum nichts mehr gefunden. Auch in den letzten Tagen hörte ich, daß ein Müller 12,000 Rthlr. gewonnen, dann sich ein Gut gekauft habe, innerhalb dreier Jahre aber um Gut und Geld gekommen sei, und also nun in dürftigen Umständen lebe. Darin spiegele dich, wenn du Lust zum Lotteriespiel bekömmst! — Es liegt auch gewissermaßen eine Ungerechtigkeit in diesem Erwerbe; sie tritt aber nicht unmittelbar hervor und wird deshalb meistens unbeachtet gelassen. Alle, die da spielen, geben allerdings ihr Geld freiwillig her; aber sie wollen gewinnen, wollen zum Theil das Brot gewinnen und opfern dafür in thörichter Verblendung den Schilling, wofür sie es kaufen könnten; diesen Mitspielern entziehst du nun, indem du gewinnst, das Nothdürftigste, das Brot, nimmst Theil an einer Anstalt, welche viele Menschen brotlos macht, und deinem Gewinne folgen Seufzer und bittere Thränen nicht allein der bethörten Spieler, sondern der unschuldigen Frau, der unschuldigen Kinder; — kann ein zartes, sittliches Gefühl das vertragen? kann in einem solchen Gewinne Segen sein? Sie haben das Ihrige freiwillig dargebracht! — Aber gesetzt, es wolle dir Jemand sein Pferd, welches 100 Rthlr. werth wäre, für 10 Rthlr., seine Kuh, welche 20 Rthlr. werth wäre, für 5 Rthlr. verkaufen, — würdest du rechtlich oder unrechtlich handeln, wenn du um diesen Preis kauftest? — Nein, unrechtlich; denn der Mensch, welcher so verkaufen wollte, müßte ja wahnsinnig sein! — So, eben so ist derjenige wahnsinnig, welcher sein Geld (vielleicht sein letztes!) der Lotterie hingiebt; betrügst du da einen Wahnsinnigen, so betrügst du hier einen Wahnsinnigen! — Freilich sagte mir neulich ein Klügling aus dem niedern Stande, zu welchem ich von dem verderblichen Einflusse des Lotteriespieles sprach: wer da zusetzt, der giebt sein Geld freiwillig hin, wenn der liebe Gott mich nur gewinnen läßt, so kann ich ja den Gewinn als eine Gabe Gottes dankbar annehmen; ich konnte ihm darauf zwar antworten, daß Gott Vieles geschehen lasse, was nicht gut sei, und dem Menschen manchen Wunsch zu seinem eigenen Unglücke erfüllt werden lasse; aber mit welchem Ekel seine Rede mich erfüllte, das konnte ich dem Menschen nicht sagen und ich kann es auch heute noch nicht aussprechen! Nein, strebe gern nach Reichthum; nicht aber durch die Lotterie, noch überhaupt durch Spiel suche Reichthum oder irgend einen Gewinn zu erlangen! Der leicht gewonnene Reichthum verläuft sich eben so leicht: wie gewonnen, so zerronnen! — das Wort Lotterie hängt zusammen mit lotter, lose; Lotterbube ist ein schweres Schimpfwort; der Lotteriespieler knüpft eine Verwandtschaft mit ihm! Nein, kein Gewinn von da her! Mein bescheiden Theil Speise laß' mich täglich empfangen, das ist ein frömmeres, gesegneteres Wort! Bete und arbeite!

Fünfte Warnung.

Meide schlechte Gesellschaft

Schlechte Gesellschaft verdirbt gute Sitten! Wie oft magst du dieses Wort schon aus dem Munde deiner Lehrer gehört oder in Büchern gelesen haben! Es ist ein sehr wahres und bedeutungsvolles Wort, — wahr, weil der Einfluß schlechter Gesellschaft an unschuldigen und unverwahrten Herzen selten wirkungslos bleibt — bedeutungsvoll, weil so mancher unerfahrene junge Mensch durch verdorbene Genossen verdorben wird. Daher das andere Sprichwort; sage mir, mit wem du umgehst, und ich will dir sagen, was du bist. Suche dir also für deinen Umgang Menschen, welche dir als rechtlich, ehrbar, kurz: als tugendhaft bekannt sind, und meide diejenigen, welche nicht so sind! Führen dich Schicksal oder Verhältnisse ohne deinen Willen mit verdorbenen Menschen zusammen, so bewache dich sorgfältig, suche ihrem verderblichen Einflusse auf dich zu widerstehen, entziehe dich diesem Einflusse, so viel du kannst, und suche ihrer Berührung und der Verbindung selbst mit ihnen zu entfliehen, sobald es möglich ist!

Gute Sitten werden durch böse Gesellschaft verdorben; aber auch auf den Wohlstand hat sie nachtheiligen Einfluß; denn giebst du dich, verführt durch böses Beispiel, den Lastern hin, z. B. dem Spiel und dem Trunke, so folgt bald ein völlig unordentlicher Lebenswandel, Versäumniß der Arbeit und des Erwerbes und so verbringst du denn auf einer Seite und erwirbst nicht auf der anderen Seite, — wie denkst du dabei in Wohlstand zu bleiben und der Armuth zu entgehen? daran aber, Wohlstand dann noch zu erwerben, wirst du bei nur geringer Einsicht nicht denken! Schon einmal habe ich dir als warnendes Beispiel einen jungen Bürger angeführt; aus seiner Geschichte aber geht auch hervor, welchen Einfluß schlechte Gesellschaft hat. Dieser Mann hatte, seit er wohnbar geworden und verheirathet war, durchaus ordentlich und fleißig gelebt und gearbeitet, und schon mehrere Jahre vorher sich des Trunkens so sehr enthalten, daß man ihn nicht als Trinker erkennen konnte; nun kam er bei einem öffentlichen Feste in Gesellschaft lockerer Brüder, berauschte sich und hat sich seitdem dem Trunke gänzlich ergeben; den Betrieb seines Geschäftes vernachlässigt er zugleich und die Kundschaft nimmt ab: der Wohlstand schwindet, die Armuth nahet. Ich könnte dir viele Beispiele nennen, aber es sei an dem einen genug und daraus, daß Lehrer, Erzieher und Aeltern und Bücher so übereinstimmend vor böser Gesellschaft warnen, magst du entnehmen, wie so allgemein sich der schädliche Einfluß derselben beweise, wie nur selten Einer aus schlechter Gesellschaft wieder mit guten Sitten hervorgehe. — Schlechte Gesellschaft findet sich wohl aller Orten; daher muß man auch Jeden davor warnen und ihm rathen, auf seiner Hut zu sein. Aber auch vor Gesellschaft, welche man noch nicht gradezu schlecht nennen kann, in der grade nichts Böses, nichts eigentlich Schlechtes geschieht, sondern die nur aus sogenannten lustigen Brüdern besteht, muß man schon ernstlich warnen. Wer bürgt dir, daß das lockere oder bloß lustige Leben nicht weiter ausarte? wer bürgt dir, daß nicht grade bei dir die häßlichsten, die verderblichsten Leidenschaften geweckt werden? Ueberhaupt muß, wer unbescholten und untadelhaft bleiben will, Jedes vermeiden, was ungehörig, was nicht ganz erlaubt, nicht ganz recht und gut ist, sonst gehen so leicht guter Name, gute Grundsätze, gutes Gewissen verloren. Daher meide schlechte Gesellschaft!

Sechste Warnung.

Ziehe nicht zu oft um.

Diese Warnung gilt für alle diejenigen, denen ein öfteres Umziehen möglich ist, namentlich für Dienstboten, für Handwerksgesellen und Leute, welche in fremden Häusern zur Miethe wohnen. Ist das öftere Umziehen für Dienstboten nachtheilig? — das ist es, weil bei dem Umzuge so leicht eine oder die andere Kleinigkeit verloren geht, die Sachen beschädigt werden und — das ist die Hauptsache — weil die Herrschaft einen Dienstboten, welcher nur kurze Zeit bei ihr gedient hat, bei Weitem nicht so sehr begünstiget, als denjenigen, welcher lange in ihrem Dienste steht. (Viele Herrschaften miethen auch die rechten Umzügler nicht gern und das sind grade gute Herrschaften). Längeres Zusammenhalten giebt immer eine gewisse gegenseitige Zuneigung, daher auch zwischen Herren und Diener; da thut denn die Herrschaft dem Dienstboten manches Gute, schenkt ihm Eins und das Andere, was nicht in den Lohn mit einbedungen ist, hilft ihm endlich gern zum weiteren Fortkommen und läßt ihm noch immer ihre Gunst widerfahren, wenn er auch schon längst aus dem Dienste getreten ist. Beispiele sehe ich in meinen Verhältnissen oft genug und es kann sie Jeder sehen, wo er gute, treue Dienstboten findet, welche einer Herrschaft gern länger als ein oder zwei Jahre dienen. — Es ist leider nicht gar zu häufig mehr. Einen Knecht, der mich einmal fuhr, frug ich, wie lange er bei seinem jetzigen Herren diene, er gab an, im ersten Jahre; ich frug, wie lange er bei seinen früheren Herren gedient habe; immer nur ein Jahr; denn er habe immer keine gute Herren getroffen; ob es denn an jetziger Stelle gut sei; ja; nun, dann möge er da lange bleiben und immer daran denken, wie er es früher gehabt habe; das wolle er thun, und er hatte sich wirklich, wie ich später erfuhr, zwei Jahre gehalten, war aber schon fort, als ich mich nach ihm wieder erkundigte. So fand ich überhaupt in der Gegend, wo ich diesen Knecht traf, daß die Dienstboten und auch die Tagelöhner sehr oft umzogen, fand aber auch schon an ihrer Kleidung, daß sie nicht eben reich dabei wurden. In einer anderen Gegend fand ich, daß Dienstboten sowohl wie Tagelöhner sehr selten umzogen; dort bewiesen sie sich wohlhabender. Warum ist das öftere Umziehen den Handwerksgesellen nachtheilig? — Sie verlieren während der Zeit des Wanderns den Verdienst; reißen Kleider und Schuhe ab, lassen beim Abzuge auch Manches zurück oder verkaufen Sachen um geringen Preis, welche sie nachher theuer wieder anschaffen müssen, und finden übrigens bei den vielen neuen Meistern die Vorzüge und Vortheile nicht, welche sie suchen und welche sie an alter Stelle leichter finden würden. Die Wanderer mit dem kleinen Ränzel gehören entweder zu den lustigen Brüdern oder zu den Umzüglern, gewöhnlich zu beiden; die Gesellen mit dem großen und schweren Ränzel beweisen nicht allein, daß sie einen größeren Besitz haben, sondern beweisen sich auch überhaupt mehr als ordentliche Menschen, namentlich aber, daß sie nicht so ganz oft fremd geworden und Feierbursche gewesen sind. —

Unter den wohnhaften Leuten sieht man am meisten Umziehen die Miethseinwohner in den Städten, auch wohl die

Tagelöhner auf dem Lande; man braucht aber nur anzusehen, was sie über die Straße tragen oder auf den Wagen laden, um zu wissen, wie dürftig es ihnen geht. Daran hat das viele Umziehen auch Schuld mit. Klein ist freilich jeder Nachtheil (oder hast du noch gar keinen bemerkt?); aber er ist ein Nachtheil und sollte vermieden werden. Dreimal umziehen ist so gut, wie einmal abbrennen.

Ohne allen Grund wird freilich selten ein Mensch die Stelle verlassen; aber die Gründe des Umziehens sind oft so nichtig, liegen oft so sehr in eigener Schuld, nicht in der Schuld des Herren oder Meisters oder Hauseigenthümers, gelten gegen die Nachtheile so wenig, daß man das öftere Umziehen allein in Betracht des äußeren Schadens widerrathen muß. Es hat jedoch einen innerlichen Schaden, welcher noch mehr bedeutet, noch tiefer geht: durch das öftere Umziehen verliert sich der heimathliche, häusliche, stetige, zufriedene Sinn. Der Schade aber ist an sich höchst bedeutend und wirkt wieder auf das Aeußerliche bedeutend zurück; denn je mehr sich der gute Sinn im Menschen schwächt und verliert, desto weniger bleibt der Mensch ein ruhiger, stiller, thätiger Arbeiter, ein ordentlicher Wirth, ein treuer Hausgenosse, ein wackerer, treuer Hausvater, eine brave, treue Hausmutter. Und wo der Mensch das nicht mehr ist: da geht er gewöhnlich rasch auch der Armuth zu. Deshalb ziehe nicht zu oft um! Bleibe, wo du bist, so lange es irgend gehen will!

Siebente Warnung.

Wechsle nicht zu oft deine Kleider, deine Geräthschaften, deine Liebhabereien.

Daß die sogenannten Kleidernarren viel Geld verschwenden, weiß Jeder von selbst und erfahren sie selbst auch ohne alle Belehrung. Es wäre also eigentlich nicht nöthig, die obige Warnung eigens zu geben, wir zumal hätten die Sache übergehen können, da schon bei der Lehre vom Sparen die Rede davon gewesen ist; aber eines Theils will ich nochmals der Eitelkeit entgegentreten, welche in schönen Kleidern das Heil sucht, andern Theils nochmals vor der Unordnung warnen, welche öfter neue

Kleidung nöthig macht. Der Rock macht nicht den Mann; nein, wer nicht an sich Werth hat, nicht durch Gesinnung und That Achtung erwirbt, der hat keinen Werth, der verdient und genießt keine Achtung, wie schön auch der Rock ist! Man ehrt es, besonders bei Leuten erwerbenden Standes mehr, wenn Einer sich nur ordentlich und anständig trägt, als wenn er sich mit Aufwand kleidet; man verachtet denjenigen, welcher, wie man sagt, alles Seinige auf dem Leibe trägt. Damit dir aber gegen deinen eigenen Wunsch nicht zu oft neue Kleider nöthig werden, so halte deine Kleider nur reinlich und heil und mache nicht das neue Kleid immer gleich zum Alltagskleide und deine Kleider werden länger dauern, länger neu und schön bleiben.

Auch die Neigung haben manche Leute, ihre Geräthschaften, sowohl die Arbeitswerkzeuge als die Hausgeräthschaften, öfter zu wechseln. Daß da vermerkt und unvermerkt mancher Schilling, mancher Thaler hingehe, welcher gespart werden könnte, sieht sich leicht ein. Das Neue gefällt dem Auge besser als das Alte und es giebt oft bessere Geräthschaften als die, mit denen wir arbeiten; aber kannst du ohne wesentlichen Nachtheil für deine Kasse immer nur anschaffen? was mit dem Alten anfangen? es wegwerfen oder verkommen lassen? es zu einem geringen Preise angeben und das Neue theuer erstehen? Berechne, wie viel Geld damit aufgeht! Aus einem unstetigen Sinne geht die Lust zum Wechseln hervor; aber das Wechseln macht den Sinn immer unstetiger und es folgt, was ich dir kurz vorher unter der nächsten Warnung beschrieben haben. Wie ehrwürdig, wie liebenswürdig ist jener treue, feste Sinn, welcher auch die todten Gegenstände seines Besitzes mit Liebe und Anhänglichkeit betrachtet, erhält und behält.

Liebhabereien sind überhaupt kostbar. Wer nun gar unbeständig darin ist und heute seinen Sinn hierauf setzt, morgen darauf, dem werden seine Liebhabereien viel Geld kosten! Sobald du eine Liebhaberei aufgeben willst, mache es dir zur Bedingung, keine neue wieder anzunehmen; dann wirst du bedeutend sparen!

Achte Warnung.

Mache keine Rechnung auf die Wohlthätigkeit Anderer, besonders aber auf öffentliche Wohlthätigkeitsanstalten.

Es ist wahr: der Arme findet Theilnahme, findet endlich auch wohl Aufnahme in eine Wohlthätigkeitsanstalt, welche ihn gegen Hunger, Blöße und Kälte schützt; aber das Mitleid ist oft so hart und die Wohlthätigkeitsanstalten geben so wenig, geben nur, was das äußerste Bedürfniß verlangt! Wohl kannst du also darauf rechnen, daß man dich nicht verschmachten, dich nicht auf der offenen Straße umkommen lassen werde, aber auch darauf, daß du dich nicht besonders wohl, nicht angenehm und behaglich befinden werdest, wenn du als Armer die Wirkungen des menschlichen Erbarmens erfährest! Wie viel besser bist du daran, wenn du dein eigenes Brot issest, an deinem eigenen Heerde kochst, in der eigenen Stube den warmen Ofen hast! Und das kannst du, kannst es so leicht, wenn du in der Zeit der Kraft durch Fleiß und Anstrengung erwerben; in der Zeit des Erwerbens anhalten und sammeln willst! Jetzt in der Jugend siehst du mit tiefem Mitleiden auf die Bewohner des Armenhauses oder die sonstigen Pfleglinge des Erbarmens; aber alle diese Muster des Elendes waren einst jung und kräftig und auch ihnen bot das Leben alle Güter, welche der gütige Gott den Menschen auf Erden bereitet, und dennoch sind sie Gegenstände des Erbarmens, Bilder des Elendes! O, die Jugend ist die Zeit des Säens! Was aber der Mensch säet, das wird er ernten! Wie es der Mensch treibt, so geht es ihm; treibst du es gut, so geht dir es gut; treibst du es schlecht, so geht es dir schlecht; denn der Mensch ist seines Glückes Schmied!

Und mit diesem Worte scheide ich von dir, junger Mensch, dem ich in vorstehender Rede einen ernsten Rathgeber für das Leben geben wollte. Möge mein Wort dir fruchten! möge Gott es an dir segnen! Mögest du mit Hoffnung in das Leben hinausgehen und mögest du selbst thun, was du zur Erfüllung deiner Lebenshoffnungen selbst zu thun vermagst! Gott segne dich! Hilf dir selber, so hilft dir Gott!

FSC
www.fsc.org
MIX
Papier | Fördert gute Waldnutzung
FSC® C083411

Kolibri 360 GmbH
Ferdinand-Jühlke-Straße 7
99095 Erfurt, Deutschland
produktsicherheit@kolibri360.de